全面改訂版

究極の個人旅行ガイド

バックパッカーズ読本

THE BOOK FOR BACK PACKERS

旅行情報研究会
『格安航空券ガイド』編集部
▶編

双葉社

INTRODUCTION

自由と不安を友にして、バックパッカーは旅をする

異国の空港に、ひとりで降り立つ。

言葉も、その国の常識も、なにもかもがわからない。まったくの異世界に来てしまったという不安感に、押しつぶされそうになる。自分が小さくなったような気さえする。

それでも一歩、踏み出してみる。怖さの一方で、ふしぎな高ぶりも感じる。目の前に広がるこの景色の、どこに行ったっていい。自分のことを知る人は、ここに誰もいない。これってもしかしたら、とんでもなく自由なんじゃないか。

とたんに、羽が生えたような軽やかさを感じる。心細さはあるけれど、勇気が湧いてくる。よし、行ってみるか。自分で自分を奮い立たせて、バックパッカーは旅立っていく。

そう、自由と不安が、バックパッカーの友なのだ。見知らぬ土地を孤独にさすらう切なさと甘さは、体験しないとわからない。だからできればひとり旅がいい。自由も不安も、目いっぱい自分のもの。もったいなくって人にはやれない。

もちろん、異国をひとりで旅していれば、しんどいことの連続だ。悪路を行くおんぼろのバスに何時間も揺られたり、宿が見つからず途方に暮れたり、いつ来るのかわからない列車を待ち続けたり。長旅だったりして予算が限られているから節約せざるをえない侘しさもまた、バックパッカーならではだ。日本の快適な暮らしではありえない出来事が、次々に起こる。

それをひとつひとつ、自分の力で乗り越えていく。情報を集め、いろいろな人に話を聞き、何が最善なのかを考えて、ときに体力の限りふんばる。異国でのそんな体験が、旅人の糧になる。行動力や判断力、世界に対する知識、人を見る力……そして、少々のことでは動じない心の強さがいつしか育っていく。旅は確実に人を

成長させてくれる。

ひとりで宿を手配し、街を歩いてなにごとかを見聞きし、潮どきを感じたら移動するためのチケットを求めて次の街へ。こうして旅を組み立てていく作業は、相当に面白い。地球を舞台にして、知力と身体とをフルに使う壮大なゲームだ。自分が主人公になったようだと感じるだろう。いま旅をしているのだという強い手ごたえを、しっかりとつかめる。

こうして進路を切り開く中では、たくさんの人と言葉や気持ちを交わすことになる。同じ旅行者、そして現地の人々。異なる生き方や文化に触れて、なにかを考える、考えさせられることも、旅をしていると本当に多い。それが視野を広げてくれるし、新しい価値観をもたらしてくれたりもする。

これが、バックパッカーの旅だ。

行き先も目的もなにもかも自由なわけだが、ひとつだけルールがある。無事に、家へと帰りつくことだ。旅人は必ず、旅を終えて笑顔で戻ってこなくてはならない。

そのためのノウハウを、本書に盛り込んだ。

出発から帰国まで、どうやって安全に旅をすればいいのか。準備はどうすればいいのか、なにを持っていけばいいのか、どこを旅すればいいのか、航空券の取り方や宿の確保の仕方、現地での行動やスマホの活用方法、トラブルに対する心構え……それから、いま旅をしているさまざまな旅行者たちの意見とアイデアを、たっぷりと詰めて、一冊にまとめてある。本書を参考にすれば、経験がない人でも海外をひとりで旅できるのではないだろうか。そして異国を歩くうちに、ふと「旅に出てきて本当に良かった！」と思う瞬間が訪れる。これはもう、約束してもいい。

その瞬間を感じに、一歩を踏み出してみてはどうだろうか。底抜けの自由が待っている。そしてきっと旅から持ち帰るものは、人生を豊かにしてくれると思うのだ。

室橋裕和

全面改訂版 バックパッカーズ読本 ❖ 目次

3章 現地でのリアル旅行術

1章

旅に出る
それぞれの理由

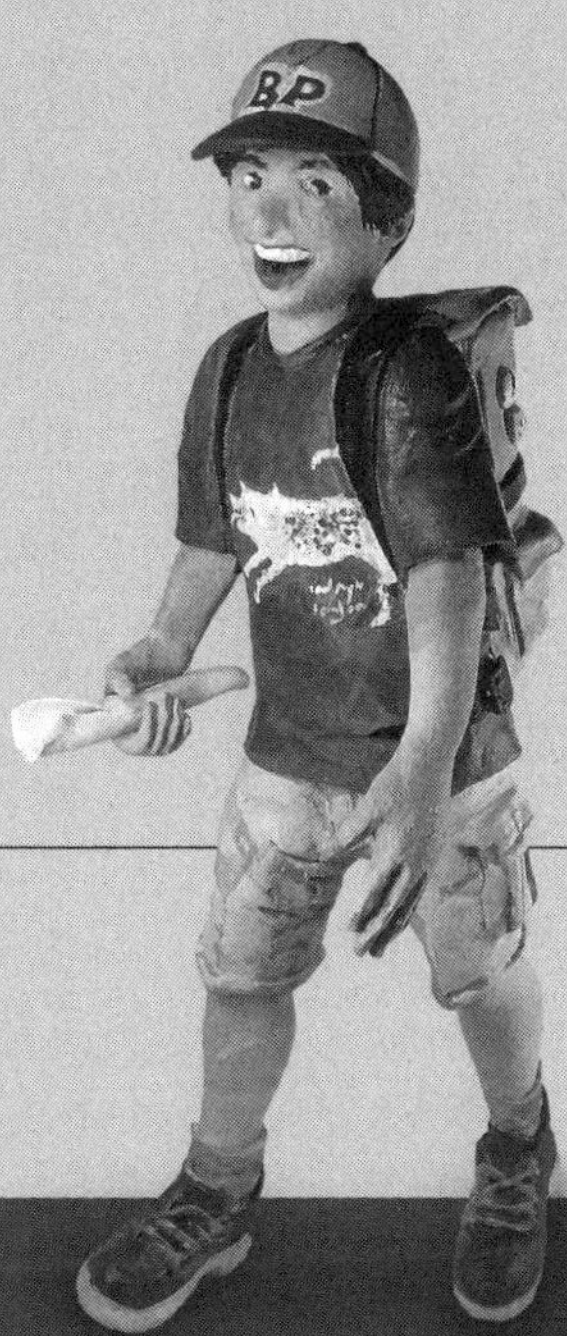

Explore The World

旅の目的は「言葉」！日本人が覚えやすい言語を探しに行こう

25以上の言語を学び、世界各地の辺境を旅してきた筆者が語る、「言語を目的に旅をする」面白さとは？

文・写真▼高野秀行

自由な海外の旅に心惹かれるけれど、ちょっと億劫……。そう思っている人は多いはずだ。経験の浅い人だけではない。「旅行しないと死んでしまう」という先天性の病人、いや旅人である宮田珠己さんでさえ「海外旅行の前は出かけるのが面倒くさくなる」と言っている。かく言う私もそうだ。

そしてその億劫さのかなりの部分は「外国語を話さなきゃいけない」というプレッシャーに由来するように思える。実際、もし誰か日本語ができる人が最初から最後までアテンドしてくれたら億劫さはほぼ消えてしまう。

「今どき、自動翻訳機やアプリがあるから語学の心配なんかないじゃん！」と言う人もいるだろうが、異国で出会う相手にいちいちデバイスをかざすなんて野暮なことをしたくないと私などはつい思ってしまう。地元の人とナマで相対することを含めて「自由な海外の旅」の魅力であると考えるからだろう。でも、だからこそ億劫なわけでもある。

それならちょっと発想を変えてみたい。語学を旅の重要な要素と最初から決めてしまう。ほら、食べ物で旅の行き先を決める人はふつうにいるだろう。美味しいパッタイ（焼きビーフン）とかガイヤーン（炭火焼き鳥）が食べたいからタイへ行くとか、スパイスをたっぷり使った本場のカレーを満喫したいからインドへ行くとか。

同じように「言語（語学）」で行き先を決めてもいいんじゃないか。その場合、前もって深く勉強する必要などない。テキストや翻訳アプリでちょっと自習する程度でいいのだ。私がよく使うのは白水社のニューエクスプレスシリーズと旅の指さし会話帳とグーグル翻訳だ。これでほとんど用が足りる。

▼すぐ話せるようになる言語

さて、ではどんな語学で旅をするか。まずは億劫さを取り

村の飲み屋で、スペイン語でおしゃべりしながら地酒のチチャを飲む（ペルー・クスコ周辺）

除くために「すぐ話せるようになる言語」から候補を考えたい。そもそも英語というのは世界的に見ても決して学習しやすい言語ではない。発音が難しいし、綴りと実際の発音がここまでかけ離れた言語も珍しい。英語よりずっと習いやすく話しやすい（少なくとも日本人にとって）言語はいくつもある。しかも英語と違い、私たち外国人が片言を話すだけで「うわっ、話せるの⁉」と現地の人に喜ばれるような言語が。

筆頭にあげたいのはマレー語・インドネシア語だ。両者はほとんど同じ言語で、語彙が若干違う程度だと思う。どちらも文法も発音も素晴らしくやさしい。動詞は変化しないし、声調もなく、ローマ字を読むような発音である。私は昔、インドネシアを旅行したとき、現地で3日くらいしたらなんとなく簡単な会話ができるようになった記憶がある。単語の単数形から複数形を作るのに、ただ単語を重ねるというのもシンプルでいい。例えば「人」は「オラン」で、「人々」は「オランオラン」という具合だ。

なぜかくもシンプルな作りなのかというと、もともとこの地域の多様な民族の間で話されてきた共通語だからだ。何十、何百という言語や方言の話し手がみんなで使うものだから、やさしくないと意味がないのである。

同じように学びやすい共通語としては、東アフリカのタンザニア、ケニア、ウガンダなどで話されているスワヒリ語がある。マレー語・インドネシア語に比べて、名詞・動詞・形容詞に変化があるから若干難易度は上がるものの、こちらも覚えやすいし、聞き取りもしやすい。それからイントネーションや発声の「ノリ」がなぜか日本語によく似ている。アフリカや中東の空港でふと日本語が聞こえてきてハッとして耳を傾けると、たいてい韓国語かスワヒリ語だ。日本人向きの言語と言える。

もうひとつお勧めの言語はスペイン語。なんといっても発音しやすく聞き取りやすい。しかもスペインはもちろん、中南米の広い範囲で使える。動詞の活用が複雑なのが唯一のデメリットだが、ほとんどが規則的だし、間違ってもあまり気にしない大らかさがスペイン語話者にはある。

私の妻は旅好きで、これまで数多くの国をひとり旅しているが、語学には興味を持っていない。なのに私が「スペイン語は覚えやすい」と言うと、ペルー旅行のときだけ事前に2か月ほどスペイン語を軽く独習し「現地で旅するのに何も問題ないくらい話せた」とのことだ。

だがスペイン語圏でスペイン語を話しても、現地の人には受けない。なぜかスペイン語圏の人たちは「世界の誰もがスペイン語を話す」という思い込みのような前提があるのだ。

トレッキングをしながら現地ガイドにブルシャスキー語を習う（パキスタン・フンザ）

でも受けない代わりにスペイン語を話すと現地人のような扱いになる。しかもこちらが下手でも誰も気にしない。これほど旅先に溶け込みやすい現地語はなく、それもスペイン語の魅力だ。

▼ちょっとかじると飛躍的に旅が楽しくなる言語

次は前述の言語ほどやさしくはないけれど、ちょっと習うと飛躍的に旅が楽しくなる言語を紹介したい。

まずは中国語。言わずもがなだが、なにしろ漢字である。書かれているものの半分ぐらいは最初からわかってしまうほどだ。ところが、日本語と中国語ではいちばん基本的な漢字や単語が異なる。例えば「食べる」は「吃（チー）」だし、「何」は「什么（シェンマ）」だ。日本人が漢語を輸入したのは1000年以上も前のこと。日本語の中で漢語は文語的な用いられ方をするために音や意味が比較的変わらずに残っているのに対し、中国語は話し言葉として使われるのでどんどん変異していった。とりわけ、基礎的な語彙は使う頻度が高いので変化も大きい。「これは何ですか？」とか「私はご飯が食べたい」といったごく基本的な表現であればあるほどギャップが大きくなる。日本人が中国へ行くと「こんな簡単なことも通じないのか」とがっかりするのはそのせいだ。だからこそ、ちょっと基礎を覚えると日本人の中国語理解度は飛躍的に伸びる。少なくとも読む力がめちゃくちゃ上がる。

それから中国大陸では「簡体字」、台湾や香港では「繁体字」という、日本語の漢字とは異なる漢字が使われている。もともとはすべて繁体字だったのだが、日本では戦後にそれらを略した字が使われるようになり、共産中国ではもっと簡略した字が使われるようになった。「过」が「過」、「机」が「機」だとはまずわからない。逆に言えば、わかれば覚えるのは難しくない。繁体字はもっと覚えるのが難しいが、これを覚えると戦前に書かれた日本語の文章が読めるようになるという特典がついてくる。台湾を旅行して、夏目漱石の原文が読めるようになればお得ではないか。

中華文明から一転してインド文明に入るのも面白い。ヒンディー語・ウルドゥー語も実はお勧めだ。このふたつの言語はマレー語・インドネシア語と同様、実質上はほぼ同一の言語である。前者にはヒンドゥー教の語彙が、後者にはイスラムの語彙が多く含まれているだけだ。あと、表記する文字が異なる。前者はサンスクリット由来のデーヴァナガリー文字で、後者はアラビア文字。ひとつ習うと、宗教世界の異なる両方の国で使えるとはポイントが高い。

一見難しそうなのに、意外と話しやすいのもヒンディー語・ウルドゥー語の利点だ。理由は語順。日本語と同じ「主語・目的語・動詞」なのだ。語学が苦手な人や年齢を重ねて記憶力や学習力が低下している人ほど、語順は重要である。なぜなら英語や中国語などはいちいち頭の中で語順をひっく

訪れた村の長（プチ王様）とモシ語で挨拶（ブルキナファソ）

り返して組み立てなければならず、それがすごく脳のメモリーを消耗させる。でもヒンディー語・ウルドゥー語は日本語で考えているのとまったく同じ順番だから、「私・日本・から・来ました」「私の・名前・高野・です」と単語を置き換えれば済んでしまう。

インド文化圏では英語がかなり広く通じるが、実際には話せる人はごく少数である。もしヒンディー語・ウルドゥー語を話せれば、旅の広さと深さが5倍10倍にも広がる。また、ネパール語もヒンディー語・ウルドゥー語にひじょうに近いから、応用しやすい。日本にはネパール人もたくさんいるので、帰国後はネパール語に転向して楽しむこともできる。

▼マニアックなおもしろ言語を旅する

これまでは比較的覚えやすいとか話しやすい言語を紹介したが、それでは飽き足りないという人にユニークな言語の旅を提示しよう。言語的な秘境コースである。

まずはユーラシアではひじょうに珍しい孤立言語であるブルシャスキー語。孤立言語とはほかの言語との関係性がまったく不明な謎言語だ。ブルシャスキー語はパキスタン北部のフンザで話されている。場所自体が風光明媚だから一石二鳥だ。文法や発音は意外に難しくないが、主語が固体か液体かによって動詞や形容詞が変化するという面白い性質がある。チーズと密造酒（ブドウやクワの実の焼酎で地元の人に愛されている）では「おいしい」の形がちがうのだ。

それからもっと面白いのは、ブルシャスキー語を話す人は「え？」と聞きかえすときに「ハッ！」と驚いたように息を飲む癖があること。ある村で私が3人の男性に片言のブルシャスキー語で話しかけたら、みんなで一斉に「ハッ！」と息を飲んだのでこっちがびっくりした。単に「え、何て言ったの？」という反応だったのだが。ブルシャスキー人はみんなパキスタンの共通語であるウルドゥー語を話すし、英語を話す人も多いが、あくまでブルシャスキー語を話しているときしかこの反応をしない。だから、この珍奇な「びっくり聞き返し」を体験したければブルシャスキー語を習うほかない。

また、スペインとフランスの一部で話されているバスク語は同じ孤立言語だが文法がパズル的に複雑でパズラー向きだし、ほかのヨーロッパの言語とまったく違っていて面白い。

西アフリカの国ブルキナファソのモシ語は、数詞がお金のときとそれ以外のときで変わるという奇妙な仕組みがある。たとえば「コアブガ」という言葉は、人やモノの数を示す場合は「100」なのに、市場で買い物をするときや居酒屋では「500」を意味する。最初私は混乱したがやがて閃いた。「フランス植民地時代に5フラン硬貨を1と数えたりした歴史があったんじゃないか？」。ビールが500フランなのに「100」と呼ぶのは「5フラン硬貨が100必要」という意味だったんじゃないかと推理したのだ。あとで調べたらドンピシャだった。

ちなみに、ブルキナファソはどこでも昼間からビールが飲めて、つまみの肉（牛肉、羊肉、豚肉、鶏肉のすべて）が驚くほど美味しく、人が木訥でやさしい。居酒屋ではモシ語でぜひ注文してみたい。楽しく酔えること請け合いである。

ミャンマー・シャン族のお祭りで地元の人々と一緒に踊る。言語はタイ語にも近いシャン語

Explore The World

それでも、旅に出なよ、と私は言いたい

どこに行っても、なにをしても、しなくてもいい。果てしなく自由な旅の中に、きっと自分の居場所も見つかる。

文▼山田静

メモ用紙を片手にグーグルマップを開く。

とりあえずムンバイに入って、チェンナイに抜けるとする。2週間か3週間くらいで移動するとして……。

グーグルマップの行ってみたいところに適当に★マークをつけていく。実際に行くかどうかはどうでもいい。距離感がいまいちつかめないので、途中から紙の地図も引っ張り出して、そこにもマルをつけていく。そうそう、このハンピってとこ、行ってみたかったんだ。ゴアも近いんだな。あとコーチン。カレーがおいしいって聞いたし。それとそれと……。

ひと息ついて、マルやら★やらがついた地図を眺める。

これ全部、行っても行かなくてもいい。

なんだったらそもそも旅に行かなくてもいい。

わあ。

なんて自由なんだ。

「旅」という行為の中でいちばん気持ちよいことは何か、と聞かれたら、私はこの瞬間を挙げる。

毎日起きるべき時間に起き、行くべきところに行き、やるべきことをやるのが人生ってもんである。それは正しいことで、家族や友人、仲間がいて仕事があることは尊く日常は楽しくもあるが、ふと、全部重く感じてしまうことがある。

あーどっか行きたい。

ここじゃないとこへ。

そんなときに地図を眺めてみる。

そこには無限の自由が広がっている。見たことがないものを見て、知らない人と会う。別になにをしたいわけでもないけれども、そこには「なにが待っているのかわからないなにか」が詰まっている。

20歳のとき、中国でバックパッカーデビューした。悠久の大地でロマンを感じるぞ、と意気込んで行った真冬の北京で

待っていたのは人波に押される格闘技のようなバス乗降や駅の切符売り場、遠慮なく迫りくる中国人たち。予想と違いすぎる現場に面食らい、「ムリかも」としょげていた数日後。

ほかほかと湯気を上げる肉まん屋の前を通りかかり、「買一個（ひとつちょうだい）」と声をかけると、こっちも見ずに「售完（売り切れ）！」。空腹も手伝って脳内のなにかが弾けた。

「そこにあるでしょ！　一個ちょうだいってば！」

日本語でセイロを指差し反論すると売り子がやっとこっちを向き、渋々といった風に肉まんをよこした。

寒さ厳しい冬の北京では、あったかいだけで大ごちそうだ。おいしい……。

頬張っていると、隣で見ていた中国人のおじさんが「よくやったな、娘さん。あんた強かった」と親指を立てて笑っている。私がよっぽど必死だったんだろう。

とたんに笑いがこみ上げてきた。

やだこれ面白い。

世界には、自分と違う人たちがいる。

肉まんがあるのに買えなかったら、言えばいいんだ。

私の肉まん、一緒に喜んでくれる他人がいるんだ。

……なにそれ、とお思いだろうが、キッチリ几帳面な日本社会、遠慮と我慢がエラいとされる日本社会ですくすくと育った田舎の小娘からしたら、驚きでしかなかった。

いまならわかる。このときに私は人生最大級の「自由」を感じて、それが嬉しくて笑ったのだ。

そのあと、中国人たちと仲よく過ごしたか、というとそんなこともなく、切符売り場でバトルし、食堂でも席を巡って言い争い。でもそこには笑顔やおせっかいや人情も確実に存在していた。アイドルや恋愛の話で盛り上がることもあれば、お年寄りの昔話に考えさせられることもあり。そんなすべてが私の背中を押し、旅を前に進めてくれていた。

以来、ずっと旅を続けている。旅行会社、旅の編集ライター、そしていまは宿のマネージャー。30代半ばでふと思いついた「〝旅〟でずっと食べていけないもんだろうか」という気持ち優先で仕事を選び続け、いまも半年に一度は1か月近く旅に出る暮らしを続けている。

あのときに感じた笑えるほどの自由を確認したくて。

▼旅は「待つ」時間の豊かさを教えてくれる

旅から戻ったとき、どういうわけかいちばん思い出すのは名所旧跡でも人の顔でもなく、「待っていた時間」だ。

マドゥライのバス停で、コモリン岬に向けて早朝出発するバスを待っていた。

時間になってもバスは来ない。というか、コモリン岬行きのバスを待っている人がいない。近くにいるバスのドライバーに聞いても、「そのへんで待ってな」。心細いが、指定された乗り場が「＊＊ホテルの玄関前」と具体的なだけに下手に動けない。チケットにある連絡先に電話しても応答がない。

うーん……。

と、ホテルの門の扉が開いて年老いた女性が出てきた。銀色のお盆に満たした水を入り口の前に手で撒き浄め、袋から白い粉を出し地面に花を描きはじめた。

コーラムだ。

南インドでよく見る玄関前のチョークアート。家の入り口におめでたい図柄を描くことで神々への歓迎の意を表し、家に繁栄を招くという。金型を使うこともあるが、この女性は指で粉を撒くようにして巧みに花模様を描いている。

優雅な所作に見惚れていたら、不意にクラクションと大声。

「カンニャークマリ⁉」

コモリン岬のある地名だ。振り向くと、自家用車の窓から青年が顔を突き出している。うなずくと、早く乗れと指で指示。え、大丈夫？ と思ってきょろきょろすると、先ほどのバスドライバーたちが「ノープロブレム」と指を振る。

急いで乗り込むと急発進。

「まったくあんた、電話がつながらなくて困ったよ。今日はマドゥライからバスが出なくなったから、俺がバスが通るハイウェイの合流ポイントまで連れてく」と青年は早口で言い、大音量で南インドのローカルラジオを流し始めた。

コーラム、どんな風に仕上がったかな。

名残惜しさとこれから向かうコモリン岬への期待、それといつものことだが、インド旅のこの急展開への面白さがあいまって、窓からの風を感じながらバックシートにもたれた。

なんとなく待たなければいけない時間、というのが旅、とくにバックパッカーの旅には多い。

なかなか来ないバス。いつもちょっとずつ遅れる列車。突然のスコールで雨宿り。注文が通っているかもわからない小さな食堂。陸路国境越えのちょっとピリつく待機時間。

これら全部、人生になくてもいい時間である。すべてが規則正しく進む日本、さらにネットで事前予約が当たり前ないま、「待つ」時間は確実に減っている。より効率よく、無駄なく、失敗なく。はじめての旅の前は、誰もがそんなスマートな旅人を目指して旅の準備を進めるかもしれない。

けれども、旅を重ねたいま、この「待つ」時間がいかに豊かかを私は知っている。

ボスニア＝ヘルツェゴビナとセルビアの国境でバスを待つ間、なんとなく言葉を交わしたカナダ人青年から聞いた日本旅行の思い出。スコットランドのレストランで、料理を待つ間に隣の子どもが分けてくれたチョコケーキの味。

インドのとある地方都市のリクシャーマンは、料理を待つ間私がおごったチャイを飲みながらこんな話をしてくれた。

このレストランにさ、以前男の子が働いてたんだ。水やコーラなんかのボトルを回収して洗って売るのが仕事で、まあ村の中でも貧乏な奴だ。でもさ、あるとき、そいつが日本人旅行者の女の子となんでか知り合って、なんと恋に落ちたんだよ。それでどうなったと思う？　そいつ、彼女と結婚して日本に行って、いまは日本で仕事してる。ボトルを毎日洗っていた男がだよ。これぞ、愛の奇跡じゃないか？

こんな話を聞くときもあるし、逆に変なやつにからまれるときもある。もちろんなにも起きないこともあるが、その間にも気持ちは動く。これからの行き先に対する不安や期待、そしてふと思い出す日本のこと、家族のこと、仕事のこと。

名所旧跡は写真でも動画でも追体験できる。「これ見た！」と友人と盛り上がることもできるだろう。

でも、コーラムを描く老婦人や、ケーキの味は私だけの思い出で、そのときの感情も自分だけのものだ。

コロナ禍の間、「待つ」ことがなくなった生活で思い知ったのは、あの時間のぜいたくさ。世の中にはいろんな人がいて、仕事をして、恋をして、悩んで、それでも生きている。無為に待つ旅の時間は、そんなことを私に教えてくれた。そして旅が終わった日常でも、私の背中を支えてくれている。

▼こんな広い世界に、自分の居場所がないわけがない

気ままに旅をして、それでどうなるのか。

そのあと人生になにが待っているのか。

人生変わるっていうけど、本当に変わるのか。

確実に結果を求めるなら、旅に出ないほうがいいかもしれない。予想外に満ちた旅の現実に、「来なきゃよかった」と思うだけかもしれない。怪我するかもしれないし、学校だって休学したなら友人より就職活動に出遅れてしまう。

それでも、旅に出なよ、と私は言いたい。

あるとき、アメリカ東海岸のケープ・コッドを訪れた。イギリスから船でやってきた清教徒たちが理想に燃えて最初に降り立った岬だ。その先に広がるのは大西洋の水平線。ここをずーっとずーっとずーっと東に進むと、前に行ったことがあるイギリスの西端・ランズエンドか……。

世界はなんて広いんだ。

飛行機で飛べばすぐかもしれないけど、ひとりの人間から見たらめっちゃ広い。

こんな広い世界に、自分の居場所がないわけがない。

とくになにかに悩んでいたわけでもないが、不意に視界が開けた気がした。

旅にはこんな瞬間が何回もある。

たくさんの人に会って、とんでもない規模の遺跡や大自然に触れて、ときには痛い目に遭って、そして世界を感じる。

この感覚を得るだけでも、旅に出る価値はある。

あなたはどんなことからも自由になれる。

ようこそ、旅の世界へ。

Explore The World

『地球の歩き方インド』編集者が語る「ガイドブックに載っていない街へ行け！」

あの旅のバイブルの作り手が、ひとりの旅人として「人が歩いていない道を歩く」快感を語る。

文・写真▼**松岡宏大**

いまでこそ『地球の歩き方インド』の編集者という仕事をしているけれど、僕がバックパッカーを名乗っていた20歳の頃は、『地球の歩き方』を持っていなかった。

『歩き方』が世の中に存在していなかったわけではない。当時、すでにバックパッカーのバイブルとしての地位を確立しており、むしろ持っていない旅行者のほうが少なかったくらいだった。僕が吝嗇で貧乏だったという理由もあるが、わざと持っていかなかったのである。

人間、なにに対して恐怖を感じるかといえば、「未知のもの」である。暗闇が怖いと感じるのも、目の前になにがあるのかわからないという未知に対するものだろう。しかし、この未知の恐怖というのは、裏を返せば好奇心を刺激されるということでもある。

幼少の頃から、わからない道をほっつきまわる、デパートの中で失踪する、松林でエロ本を探すなど、迷子になっては親を困らせていた僕である。「自分がわからない場所にいる」という状況は、いつも僕をワクワクさせてくれた。だから、僕はあえてガイドブックを持っていかなかったのである。

誰もが知っている場所であっても、情報がなく、暗闇のような状況になった途端、それはスリリングな冒険となる。空港や駅に降り立ったところで、どこに宿があるのかもわからない。たとえばデリーのようなメジャーな都市であっても、突然デンジャラスな場所に思えてくるのである。

そんな旅をしていたものだから、オートリクシャーに乗せられ見知らぬホテルへ連れていかれたり、気がつけばニューデリー駅前のツーリストインフォメーションでカシミール行きツアーを手配されていたりはした。トラブルはたくさんあったが、それをクリアしていくことこそが旅の醍醐味でもあり、旅の能力向上に大いに役立ってきた。

▼『地球の歩き方インド』創刊秘話

かつて『地球の歩き方』は『地球の迷い方』と揶揄されていた。とくに、ちょっと旅を齧った人間がよくそんなことを言っていた。

ガイドブックなしで旅をしていた僕からしてみれば、文句を言うなら持たなきゃいいじゃんとも思ってもいたが、1990年代後半までの『歩き方』には手描き地図が堂々と掲載されており、それでは道に迷うのは当たり前。

なぜそんなことになっていたかといえば、1981年に発売された初版の『地球の歩き方インド』は、恒河芥さん（ガンジス川のゴミ、を意味する。なんていう詩的なペンネームだろう。残念ながら僕自身は面識がないのだが、いつかお会いしてみたいと思っている）による、個人的な旅の記録を、街の概要、見どころ、ホテル、レストランとわけて紹介するというものであったからだ（現在、僕らが目にしている『歩き方』のフォーマットはここから生まれたそうです）。

個人的な旅の記録である以上、そこには趣味嗜好、思想傾向などが色濃く反映されるのは当然のなりゆきだ。当時の『地球の歩き方インド』を改めて読み返してみると、ドラッグについて見開きで詳しく解説されていたり、非常にユニークな内容。いまの世であれば完全に炎上案件となっている。

しかし正直なところ、現在の『歩き方』よりも、読み物としては10倍くらい面白い。いまだからこそ読み返したいくらいの熱量あふれた内容なのである。

僕が『地球の歩き方』編集部から『地球の歩き方インド』を全面的に託されたのは5年ほど前からだが、意識したのは、この初版にあふれていた個人体験の熱量だ。数十年前の『歩き方』には「海岸に奇声を上げて鳴く魚がいました」といった真偽不明のＵＭＡ目撃情報や、「パスポートの入国日を書き換えて国境をすり抜けました」といった、あなたそれは犯罪ですといった珍奇な情報が読者投稿という形で次々と寄せられていたものである。

しかし、最近の読者投稿はつまらない。掲載されているレストランへ行ったら美味しかったとか、掲載されているホテルへ行ったらスタッフが親切でしたとか（もちろんその逆もある）、再放送のような投稿ばかりなのだが、この理由は旅行の形が保守化しているからだと思う。とにかくハズレを引きたくないという心理が働くのか、誰かが行ったことのある場所ばかりに行ってしまう、誰かが選んだものばかりを買ってしまう。僕からすれば、人が歩いた道を歩くことはなんともつまらない旅に思えてしまうのだが……。

▼なにも得るものがなかった旅なんて、一度もなかった

そんな僕ではあるが、気がつけば四半世紀もガイドブックを作っている。初めて訪れる場所を取材するときのコツはな

にかと言われれば、『地球の歩き方』の名の通り、とにかくやたらめったら歩くことである。デジタル庁に叱られそうなほどにアナログで無駄な行動ではあるが、ひたすら歩いていると、不思議とストンと街の構造がわかる瞬間が降ってきて、迷わなくなるのである。

だから僕は街に着いたら、とりあえず取材前に最低半日は歩き回ることにしている。と、偉そうなことを言ってはいるが、グーグルマップは手放せない。ほとんどのホテルやレストランは正確にプロットされているし、営業時間まで出てくる。自分で街を歩いているのではなく、iPhoneに案内されながら歩いている体たらくである。これがなかったとき、どうやって取材をしていたのかときどきわからなくなるくらいだ。

さて、この状況をどうやって打破し、旅をiPhoneからバックパッカーたる我らの手に取り戻すかであるが、おすすめしたいのはガイドブックに掲載されていない街へ行くことである。かつて『Lonely Planet』（欧米人バックパッカーのバイブルのようなガイドブック。通称ロンプラ）編集部に「自分は旅行者が行く場所を避けるためにロンプラを買う」という読者投稿が届いたという記事を読んだことがある。なんとも天邪鬼な意見ではあるが、確かにそれは一理ある。

ちなみに僕が近年ライフワーク的に通っているのは、インド中央部の先住民族が暮らす村々だ。作り手として申し訳ないのだけれど、『地球の歩き方インド』には一行も載っていない。最寄りの街の名前さえ地図に落ちていない。

ガイドブックの大切な役割は「再現性」にある。つまり、『歩き方』を持った旅行者が、同じ風景や体験を高い確率で再現できる必要があるのだ。そして、紹介する都市は旅行者のニーズに沿う必要もある。年間5人しか行かない地域のためにただでさえ足りないページを割くわけには行かない。僕が通っている村の情報なんてガイドブックには向かない情報なのである。だって、僕以外誰も行かないから。しかし、一方でそういう個人の体験こそが、旅のいちばんの醍醐味であるとも言える。

未開の土地へ行く必要はない。たとえばバラナシからオートリクシャーに1時間乗って、名も知らぬ小さな村で降りてみてほしい。そこにたいした見どころはないだろう。おすすめのレストランもない。ホテルさえないかもしれない。

しかし、そこには20年前と同じインドの景色が広がってい

ダージマハルのようなメジャーな観光地にもぜひ一度は行ってみてください。本当に素晴らしいから

るはずだ。もちろん、なにも得るもののないつまらない旅になる可能性だってある。しかし、その可能性は極めて低い。

1997年、僕が初めて旅行作家の下川裕治さんから仕事を請けて取材へ行くときのアドバイスを、いまだに忘れることができない。

「もしなにもなかったら、なにもなかったことを書けばいいんだよ」

ものすごい名言である。しかし実際のところ、なにもなかったことなんて一度もない。世界中いろんな場所を巡ってきたけれど、なにも得るものがなかった旅なんて、本当に一度もなかった。いつだってどこだって素晴らしい風景や楽しい出来事、面白い人たちに出会えてきた。

▼「この一瞬しかない」国、インド

僕もインドばかり行っているわけではない。仕事があれば、アメリカでもヨーロッパでもアフリカでもどこへでも行く。それでも、よく尋ねられる質問に「いままで行った国で一番好きな国はどこですか?」というのがあるのだが、僕は迷わず「インド」と即答できる。

先日もオーストラリアへ取材に出かけていた。オーストラリアもまた美しい国だ。夕日に照らされ真っ赤に輝くウルル(エアーズロック)は、ぜひ一度は見ていただきたい。だが、この絶景はウルルに行けば絶対に見られる。来年あるいは10年後でも、きっと同じだろう。

しかし、インドはなんだか「この一瞬しかない」ような気がしてしまうのだ。たとえばバラナシでガンジス川の対岸から昇る朝日を眺める。僕にとってバラナシは第2の故郷と言っても過言ではない。滞在日数はトータルで365日はとうに超えていると思う。にもかかわらず、バラナシの朝日には毎回、強く心を動かされてしまう。一瞬一瞬の切実感がぜんぜん違うのである。ここがインドの不思議なところだ。僕はかれこれ30年近くインドに通い詰めているわけだが、毎回、「こんなの初めてだ!」と心が打ち震えるような風景や体験に出会える。

インド行きの飛行機に乗るたび、僕は初めてのときと同じ不安とワクワクを感じている。気分は20歳のバックパッカー、相変わらずのビギナーである。インディラガンディー国際空港から一歩を踏み出す。さあ、今度はどんな新しい景色に出会えるんだろう。

インド北東部にお住まいの「最後の首狩族」ナガのみなさんと。もちろんいまは首は狩ってません

Explore The World

新型コロナウイルスは日本人の「旅」を変えてしまったのか？

コロナ禍によって大きな打撃を受けた旅の世界。その間に発展した国々へ、日本人はまた旅立っていけるのだろうか。

文・写真▼下川裕治

新型コロナは、平等の意識に貫かれたウイルスだった。豊かな国も貧しい国も、富める人も貧困にあえぐ人も、わけ隔てなく感染させ、嵐が去るように消えていった。人々はぽかんと口を開けて、「あれはなんだったのか」と白濁したコロナ禍の記憶をまさぐるのだが、浮かんでくるのは断片だけで、つながった歴史をなにひとつ残さなかった。

見事なまでに自らを弱毒化させた時間に狂いはなく、それに抗おうした人間たちの時間感覚を無視して、２０１９年暮れから２０２３年の春までの地球を席巻した。

新型コロナウイルスの感染が始まった頃、ひとりの疫学の専門家がこう言ったものだった。

「3年たてば収まりますから」

パンデミックの歴史は、人々にそう教えていたのにもかかわらず、人間は果敢にウイルスに闘いを挑み、そして白旗を挙げた。

２０２０年の12月、僕は編者として一冊の本をまとめた。『日本の外からコロナを語る』（メディアパル刊）。韓国、台湾、中国、ベトナム、カンボジア、タイ、フィリピン、アメリカ、フランスの9か国に暮らす日本人が、コロナ禍を語った書籍である。その中では、それぞれの国と日本のウイルスへの対応の違いが語られた。

「日本の反応は遅い」「人の移動に対する厳しさがない」……。その意識の底に流れていたのは、人類は新型コロナウイルスを克服できるという思いあがりだった。海外に暮らす日本人だけがそう思っていたわけではない。世界の大多数の人が、人類はコロナを抑え込むことができると思っていた。

アルファ型から始まった新型コロナウイルスは、正確無比にベータ株、ガンマ株、デルタ株、オミクロン株へと変異していった。あるとき、デルタ株を抑え込んだ国の対策が評価されたが、その後に広まったオミクロン株にさんざんに痛めつけられる。

つけられるという現実に直面する。勝者はどの国でもなかった。世界は一様に、目に見えないウイルスに惨敗していった。

世界はなにも変わらなかったのだ。パンデミックに対処する羅針盤を手に入れたわけでもなく、コロナ禍が過ぎると、もとの時空に戻ろうとしていった。ウイルスに揺れた3年の年月が悪い夢を見ていたようなものだったと、形状記憶合金のようにもとの形を探していく。しかし誰しも、薄々感づいている。もうもとには戻れないかもしれない……と。

しかしそんなある種の喪失感は、実は時間のからくりにすぎなかった。

コロナ禍が席巻する中で、人々は旅を失った。自粛を強いる政策の中で、旅は「不要不急」というものに分類されていく。集団圧力が強く働く日本社会の目に見えない重圧の中で、自らの旅を封印していく人も多かった。

海外を自分の目で見ることはできなくなった。世界で起きていたことへの関心は薄れ、ただウイルスに翻弄されていた。

▼コロナ禍の間に変貌したアジアの国々

この間にも、アジアの国々のインフラの整備事業は止まらなかった。コロナ禍の失業対策という面もあったが、国の交通網や街の整備は着実に進んだ。

ラオスではヴィエンチャンから中国国境のボーテンまでの鉄道がコロナ禍のさなかに開通した。事実上、ラオス初の鉄道である。バングラデシュのダッカには、初の都市型電車であるメトロが走り始めた。

タイのバンコクでは、高架電車のＢＴＳや地下鉄の路線が延び、国鉄が運行するレッドラインも完成した。２０２３年には初のモノレールであるイエローラインも走り始めた。ハノイにはベトナム初の高架電車が開通した。

街の風景がいちばん変わったのはカンボジアかもしれない。コロナ禍の間に都市の整備事業は確実に進み、街はずいぶん整ってきた。アンコールワット観光の基点になるシェムリアップは、

バンコクに向かうZip Air。座席は300近くあるが、僕が乗った便の乗客は4人だけ

見違えるほどになった。道路は拡張され、広い歩道ができた。シェムリアップ川に沿ったエリアも整備され、川べりには芝生が植えられ、その脇に自転車専用道がつくられた。アンコールワットまでの道にも自転車専用道ができ、ペダルを踏みながらアンコールワット観光を楽しめる街に変身した。その風景を目にしたときは、「まるで公園都市のようだ」とついひとりごちてしまった。

僕はコロナ禍の間にも、冷たい視線を背中に受けながら海外への旅に出た。それは旅行作家の矜持といえば聞こえはいいが、どこか旅人の意地のようなものがあった。感染が収まらない時期にタイに向かったが、空港から連行されるようにまっすぐ隔離ホテルに向かい、部屋から一歩も外へ出ることができない2週間を過ごした。その後、バンコクには1週間ほど滞在したが、そこから帰ると日本でも隔離が待っていた。それは隔離されるために海外に出たようなものだった。

海外に出ることが難しい中で、旅を書かせてくれる媒体などこにもなかった。それでも僕は海外に向かう飛行機に乗るために、湖の底のように静まりかえった空港の通路を自分の足音を聞きながら歩いて飛行機に乗った。

だからコロナ禍の間に進んだアジアのインフラの整備は目にしていた。アジアの街は大きく変わりつつある実感もあった。しかしそれは、コロナ禍でも飛行機に乗った不良旅行者の感覚にすぎなかった。

感染予防に明け暮れた3年が過ぎ、大手を振って海外に出るようになっても、多くの日本人の腰は重かった。しかしその中でも、恐る恐る廃屋の戸を開けるように海外に出向く人が出てくる。

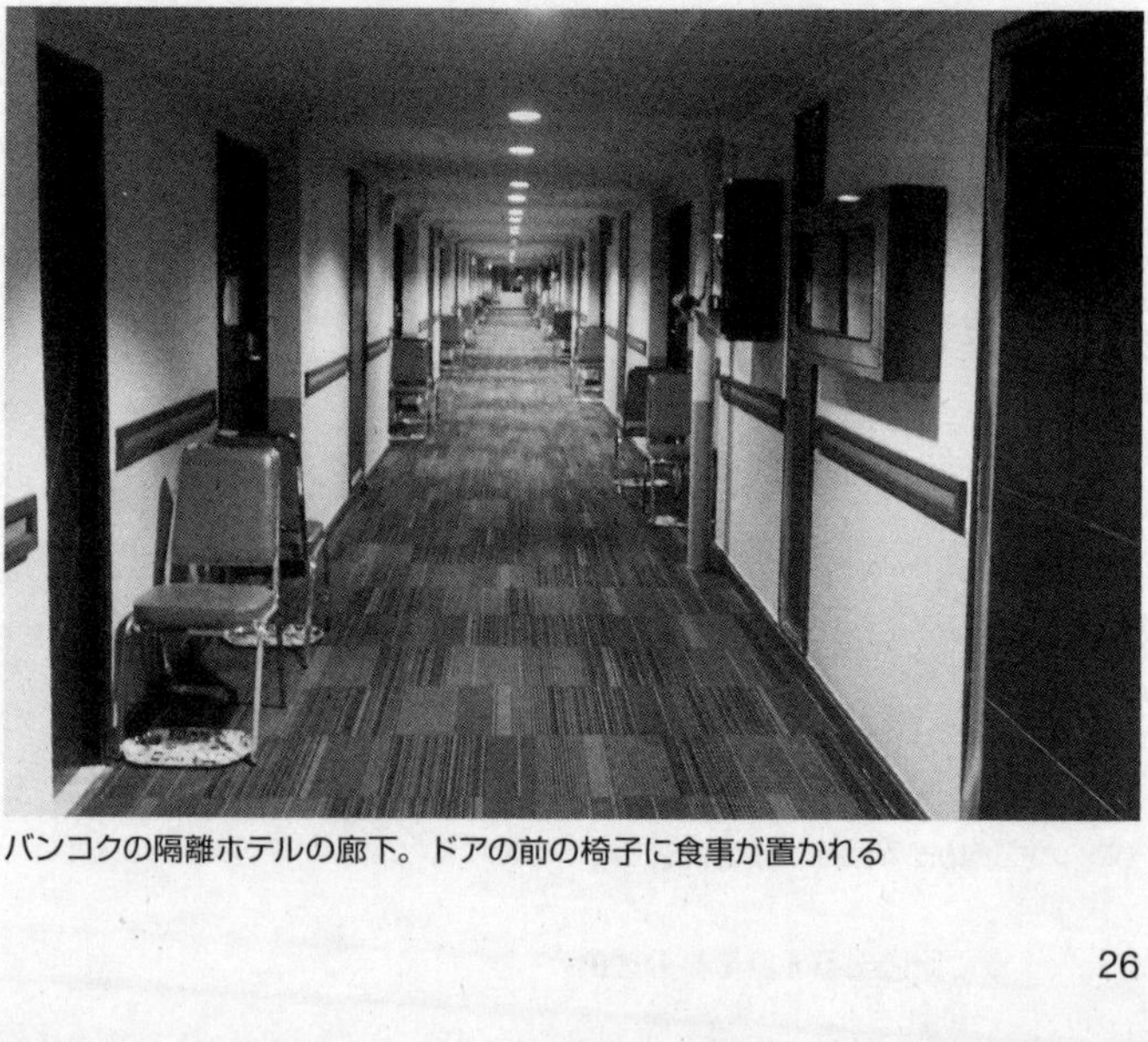

バンコクの隔離ホテルの廊下。ドアの前の椅子に食事が置かれる

彼らが目にしたものは進化したアジアの都市だった。日本人の旅はコロナ禍の間、停滞してしまっていたが、同時に海外への関心も薄れていた。ようやく扉が開いて目にしたアジアは変容していた。昔のアジアはコロナ禍の間に消えてしまった？　そこから生まれる喪失感に包まれながら、まるで何十年もの年月が流れてしまったような気になる。しかし実際

は3年しか過ぎていない。時間のからくりとはそういうことだった。

日本人の旅時間は止まっていたが、アジアの街の時間は止まらなかったのだ。

▼日本人は旅の因子を失ってはいない

国や街の変化は浮き沈みが激しく、運に左右される人生に似ている。アジアの国々は経済成長期に入り、街のインフラを整えていく時期に差しかかっていた。そのときにコロナ禍に襲われてしまった。しかし始まっていた工事は止めなかった。それだけの経済力や勢いがあったということかもしれない。

その一方で、アジアの国々の政府は、感染拡大を抑えるために、多くの店に休業を強いた。しかし営業できなくなった店に給付金を支払うような感覚はない。人々も国家がそこまでしてくれるという期待はないから要求することもない。運が悪かったとコロナ禍に身を委ねるしかなく、店は次々に潰れていった。パンデミックの収束が見えてくると、空き店舗を買う人が現れ、新しい店を開き、街の風景が変わっていく。コロナ禍は街の新陳代謝を促していったのだ。

しかし日本の経済成長はそれより20年以上も早く、ほぼインフラが整備されきった状態でウイルスに見舞われた。政府はアジアの国々と同じように営業時間の短縮や休業を強いていったが、人々の間には補償の概念が生まれていて、政府はコロナ禍給付金や助成金の工面に走ることになる。

アジアの人々は、「やはり日本は違う」と溜め息をついたが、こと街の進化という視線を当てると、なにも変わらない風景を目にすることになる。政府からの給付金や助成金で生きのびる店が多かったから、街はなにも変わらずに年月が過ぎていく。しかし時間は止まったままだった。

コロナ禍が明け、久しぶりに訪ねたアジアの街から、日本人は安くて猥雑な空気が消えつつあるような印象を抱く。もう3年前のアジアではなかった。アジアへの旅熱のようなものが冷めていってしまう。そこに円安と現地の物価高が拍車をかける。アジアの旅行業者やホテル、土産店は天を仰ぐ。「コロナ禍が明けたというのに日本人がやってこない」

しかし日本人は旅の因子まで消滅させたわけではない。旅への渇望は人の心に常に巣食っている。

それはアメリカの禁酒法時代に似た話なのかもしれない。コロナ禍で旅は封印され、その嵐が去って出向いてみると、自分にとってのアジアは姿を変えていた。

しかし酒が手に入らない中で、アメリカ人はコーラを生み出した。その後、禁酒法が解かれても、コーラは存在感を失わずにいまにいたっている。日本人はどうやって旅のコーラを生み出していくのか。

それはもう少し先の話なのだろうか。

Explore The World

果てしなくインキャの僕を救ってくれたのは「旅」だった

人とのコミュニケーションが苦手だから逃げたはずの海外。しかし現地の人々に揉まれながら歩くうちに……

文・写真▼室橋裕和

自分で言うのもなんだが、僕はきわめてインキャである。

気が弱くて、自信が持てず、人とどう接していいかわからず、いつもネガティブ。友達もほとんどいない。だから大学に入っても、ひとりで机に突っ伏していただけの僕が、なぜこんな状況になっているのか——。

「それでお前、カシミールに行くのか行かねえのか。どうすんだ！」

4人のインド人に取り囲まれ、僕は縮こまっていた。全員、どう見たって人相が悪い。だからカシミールなんてちっとも行きたくないのだが、はっきり断り切れないまま2000ドルくらいするツアーを組まされそうになっていた。

インド旅行の初日であった。

空港からニューデリー駅前の安宿街パハールガンジにたどり着き、予約しておいた宿を探しているところで、僕は優しげな若者に声をかけられた。

「ええっ！　そのホテルはこの前、閉まっちゃったよ！」

いたく同情した様子で話す彼が、それならウチは旅行会社だからいいホテルを紹介しようというので駅前にある事務所にお邪魔すると、旅行会社のスタッフにはあまり見えないコワモテの人たちがいて、それならホテルだけじゃなくてこの先の旅程もまかせておけと、いつの間にかインド最果てカシミール、ヒマラヤのロマン5日間の旅の金を払えと、なぜか脅迫されているのであった。

そこまでずるずると話が転がっていってようやく僕は、「理不尽だ」と唇を噛んだ。どうしてこんな目に遭わなければならないのか。自らの迂闊さを呪い、平然と人を騙すことのできる目の前の連中に憤り、腹の底から血がたぎるのを感じた。さっさと払えやと責められ、小さくなっている場合ではなかった。

事務所のドアが開き、仲間らしき男が入ってきた瞬間だった。おもむろに僕は立ちあがり、リュックを振り回しめちゃくちゃに絶叫して、通りに逃げ出した。追いすがってくる手を叩き落とし、パハールガンジの雑踏の中を駆けた。怖さを忘れて、感じているのは爽快さだった。感情をそのまま素直に出して行動したのは、もしかしたら生まれて初めてだったのではないだろうか。それがこの異国だったことが、なんだか面白かった。

▼旅はまるで「異世界転生」

あの場面でもしツアーを組んでいたなら、お金はそこで尽きていた。どんなツアーだかは知らないが、きっと屈辱感にまみれた日々になっていただろう。あやうく、自分の旅を壊されるところだったのだ。しっかりと意志を示していかないと、この異国では一歩も前に進めない。誰も助けてくれないひとり旅なのだ。帰国の日まで、自分だけで生き延びなくてはならない……。

それから僕は人生で初めて「必死」になったような気がする。列車のチケットを求めて駅の窓口のおじさんとやりあったり、交渉したより高い値段を要求してくるリキシャに抗議したり、地元の庶民で賑わう食堂に入っていったり。そんな小さなことひとつひとつが、人とのコミュニケーションが苦手な僕にとっては修行であったのだ。

そもそもどうして、内気な人見知りのくせに海外ひとり旅なんぞをしようと思ったのか。『深夜特急』を読んでハマッてしまったということもあるけれど、広い世界に憧れたのだ。それも、根暗な自分のことを誰も知らないどこかに行きたかった。コンプレックスを意識しなくてもいい世界に飛び出したかった。逃避だったんだろうと思う。

そんな気持ちはこの「異世界」でけっこう叶った。インドで僕は「異国の旅人A」になったような気分だった。街を行き交うおおぜいの人々も、ときおり宿で出会う日本人バックパッカーたちも、当たり前だが僕が何者でどんなやつかを知らないのだ。まっさらな関係だから、気後れせずおどおどせずに、話すことができた。

そして問答無用でなれなれしく近づいてくるインド人たちに「僕コミュ障で……」なんて言っても通じないんである。その大半はこちらのフトコロを狙ってく

「人間の森」ともいわれるインドは人格修行にちょうどいい場所かもしれない

る人々なのでハッキリ明確に拒否をするというコミュニケーションを取る必要があったし、ときおりは純粋に日本に興味を持って話しかけてくれる学生や宿のおっちゃんにヘタクソな英語で故郷のことを伝えたりもした。

毎日毎日、誰かと話している。日本では考えられないことだった。ちょっとした「転生」気分だった。

▼旅は人の感情を喚起する

人と接して積極的に動かないと前進できない。加えて、人の善意なくしては旅ができない。僕はそんなことも噛みしめていた。見ず知らずの「異国の旅人A」に対して親切にしてくれる人は多かった。道を尋ねたらずいぶん遠い距離を一緒に歩いてくれたおじさん。若い外国人のひとり旅なんて心配だから今日は家に泊まりなさい、と自宅に招いてくれた夫妻もいた。彼らに見送られながら、自分はこれまで誰かを手助けするようなことがあっただろうか、と省みた。

深夜のパトナ駅で列車が一向に現れず途方に暮れていたときには、ホームにビニールシートを敷いた家族連れが招いてくれた。弁当を広げ、僕にも当たり前のように取り分けてくれたダルとチャパティ（豆スープとパン）の温かさとおいしさが胸に染みた。

こういう人たちが次々に現れては、僕の背中を押し、前に進ませてくれた。

気がつけば、日本にいるときよりもはるかに喜怒哀楽を表に出している自分がいた。

▼旅で人生、変わることだってある

もちろん人間の本質なんてそうカンタンに変わるものではない。旅から帰ってきても僕は相変わらず鬱々としてはいたのだが、それでも人の目を見て話すことにあまりためらいがなくなり、少しだけポジティブになったようにも思う。

そして、自分が別個の存在になれたようなあの感覚が忘れられなくて、また「異世界」へとダイブする。東南アジア、中近東、中国……向こうから持ち帰ってきた対人関係の経験値を、日本の現実にフィードバックしていく。

旅を繰り返して年を経るうちに、わずかずつではあるけれど、コミュニケーションに対する苦手意識が薄まっていった。いまこうして「人に会い、取材をして、なにかを書く」という仕事をしていられるのは、これまで旅で出会った実にたくさんの人たちが鍛えてくれたからだ。

いまの時代はなんだか「旅に出たってなにも得られない」「人生なんて変わらない」と、冷笑する風潮も漂う。でも、少なくとも僕は、旅に救われた。

だからこれからもきっと、なにかに迷ったら旅の中に答えを探しに行くだろうと思う。旅は僕の人生の、教師のようなものだからだ。

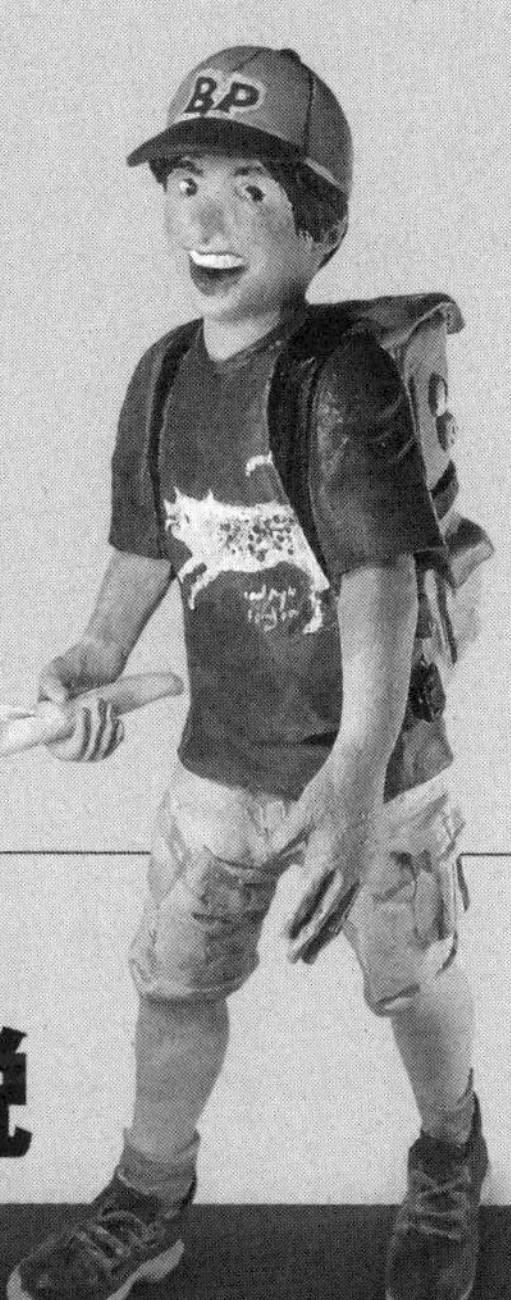

2章

旅のルートと事前準備の完全解説

❖「きっとなんとかなる」という気持ちを持とう

バックパッカーに必要なのは少しの勇気と好奇心

ハードな旅行のように思われがちなバックパッカースタイルも変わってきた。技術の発達によって誰でも旅がしやすい時代になったのだ。

POINT

❶ネットを駆使すれば快適な旅ができる時代

❷バックパッカーは貧乏旅行者ではない

❸ポジティブな気持ちと行動で旅を切り開く

誰でもカンタンに旅できる時代に

海外ひとり旅。果たして無事に帰ってこられるのだろうか……そんな不安が渦巻く。言葉の壁、治安、病気。心配ごとは挙げればキリがない。

それにバックパッカーといえば、重いリュックを背負って汗にまみれ、おんぼろ宿を泊まり歩くハードな貧乏旅行者、なんてイメージもある。「そんなの、とうていムリ」と思うかもしれないが、これはステレオタイプかつ、ひと昔前のバックパッカー像だ。令和の旅人たちはもっとスマートなんである。

世界中に普及したインターネットを駆使して旅を形づくっていくことが当たり前になった。だからたとえば、途上国でもバスや列車がオンライン対応になり、昔のようにチケットを確保するのに駅で何時間も待つような苦労がめっきり減った（でも、たまにはある）。

それにどの国も経済成長して観光を楽しむ人々が増えたことで、宿のレベルも上がってきている。バックパッカーが好んで泊まるドミトリー（大部屋のベッドをひとつ借りるスタイル）だって進化した。かつては刑務所の雑居房のようなドミも珍しくはなかったが、いまではカーテンや照明、個人ロッカーつきでプライベートの確保された半個室みたいなところも多い。こういうベッドひとつから、手元のスマホで予約できる。もう「安かろう、悪かろう」の時代ではなく、いくらか値上がりはしたが、清潔で安全な宿が一般的になってきている。

だからバックパッカー＝貧乏旅行者とも言い切れなくなっている。旅人を受け入れる世界そのものが少しずつ豊かになってきたからだ。長い旅をする人は予算的にも日々の生活を切り詰めざるを得ないかもしれないが、それだって貧乏と呼ぶような悲惨な状態ではない場合がほとんどだ。そもそもバックパッカーだって海外旅行というレジャーの枠の中にいるわけで、どれだけストイックに旅をしていてもそれを「貧乏」というのは少し違うのではないかと、誰もが感じている。

また市内交通も配車アプリが導入されつつあり、ボッタクリタクシーとの料金交渉で揉めることもなくなった（でも、ときどきはある）。

たくさんのバックパッカーが行き交うインド・バラナシの旧市街

本書でおもに扱っているアジア地域では治安や衛生状態も改善されつつあるし、言葉の問題は翻訳アプリがいくらかカバーしてくれるようになった。

つまりいまほど、海外をひとりで旅するハードルが下がった時代はないのだ。少しのお金とスマホ、それにちょっとばかりの勇気があれば、誰だってバックパッカーになれる。

身体で旅を学んでいく心意気

技術の発達やグローバル化によって旅はしやすくなったけれど、文化や常識の違う異国を旅していてば、困難にもたくさん出くわすだろう。

それでも、なんとかなるものなのだ。きっと乗り越えられる。

そのために大事なのは「考えること」と「行動」だ。本書でもネットでも地元の人の話でもいいので情報を仕入れ、もっとも優先すべきことはなにかを考えて、積極的に動く。そうやってもがいているちに、なんとかなっている。

そして旅のルールや方法を、実戦で学んでいくこと。情報のない街でホテルをどうやって探せばいいのか、怪しい連中の対処、交通機関のない場所で移動するには……こうした場面に遭遇するたびに考え、しのぎ、少しずつ旅人としての経験を積み重ねていく。ネットなどからの事前情報に加えて、身体で旅の仕方を覚えるのである。

必要なのは未知への好奇心

すべての旅人の原動力となるのは、好奇心だ。

知らない場所に行ってみたい。見たことのない景色を見てみたい。この道を行った先には、いったいなにがあるのだろう。あの食べ物はどんな味なのだろうか。

日常の暮らしの中で、そんなことを少しでも考えたことがあるなら、あなたには旅人の素質がある。そして最初は不安かもしれないが、うまく旅していけるはずだ。大丈夫、なんとかなる。

海外でただひとつの身分証明書パスポートとはどんなものなのか

旅行者は世界各地でパスポートを提示しながら旅をする。旅が長くなればきっと「相棒」と感じるほど愛着を覚えるようになる。

POINT

❶申請から受領までは「6営業日」かかる
❷「残存期間6か月」には要注意
❸顔写真ページのコピーもあると便利

お金や情報が乏しくたって旅はできるものだけど、絶対になくてはならない唯一のもの……それがパスポートだ。日本国政府が発行する公的な渡航文書であり、国際的に認められた身分証明書なんである。「旅券」とも呼ばれる。

その表紙を開いてみると、まずこう書かれている。

〝日本国民である本旅券の所持人を通路故障なく旅行させ、かつ、同人に必要な保護扶助を与えられるよう、関係の諸官に要請する。〟

日本という国が諸外国に対して、「このパスポートの持ち主を無事に旅させてやってくれ」と言っているわけだ。なんだか国を背負っているような気持ちにもなるが、さらにページをめくると自分の顔写真が現れる。

この欄には姓名やパスポート番号、発行日といった情報が記載されている。国を越えて移動するときには、相手国のイミグレーション（入国審査場）でパスポートのこのページを提示することが国際的なルールだ。そして係官がデータを確認し、入国が認められるというわけだ。

パスポートのほとんどのページは白紙となっているが、ここに各国のビザだとか、出入国のスタンプなどが押される。旅を重ねていくと、パスポートは少しずつカラフルになっていくことだろう。

申請手続きは日数の余裕を持って

パスポートは旅行者が住民登録をしている各都道府県のパスポートセンターで申請する。「都道府県名＋パスポート」で検索すれば、窓口の場所や手続き方法などが記載された各自治体の公式サイトが出てくるだろう。

まずはこの窓口に出向いて手続きをすることになるが、一部の自治体ではオンラインでの申請も可能だ。

必要な書類と料金はこちら。

・一般旅券発給申請書
パスポートセンターのほか外務省のウェブサイトにもあるので、あらかじめダウンロードして入力、印刷しておくと楽。
・戸籍謄本　1通
・住民票の写し　1通
・顔写真　1枚
・本人確認書類（マイナンバーカード、運転免許証など）
・手数料
10年間有効　1万6000円
5年間有効　1万1000円

申請の際にはパスポートに記載されるサイン（自著）も書くことになるが、これは英語でも日本語（漢字）でもどちらでもいい。ただ日本語のほうが真似されない、偽造されにくいという意見もある。また現地でクレジットカードを使う際には、カードとパスポートとサインが同じであることを求められることもあるので、統一しておいたほうがいいだろう。

なお申請から受領までは通常「6営業日」となっている。これは土、日曜や祝祭日をのぞく「平日のワーキングデー」を数えて6日という意味だ。つまり通常で1週間、祝祭日が挟まればさらに日数がかかる。余裕を持って申請しよう。そしてこの「営業日」という考え方はこれから旅先でもビザの申請などで出てくることがあるので、覚えておきたい。

指定された受領日以降に窓口に出向けば（オンライン申請でも受け取りは窓口だ）、パスポートが手渡される。これで晴れて旅立てるというわけだ。

パスポートはどんなときに使う?

旅行中、パスポートはさまざまな場面で提示を求められることになる。出入国のほか、ホテルでのチェックイン、両替、国によっては列車やバスのチケットを買うときにも必要だ。レンタカーやレンタルバイクを借りるときにはパスポートを預けなくてはならない場合もある。クラブなど年齢制限のある施設では写真つきの身分証明書をチェックされるが、そんなときも外国人の場合はパスポートだ。

こうしたときにパスポートのコピーを見せれば済むこともある。安全面のためにも、パスポートの顔写真のページを何枚かコピーして持っておくと便利だ。

また旅先ではパスポート情報の記入を求められることも実に多い。その都度パスポートを取り出していては手間だし盗難などのリスクもあるので、パスポート番号、発行日、有効期限、発行地の4項目は暗記しておきたい。というか旅を続けていればきっと覚えてしまうはず。

この中でパスポートの有効期限には要注意だ。入国の際に「パスポートの有効期間が残存6か月以上あること」という条件を上げている国があるからだ。これは意外に忘れがち。

まさしく旅のお供のパスポート、管理はとにかく厳重に。かつひんぱんに使うものなのでいつも身につけておきたい。パスポートホルダーは首かけのもの、ウエストポーチ式などいろいろある。

❖ まず決めることと、本書の読み解き方

旅には何が必要でどう準備するのか 出発前のやるべきことを整理する

旅に必要な手続きや買うべきものなど、旅の準備はどんな順番で進めるべきか。本書の読み解き方を解説しつつ、出発前に必須の項目を押さえておきたい

POINT

❶ まず決めるのは「旅する場所」と「期間」
❷ 航空券やお金の準備も早めに済ませたい
❸ 準備は遅くとも出発1か月前から始めよう

旅に出たい！ でもいったい、なにから手をつけてどう準備したらいいのかわからない……海外を旅した経験がないうちは、誰だってそんなもんである。

旅する前の下ごしらえはいろいろとあるが、順を追ってひとつひとつチェックしていこう。旅の組み立て方がなんとなく見えてくるのでは、と思う。

まずいちばん最初に決めるべきは、旅の目的地だ。国でもいいし、どこかの街でも、あるいは友達が住んでいるところとか見てみたい遺跡とか、興味のままに「どこを旅したいのか」を決めよう。P38からは初心者におすすめの国や、安く旅できる地域、あるいは旅慣れていないとしんどい場所など、目的地の決め方について解説している。

旅する国や地域が決まったら、そこをどう回っていくのか、ルートを考えたい。これはもうザックリ大まかなもので十分。バックパッカーの旅は「絶対に」予定通りにはいかないからだ。行きたい街への訪問順序をなんとなく決めておくくらいでいいだろう。ルーティングのコツについてはP48を参考に。

そしてこのルートを、どのくらいの日数をかけて旅したいのか。旅の期間をここで定める。いったいどのくらいのペースで旅できるのかP50で詳しく紹介しているが、ここが決まると往復の航空券を予約できるわけで、期間については早目に決めておきたい。どのくらい休めるのか、仕事や学校との兼ね合いもあるだろうから、まず先に旅の期間を確保して、その枠の中でどこをどう旅していくのか決めていくのもいいだろう。

ともかく「目的地」「ルート」「期間」を最初に設定しよう。

お金と航空券の用意は早めに

目的地と期間が定まったらパスポート

▶いちばん最初に用意するもの

を準備しよう（↓Ｐ34）。これから始まるさまざまな手続きはパスポート情報なしでは進めることができない。パスポートを手にすると、いよいよ「旅に出るんだ」という気持ちが沸き上がってくる。

そして航空券の手配だ（↓Ｐ90）。ここが最初に手こずるところかもしれない。航空券の買い方はいろいろで、選択肢があまりにたくさんあるからだ。「安ければいい」というわけではないので、じっくり考えたい。どんなチケットをどうやって買えばいいのか、注意点などをＰ99から詳しく解説している。

次に考えなくてならないのは「お金」だ（その前にきっと、まず旅の予算を貯める必要がある人もいることだろう）。海外では現金だけを持って現地で両替していくスタイルは安全上あまり勧められない。クレジットカードやデビットカードなど電子決済を活用し、現地にもたくさんあるＡＴＭから現金を引き出しつつ旅するほうが、多額の現金を持たずにすむので安心だろう。そのためには各種カードの発行手続きといった準備も必要だ。即日で作れるものもあるが、やはり1週間程度は見ておきたい。お金に関する準備も、航空券と並行して早めに進めておきたい（↓Ｐ112）。

そして旅する地域によっては予防接種が求められる（↓Ｐ130）。また入国に際してコロナウイルスのワクチン接種証明書やＰＣＲ検査の陰性証明書が必要という国がアフリカを中心に少数ながらある（2023年12月現在）。外務省の海外安全ホームページなどをチェックして、証明書の準備もしよう（↓Ｐ132）。

そして旅立ちが近づいてきたら、ＳＩＭカードの購入（↓Ｐ128）や荷造り、海外旅行保険の加入（↓Ｐ120）などをしつつ、現地の情報を調べて気分を高めていく。そして体調管理にも気をつけて、出発時に身体の調子が悪い……なんてことのないようにしよう。

事前準備の時点ですでに旅なのだ

こうしたさまざまな準備は、出発を考えている時期の遅くとも1か月前から始めたい。旅慣れている人ならパスポートやカード類はすでに持っているだろうし数日でこなせるものだが、そうでないならゆっくり時間をかけて、余裕を持って臨んだほうがいい。

そしてこの準備段階がまた楽しいのだ。どこをどう旅しようかグーグルマップを見て妄想したり、旅先で使うグッズを買いに行ったり、経験者のＳＮＳを見てみたり。旅はすでに始まっているのだと感じることだろう。準備段階からのめり込める人はきっと旅もうまくいく。

それから宿の予約（↓Ｐ152）は現地の休暇シーズンでもなければギリギリでも大丈夫。あるいは予約しなくたっていい。ただ旅慣れていないうちは、最初の1泊目だけは確保しておいたほうがいいだろう。

なお本書で紹介しているのはあくまでベーシックな一例にすぎない。目的地を決めずに日本を出国するのも、帰りの日なんて決めないのも自由だ。「無事に帰ってくること」以外、旅にルールはないのである。

❖目的地はどこにする？

「はじめての旅」に適した地域は世界のいったいどこなのか？

日本との文化の違い、物価、治安、そしてなにより興味のままに、「どこを旅するのか」を模索してみよう。

POINT

❶ 文化の異なる場所ほど刺激ある旅となる
❷ 初心者向けの地域は東南アジアや南アジア
❸ 物価の高い国は長旅をするのが難しい

どこを旅するのか。目的地が明確に決まっているなら、この項を読む必要はない。でも、「旅をしたい、でもどこに行ったらいいのかわからない」という人だってきっといるはず。自分が旅したいと思える場所をどうやって見つけ出したらいいのか。初めての海外旅行でも、不慣れなひとり旅でも、どうにか旅できる場所はどこだろうか。このページではそんなことを考えていきたい。

文化が違うほど旅は面白い

グローバル化と技術の発達によって、地球上のたいていの場所には行けるようになった時代である。世界のどこでも旅の目的地になり得るわけだが、あまりにも広すぎてなかなか見当がつかない。そこでまず、旅の本質から考えてみたい。「旅とは、未知との遭遇だ」ということである。

異なる文化と出会えるから旅は面白いのだ。びっくりすることも、腹を抱えて笑うようなことも、あるいは疑問に思うこともある。ともかくいろいろなことを考えるだろう。「カルチャーショック」というやつだ。

それが大きな刺激になり、自分の中にある考えや価値観とぶつかって、新しいものを生み出していく。

その衝撃は、日本と文化が違うほど大きいし、また旅の困難さにもつながるだろう。逆に言うと、日本と文化が近い地域ならば旅はしやすいが、カルチャーショックは少なく、旅の醍醐味という点ではちょっと物足りないかもしれない。

こんな観点から旅先を考えてみよう。まず日本の立ち位置を見てみると、僕たちが住むこの国は、発展を遂げた（斜陽だとか衰退途上なんて言われても、それでも）先進国だ。そして民主主義を掲げた国でもある。同じようなシステムと経

夜市を歩くのは台湾旅行の楽しみのひとつだ

済力を持っているのは、アメリカやイギリス、フランス、オーストラリア、ドイツといった国々だろう。こうした国を旅行するなら、日本と価値観や社会の仕組みに共通する部分が多いため、戸惑うことは少ない。交通機関、宿、ウェブサービスなどもしっかり整備されているので快適に旅ができるだろう。

だけどこれら欧米の国々はキリスト教徒の白人が主流となっていて、かつ移民の流入も激しく文化の混淆ある地域でもある。そうした社会の有りようは日本とだいぶ異なり、歩いて見聞きすれば大きな刺激になるだろう。

そして日本は、地理的には極東の文化圏に位置している。とりわけ台湾や韓国は、日本と同じように民主主義で経済発展していて、街並みもなんだかそっくりだ。顔立ちも似たようなものである。政治的なイザコザはあれこれあっても、文化的な近さ、親しさを感じる。日本語を話せる人と出会うこともけっこうあるだろう。つまり旅はしやすいし、楽だ。

しかし、例えば韓国で日本語表記もある地下鉄に乗ってスマホに目を落としている乗客たちを眺めているときなど、まるで日本にいるような気にもなり、文化的なギャップに驚くという場面は少ない。

反対に、日本と距離が遠く離れた文化圏で、かつ経済的にもまだまだ困難なアフリカ中部あたりの国に行ってみると、カルチャーショックという意味ではこれ以上ない体験になるだろう。しかしそのぶんだけ、旅はしんどい。インフラが未整備だったり、政情不安や衛生的な面など日本とはだいぶ異なる社会であるため、「はじめての旅」にはあまり向かない地域だといえる。

政治体制の違う国も世界にはある

民主主義とは別のシステムの国で運営されている国というのも興味深い。社会主義国や、近年まで社会主義を掲げていた国に行ってみると、日本とはずいぶん違う空気感が印象的で、やはり刺激的だ。ただ、政治体制の違いから入国にハードルを設けている国もあって、そこが面倒でもある（これをクリアしていくことに面白さと喜びを感じる旅人もまた多いが）。とはいえ最近はこうした国々もビザが不要になったり簡単に取得できるようになったりと、ずいぶん旅しやすくなった。そこで注目されているのが、中央アジア（→P70）やコーカサス（→P78）といった地域だ。

反対にいまでも政治的に入るのが難しい、旅行しづらい場所もある。代表的な国が北朝鮮だろう。基本的に同行員つきのツアーしか認められておらず、自由旅行はできない。バックパッカー的な楽しみを味わえる機会は少ない（なお北朝鮮は2023年12月現在、コロナ禍により外国人の観光入国を再開させていない）。

東南アジアは初海外でも旅しやすい

日本との文化的な距離感と、旅の難易度。そのほどよいバランスが「はじめての旅」には求められているが、そういう意味で東南アジアは適している。タイ、ベトナム、カンボジア、ラオス、マレーシア、インドネシア、シンガポールといった国々だ。

とりわけタイだろうか。日本と同じモンゴロイドの仏教徒が中心となっている穏やかな国だ。きっと文化的な近しさを感じるだろう。経済成長が著しく、便利で快適な旅ができるようになってきている。一方で地方に行くとまだまだのどかな雰囲気たっぷりで、昔ながらの生活にも触れられる。日本とはだいぶ異なる仏教の在り方にも、なにかを感じるかもしれない。タイ人の「マイペンライ」（大丈夫、問題ない）で楽天的な気質も、あれこれ考え込んでしまう僕たちにはきっと新鮮だ。観光大国なので外国人旅行者を受け入れる素地がしっかりしており、外国人慣れした宿や旅の拠点がいくつもある。そこがやや過剰にツーリスティックな感はあるが、異国文化に触れながらも気負わずそこそこスムーズに旅ができる国がタイだろうと思う。

インドシナ半島ではベトナムを旅するバックパッカーも多い。タイを猛追する経済成長を見せている国であり、その発展の勢い、エネルギッシュでタフな国民性は目を見張るものがある。日本とは違う、「伸びている国」というものを肌で実感できるだろうけれど、荒っぽいところもけっこうあるし、苦労をする場面もときには出てくるだろう。

東南アジアでもとくに立ち遅れているラオスは、地方に行くほど交通事情が悪く旅はハードだ。しかし素朴な山里の暮らし、伝統文化がまだまだ残っている国でもあり、のんびりした風情に憧れる旅行者はたくさんいる。

イスラム教の文化に興味があるならマレーシアとインドネシアがいいだろう。どちらも多民族・多宗教だがイスラム教が主流となっていて、ニュースで見聞きするのとはだいぶ違うムスリム（イスラム教徒）たちの生活を知ることができる。インドネシアは遠洋の島々に行くとインフラがまだ整備されておらずきつい旅になるかもしれないが、それだけに旅の手ごたえはあるだろう。

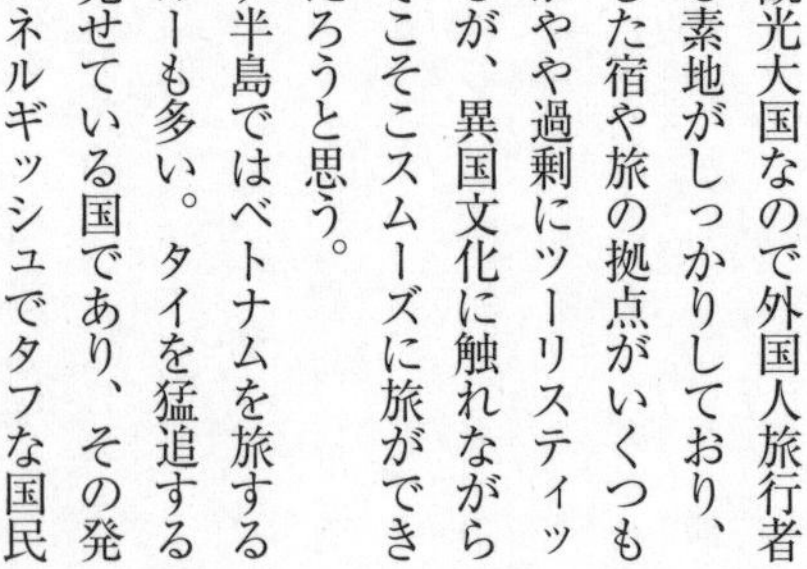

インドで人間の森に迷い込むのはきっと忘れられない体験になる

東南アジア諸国は（ミャンマーをのぞき）治安も比較的に安定していることから、昔から多くの旅人が行き交う地域だ。

カオスの国インドは初心者でも旅できるのか？

インドは「旅人の聖地」とも言われる。

強烈なカルチャーショックを受けるからだ。都市部ではすさまじい数の人間の活動による混沌に巻き込まれ、圧倒されることだろう。それに胸が痛くなるような貧困にも出会う。あらゆる路地に人間の生々しい生活の営みがあり、それがむき出しで通りすがりの旅行者にも迫ってくる。さらにヒンドゥー教やイスラム教などの宗教も濃密に息づいており、聖性を感じる国でもある。加えて21世紀の大国として頭角を現しつつある姿も垣間見られる。素晴らしくフレンドリーで親切な人と、旅人をつけ狙う油断ならない人と、そのどちらにも出会う。とにかく考えさせられる材料が豊富なのだ。

IT大国といわれるが、旅をしていればWi-Fiを確保するのに四苦八苦することも少ないないし、列車が何時間も遅れるとかエアコンなしのボロバスで10数時間とか、予約したはずの宿になぜか泊まれないとか、困難が次々にやってくる。きわめて疲れるのではあるが「旅をしているんだ」という確かな感触をつかめる国でもある。それに英語がよく通じるし、旅人が実に多いため情報もあふれていて、なんだかんだ言っても旅しやすい。東南アジアよりもグッとハードではあるが、「はじめての旅」だってどうにかなる国でもあるのだ。

このインドを中心に、ネパールやスリランカ、バングラデシュあたりの南アジアを回ってみるのも刺激的だろう。

物価や治安についても考慮しよう

旅先を決めるにあたって、現地の物価も考えなくてはならない。なにせ日本は経済が縮小する一方で、しかも円安が進む。日本円の価値はどんどん下がっていってしまっている。

欧米諸国の物価は日本よりもかなり高く、長く安く旅をするのはだんだん難しくなってきている。相当に節約旅行をしてもなお、お金がかかるだろう。アジアでも台湾や韓国、シンガポール、中国の都市部は日本とあまり変わらない物価か、ものによっては日本より高い。昔はリーズナブルな旅先だったタイもどんどん物価が上がっている。それでも東南アジアと南アジアは、まだ安く旅ができるエリアといえる。

そしてもうひとつ、治安や国際情勢もチェックすべきだ。政情不安な国に行くのは旅の初心者はもちろんベテランにも勧められない。世界のどこが危険なのか、P280で解説しているほか、外務省の海外安全ホームページも参考にしてほしい。

なによりもまず、興味そそられるところへ

目的地を定めるための目安をいろいろと述べてはきたが、なにより自分の興味を最優先にしてほしいと思う。映画や小説の舞台に立ってみたい、あの国の食文化を体験したい、友人に会いに行きたい、あの地で写真を撮りたい……なんだっていいのだ。ただ遠くに行きたいだけでも、目的地なんて定めずとりあえず日本を出て、あてもなく旅をするのもいい。

結論をいうと、どこに行ったたって旅は面白いのだ。

Traveller's Opinion

いま行きたい国と、その理由を教えてください

本書では記事の執筆者も含めて、初心者からベテランまでたくさんの旅好きの人々にアンケートを実施。個性的な回答が寄せられたが、まずは「いま注目の旅先」から紹介したい。

南アフリカでは喜望峰に行ってみたい。ジョージアは自然豊かで、時の流れがゆったりしていそう。ウズベキスタンは本で見たサマルカンドブルーを実際に見てみたい。それと、観光地だけではなく人の生活に触れて、人々がどう生きているのか、その土地の空気を感じる旅がしたい。（きょうこ）

なるべくアウェー感のある、文化的に遠いところに行きたい。（雪風）

ヒマラヤの絶景に憧れます。行きやすいのはネパールだそうですが、パキスタン北部やチベットも旅してみたい。（タケオ・37歳・男）

ロンドン、パリ、ストックホルム、トロント、ニューヨークなど、移民の街を訪れてYouTubeを撮影したい。（比呂啓・50代・男）

安め＝ベトナム。ベトジェットに乗りたいから。高め＝パリ。眺めのいいアパルトマンを借りて、ルーブル美術館の年間パスポートを買い、１年かけて１日に１部屋だけ観る。マルシェで野菜や魚を買い、自炊する。その日に食べるものしか買わない。（まえだなをこ）

文化が混淆している場所に興味があります。モンゴロイドとコーカソイドが混在するインド東北部とか、多くの民族や宗教が入り混じるバルカン半島とか。（40代・自営業・男）

▶Traveller's Opinion❶

どこでもいいから地元の飲み屋が楽しくて、つまみが美味しいところに行きたいですね。 （アソーク）

アジアが好きでタイやインドなどを回ってきましたが、フィリピンが気になっています。現地に移住した人のYouTubeチャンネルを見ているので。 （まさみ・48歳・男）

台湾１週間の旅で海外旅行デビュー。次は少しハードルを上げて、タイ、カンボジア、ベトナムと回る予定。旅慣れてきたら１か月くらいかけてインドを旅したいですね。 （あすきゃん）

クミンの産地でありパールシー料理の故郷であるイラン、インドからの移民が多いモザンビークからマダガスカル、インド亜大陸とは異なる唐辛子の調理法があるペルーなど、スパイスと食文化のリサーチのために行ってみたい。 （ミサ・30代・女性）

なかなか行けないところ、ニュースで見たところに降り立ってみたいという気持ちが強いです。だからいつかはイラクのバグダッドや、ロシアのチェチェン共和国に行ってみたい。 （森田聡）

『深夜特急』を読んで以来、いつかアジア横断の旅をしたいと思っていますが、なかなか時間が取れません。旅は長い休みが取れる学生のうちだなと実感します。 （匿名）

旅行者の間で話題になっている場所には行ってみたい。インドだとジャイサルメールやラダック。ジョージアとアルメニア、ウズベキスタン。（miyu）

ラオス。メコン川の雄大な流れと夕陽が最高だと聞いて。それと通貨安になっていて安く旅行できるそうです。 （やま・33歳・男）

❖「ビザ」について考える

旅行者が取得するのは観光ビザ とはいえ日本人はビザ不要の国が多い

日本の外交関係や経済力も現れてくる、ビザなる書類。旅先によっては入国のときに取得することが義務づけられている。

POINT

❶ 観光目的の短期滞在ならビザ不要の国が多い
❷ 旅行者が取得するのはたいていの場合「観光ビザ」
❸ ビザでもノービザでも滞在期限があるので注意

ビザとは相手国の入国許可証

旅の目的地が定まったら、次に調べたいのはその国の入国条件だ。具体的には「ビザ」が必要なのかどうか、ということである。

ビザとはいったい、いかなるものなのだろうか。日本語では「査証《さしょう》」と表現される。これは平たく言えば、その国に入るための許可のようなものだろうか。

パスポートはあくまで旅行者が属する国（この本を読んでいる方の場合はたいてい日本だろう）の政府が発行する国際的な身分証明書。対してビザは、旅行先の国が、旅行者を審査して発行する入国許可証といったところだ。

つまり海外旅行をする際にはパスポートとビザの両方が必要になってくる……のだが、僕たちはけっこうありがたい立場にいる。日本のパスポートを所持している人間に対しては、観光目的の短期滞在であれば、かなりの国がビザを免除してくれている。つまりビザを取得しなくてもいい。日本人ならパスポートだけで入国OKという国がほとんどなのだ。

それはなぜだろうか。わかりやすくいえば「我が国に日本人を入国させても、彼らはトラブルなく過ごしてやがて出国していくだろう。だからいちいちビザを求めなくてもいい」と判断されている。トラブルとはおもに不法滞在や不法就労を意味する。ある程度の経済力がある日本の国民はそういう行為に及ばないだろうという信用があるわけだ。

加えて政治的に安定しており、友好関係を結んでいる国が多いということでもある。日本と互いにビザを免除しあっている国もたくさんある。

いわば先人たちが作り上げてきた信頼感のもとに、日本人はビザ不要な国が多いのだ。ビザ取得の面倒な手続きが要らないのだから、助かるというものだ。加えて、近年では外国人観光客を呼び込むためにビザを免除する国も増えている。

　反対に、ビザ取得代金を貴重な外貨収入とする国もあったりする。あるいはコロナ禍で入国する外国人の情報を厳格にコントロールするために、一時的にビザ免除を停止している国もある。さらに言うと、もし日本との外交関係が悪くなれば、いままではノービザで渡航できたのにビザ取得が義務づけられることもある。つまり国際情勢にも左右されるのだ。

　バックパッカーの多い東南アジア、南アジアを見てみると、ビザが必要なのはカンボジア、ミャンマー、ネパール、バングラデシュ、インド、パキスタンなど数か国のみだ。その取得手続きを簡略化している国も多い。

　また入国する場所によっても異なることがある。主要都市の空港からの入国はノービザでOKでも、陸路で入るならビザが求められたりと、国によってさまざまなので事前に調べておこう。

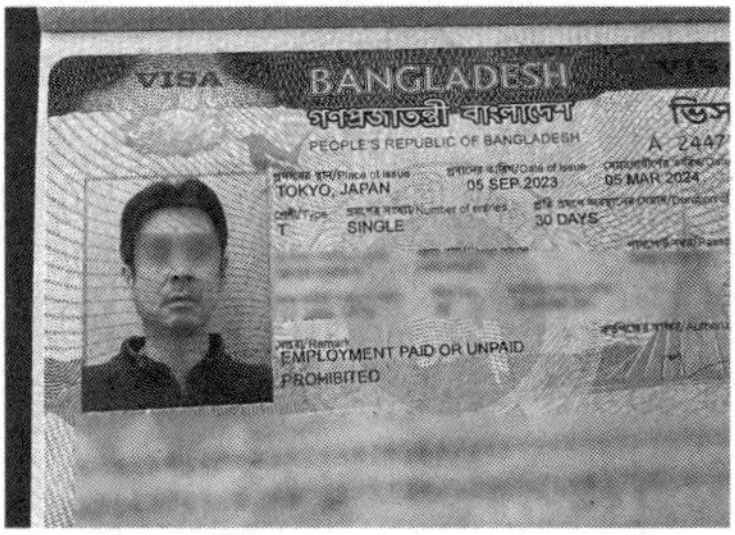

こちらはバングラデシュの観光ビザ。パスポート番号など旅行者の個人情報のほか、有効期限などが記されている

ビザには期限があるので注意

　ビザにはいろいろな種類がある。就労用ビザ、留学ビザ、その国の人と婚姻するときのもの、あるいは報道ビザだとか、リタイア生活を海外で送る人のためのロングステイビザなんてものもある。入国の目的に合ったビザを取得しなくてはならないわけだが、一般的な旅行者の場合は「観光ビザ」だろう。英語だと「ツーリストビザ」などと呼ばれる。

　ビザを取得すればいつまでもその国にいられるというわけではなく、滞在日数の制限が設けられている。30日とか60日という場合が多いだろうか。この期限の中で旅行するわけだ。

　ノービザで入国できる国もこの点は同じ。たとえばタイはビザなしの場合は30日まで、ベトナムは45日まで滞在できると決まっている。それ以上の滞在を希望するならビザを取得しなくてはならない。

　旅の目的地を決めたら滞在可能日数をチェックし、その枠の中でルートを定めていくということになる。

　なお観光ビザにしてもノービザにしても期限が迫ったらいったん手近な隣国に出て、もう一度ビザを取り直したり、あるいはノービザで再入国して、また旅行する……なんて手段を取る旅行者もいる。「ビザラン」なんて呼ばれることもある。しかしこれは不法就労者も同様の作戦を取るケースが多いことから警戒され、近年では入国拒否される国も出てきているので要注意。

　なお入国回数も決まっている。シングルは1回、ダブルは2回、マルチは複数回、期限内に入国可能で、どれを取れるかは国によって異なる。

❖どうやってビザを取得する？

大使館や領事館で手続きするか オンラインで申請するか

在外公館、オンライン、現地と、ビザを取る場所はさまざまだが、申請方法は同じ。初めてだと手こずるかもしれないが、無事に取得できたときの喜びは大きい。

POINT

❶旅人なら申請は自分でやってみよう
❷取得までの日数はしっかりチェックを
❸長旅になるなら現地での取得も検討を

ビザ取得までの流れ

ビザはどこで取得するかといえば、カンタンなのは旅行会社に代行してもらうこと。しかし当然、手数料がかかる。そこで旅行者は自分で手続きをするのだ。日本にある各国の在外公館（大使館や領事館）に出向いて、申請をすることになる。これはなかなかに面白い体験だ。一国の大使館に入るなんて機会はそうそうない。出発前から旅行気分が盛り上がるというものだ。

在外公館に（ときには荷物チェックなどを受けて）入ると、そこはもう外国。係官も、出入りしているのも、日本に暮らすその国の外国人だ。敷地のどこかにビザを扱う部署がある。わからなければ訊ねてみよう。日本人スタッフか、日本語のわかるスタッフがいる。

ビザの申請窓口では、日本人も、そのほかの外国人も並んでいたりする。必要書類は国によってまちまちだが、おもにパスポート、顔写真、申請書、そして手数料だ。顔写真のサイズと枚数も決められているが、あまり厳格でない国もある。

申請書はほとんどの場合、英語になる。記入する項目はパスポート番号、取得日や取得地、失効日、生年月日、その国への入国予定日、メールアドレスや住所といった項目。親の国籍や名前を求められることもある。おもな滞在都市があったら、それは現時点での訪問予定先を書いておけば大丈夫。

また現地での連絡先が必要なこともあるが、これはホテルでいい。まだ決まっていなかったら、泊まる予定の宿を記載しておこう。

はじめてだと戸惑うかもしれないが、落ち着いてよく読めば簡単な英語がほとんどだし、どうにか記入できるだろう。わからないところは係官に聞くなり、スマホで翻訳すればいい。公式サイトに記入の見本とか、必要書類などをまとめている在外公館もあるし、申請書をダウンロードできることもある。この場合、事前に記入して持っていくだけでいいので安心感がある。

書類一式とパスポートを提出して手数料を支払ったら、受領日や時間が指定された引換証を渡されるだろう。あとはその日にもう一度やってくると、ビザのシールが貼られたりハンコが押されたパスポートが返ってくるというわけだ。

手続きに日数がかかることもあるので手続きは早めに。たとえば「受領まで5日」となっていたら、それは「5営業日」のことであり、土日および日本とその国の祝祭日も含まない、ワーキングデーを数えて5日という意味だ。両国の連休や祭りなどが重なっていたらかなり待たされることになる。国によっては「urgent」（急ぎ）のサービスをしてくれるが、手数料が割増になる。

なお在外公館はほとんどが東京と大阪に集中している。地方に住んでいる人にとってはたいへんだ。そこでパスポートや書類の郵送手続きができる国もある。

オンラインでの手続きが普及している

ここまで在外公館での手続きを解説してきたのだが、いまではオンライン化がどんどん進んでいる。オンラインでの手続きのみに一本化された国もある。在外公館に行ったほうが面白くはあるのだが、手間などを考えるとネットで手続きをするほうが現実的だろう。

まずは在外公館の公式サイトにアクセスする。電子ビザ（eビザ）を扱うページがあるだろう。申請フォームには紙の申請書と同じ項目が並んでいるので埋めていこう。顔写真はデータをアップロードする形式。パスポート情報も同様に顔写真の写っているページのデータをアップする。手数料はクレジットカード決済だ。

こうして申請し、審査が済むと、ビザの書類がデータで送られてくる。これをプリントアウトし、現地に持参する。だいたいこんな流れだ。

またビザとは異なるのだが、電子渡航認証（ＥＴＡなどと呼ばれる）といって、事前にオンラインで渡航申請することを義務づける国も増えている。

旅先でもビザは取得できる

現地到着時にビザが取得できる国もある。「アライバルビザ」と呼ばれる。アジアだとカンボジアやネパールなどだ。到着した空港や国境で手続きをするが、流れは一緒だ。パスポートと申請書、顔写真、手数料を提出すると、すぐにビザが発給される。

なお長旅になると、日本ではなく旅先でビザを取っていくバックパッカーも多い（→Ｐ２４３）。予定をその場その場で決めていく旅をしているからだ。現地にある渡航国の在外公館に行くか、オンラインでの手続きということになる。

❖ どんなルートで旅すればいいの?

スタートとゴールを決めることで旅の全体像が見えてくる

移動こそが旅である。では、どんな道筋で動いていけばいいのだろうか。ルーティングのコツや注意点をチェックしてみよう。

POINT

❶ スタートとゴールとなる都市を決める
❷ ルートも日程もできるだけ緩やかに
❸ 片道航空券で旅立つなら渡航先の入国条件を調べる

「旅」という言葉を辞書で引いてみる。「住んでいる土地を離れて、ほかの土地へ行くこと」とある。だから日本でも海外でも自宅以外の場所に行けばすなわち旅ではあるのだが、できれば移動し、漂ってほしいと思うのだ。「旅」には「歩きめぐること」「未知の土地を移り渡ること」という意味もある。ある街から別の街へと移り、そこでも何ごとかを見聞きし、潮時を感じたら別の場所へ……こうして少しずつ移動し、旅を紡いでいく。もちろんめぐり歩く中では、ある場所に落ち着きを感じて長逗留することがあるかもしれない。何らかのトラブルで足止めを食らうこともあるだろう。それでもいずれは歩き出し、どこかへと進むのが旅行者ではあるまいか。

つまり旅には道筋が必要なんである。P38からの「どこへ行くのか」を参考にだいたいの目的地域を定めたら、そこをどういうルートで旅をするのか、出発前に思い描いておこう。

とはいえ、いきなり世界一周とか、いくつかの大陸を渡り歩くというのはややハードルが高い。まずはひとつの国を回ってみるとか、あるいはその国と隣接する国も合わせて2、3か国を組み合わせる、というスタイルが現実的だろうか。

例えば台湾をぐるりと一周するコース。マレー半島をバンコクからシンガポールまで縦断する。タシケントを基点に中央アジアを回ってみる……これらはもちろん日程との兼ね合いもあるので、P50からの「旅の期間とペース配分」も見ながら決めてほしいのだが、まずは地図を眺めてルートを楽しく妄想したい。

旅のスタートとゴールはどこ?

このルートづくりの柱となるのが「スタート」と「ゴール」である。〝どこから旅を始めて、どこで終えるのか〟ということだ。ここが決まると、旅の骨格が見えてくる。「日本↓スタート地点」、「ゴール地点↓日本」という形で航空券を買うことになるからだ。

つまりスタート・ゴール地点ともに、日本から直行の飛行機が飛んでいる、ある程度の大きな街ということになる（面倒でなければ、どこかを経由する便が飛んでいる街でもいいが）。

そしてスタート・ゴール地点の設定にはふたつのパターンがある。

①スタートとゴールが同じ街

たとえばデリーから旅を始めて、インド国内やネパールなどを回り、またデリーに戻ってくる。あるいはデリーだけの一都市滞在（〝歩きめぐる〟とはやや異なってはくるが、それもまた旅である）。この場合、「日本とデリーとの往復航空券」を買えばいい。

②スタートとゴールが別の町

たとえばベトナムのハノイをスタート地点にして、ベトナムを南下、カンボジアを経由してタイに入り、バンコクがゴール……なんてルート。これは「日本↓ハノイ」「バンコク↓日本」と航空券を買うことになる。

ルートもあてもなく旅をするのもよし

こうして行きと帰りの場所、日付が決まったら、あとは自由に旅すればいい。だがルートはざっくりであるべきだ。そして詰め込みすぎないこと。出発前からキッチリ日程を組んだところで、たいていなにかトラブルがあって思うようには進まないものだ。そもそもあらかじめ決めたスケジュール通りに旅するのは、なにか義務に捉われているよう気にもなってきて、本末転倒ではないか。我々は自由な旅人なのである。

ルートはその場その場で臨機応変に変えていけばいい。決まっていることはただひとつ、「帰りの便が出る日には、ゴール都市にたどりついていること」。これだけだ。

そして自由な旅人としては、

③スタート地点だけ決めて、帰らない

という旅にこそ最も憧れる。片道航空券だけ買って、ルートなんてその場その場で決めて、日程は定めずにあてもなくどこまでも旅をする……。

ただし「入国の条件として出国用の航空券を持っていること」を挙げている国がけっこうある。身近なところだとタイやフィリピンだ。出発時に、空港のチェックインカウンターで提示を求められる場合がある。この場合、払い戻し手数料のかからない航空券をあらかじめ買っておいて入国後にキャンセルするという手がある。いざというときはチェックインカウンターでスマホを使って購入し提示する。あるいは陸路国境のある国なら、安価な国際バスのチケットをオンラインで買っておく方法もあるだろう。

短い日数でも旅はできるができれば1か月は欲しい旅の時間

バックパッカーたちはどれくらいの日数を、どんなペースで旅しているのか。ここでは旅に必要な日数がどのくらいなのか考えていこう。

POINT

❶ 3日滞在、1日移動のペースがおすすめ
❷ 旅できる日数からルートを決めるのもあり
❸ いつかはやりたい、年をまたぐ壮大な旅

旅のペースは「1週間で2都市」

旅先が決まったら、次に考えたいのは期間だ。ざっくりとルートを考えたけれど、これってどのくらいの日数があればこなせるんだろうか……そのあたりの感覚は旅を重ねないとなかなかつかめないものだし、旅のペースは人それぞれなのだが、それでも目安を挙げるとするなら「1週間2都市」だろうか。

ある街で3日過ごし、1日を移動日にして、次の街で3日。このくらい日数を取っておくと、けっこう余裕を持って動けるものだ。ひとつの街に3日ほど滞在すれば、おぼろげながらその土地の姿が見えてくるし、観光スポットもそこそこ回れるだろう。いくらかゆっくりする時間も取れる。そしてこの間に次の街への交通を確保する。

これが仮に2日間しかないと、けっこう慌ただしいことになる。その街に慣れる前に、おもだった観光地だけを見て次の目的地へ……という旅だと、どうも心に残るものが乏しいように思うのだ。ある程度コシを据えてひとつの街に向き合ったほうが、なにかと印象深い旅になる。そのためには少なくとも3日は欲しいというわけだ。2日と3日、たった1日の差に思うがけっこう違うものなんである。

移動日は、2〜3時間で着くような短い距離でもなければ「1日」とカウントしたほうがいいだろう。荷物をまとめ、それを背負い、バスターミナルや鉄道駅に行って目的の便を探して乗り込み、さらに到着後は宿を見つける……見知らぬ異国でこの作業をするのはなかなかの大仕事なのである。また夜行列車や夜行バスを使うこともあるだろうが、それでも「移動日が節約できる」とは考えず、やはり1日みておくとなにかと余裕が出てくるものだ。

こうして、ある街に3日、移動日に1日という計算をしつつ、ルートを見てみよう。どのくらいの日数が必要なのかわかるだろう。

あるいは旅に費やせる日数から計算して考えてもいいだろう。休みが2週間は取れそうだから4都市くらいをこう回ろうとか、10日間なのでちょっと無理して3か所だけど移動距離の短い場所にしよう……なんて感じだ。

実際に旅に出てみると、3日ではとても足りないほど魅力的な場所はたくさんあるし、逆に「1日でいいか」と感じる場所もあるだろう。広大な大陸を移動するのに2日も3日もかかることだってあるかもしれない。思わぬハプニングで足止めを食うことだってある。それでも、「1週間2都市」を頭に入れてスケジューリングしておくと、現地でも余裕を持って動けるはずだ。

1か月の旅って長い？ 短い？

旅の期間は人それぞれだ。仕事などの都合もあるだろう。1週間も休めればいいほうという人もいるし、「週末弾丸旅」を楽しむ人だって多い。

しかし「旅しているんだ」という実感、確かな手ごたえを感じたいなら、1か月は日本を離れてほしいと思う。それだけの期間を旅していると、いつしか日本の生活は遠いものになっていく。やがて旅がむしろ日常となり、どこか異世界の住民になったような、ふしぎだが心地よい感覚を得られるようになる（ネットと接しないほど没入感は深くなるだろう）。

1か月というと、なにかとてつもない大冒険のように感じるかもしれない。ところが、そんなことはないのだ。旅してみると1か月は短い。多くの国を回れるような期間ではない。「1週間2都市」をたった4回繰り返しただけでもう1か月は過ぎてしまう。

しかしまた、1か月は短いようで長い。実にたくさんの出来事があるだろう。楽しい出会いはいくつもある。異文化に触れてなにか目覚めるものがあるかもしれない。一方で理不尽な世界を見て怒りや悲しみを覚えることもあるはずだ。

これほどになにかを考え、感情を揺さぶられ、生きている実感に満ちた1か月は、今までの人生であっただろうか……。きっとそう感じる。

一生に一度のチャレンジ

「いつか1年を超える旅を」

それは多くの旅人の夢かもしれない。「年単位」の時間を取って、世界を放浪する。だが仕事と両立させることはなかなか難しいだろう。どうしたっていったん日本社会のレールから外れることになる。リスクは大きい。それでも、なのだ。それでもいつか、人生一度は長い長い旅をしてみたい。まだ見ていない世界に行ってみたい。旅に心を囚われた人々はそう思うのだ。

はじめての旅なら乾季に旅しよう 盛大な祭りの季節も楽しいぞ

旅のベストシーズンはやはり雨が降らず気候が安定している乾季。雨季や、その国の長期休暇はできれば避けたほうがいいだろう。

POINT

❶ 雨季に旅するのは本当にきつい
❷ 現地の長期休暇を調べておこう
❸ その土地ならではの祭りも楽しみたい

アジアの場合、乾季と雨季がある

旅にもシーズンというものがある。日本人旅行者に人気の東南アジアやインドを例にとってみると、季節は大きく「乾季」と「雨季」に大別されている。だいたい11月から4月が乾季で、5月から10月が雨季となる。

旅をするならだんぜん乾季のほうがいい。その名前の通り、雨の降らない日々が続く（とはいえ近年の気候変動の影響で変化が出てきてはいるが）。基本的に気持ちの良い晴天ばかりで、雨具の必要もない。東南アジアや南アジアの場合、乾季の気温は30度前後と極端な暑さではなく、それも日陰に入ったり風が吹けば涼しさを感じる。インドシナ半島の北部やインド北部あたりは、12月から2月くらいになると朝晩は寒いくらいだ。3月からは「酷暑」とも呼ばれる季節となり、場所によっては40度を超えるようなこともあるが、それでも「雨が降らない」というのは旅するにあたって本当に助かるものなのだ。

雨季の旅はなかなかにしんどい。ほとんど毎日のように雨が降る。夕方から夜にかけてという場合が多いが、一日中ずっと降っていることもある。それも、日本では考えられないような凄まじい降り方をすることだってあるのだ。

宿から出られないくらいならまだいいのだ。移動するときに雨に当たってしまったら悲惨だ。重い荷物を背負いながらホテルを探したり、バスターミナルに向かったりしなくてはならないかもしれない。雨が降ると大都市ではたいてい渋滞となり、タクシーやバスだと時間が読めなくなってしまう。

それに日本のように排水設備がしっかりしている国ばかりではない。雨が降ったら路地にみるみるうちに水が溜まり、洪水になったりもする。そこをザブザブ歩かなければ目的地に着かないなんてことにもなりかねない。

靴が濡れてしまうと乾くのに時間がかかる。かといってサンダルだと衛生的にやや不安だ。水たまりやぬかるみの中にはなにがあるかわからない。小石やガラス片で足を切って雑菌が入ってしまうかもしれない。服も乾きにくい季節だ。ランドリーに頼めばいいかもしれないが、

いまやウォーターフェスティバルとなったタイのソンクラン（水かけ祭り）は4月だ

お金がかかる。

そして雨季はまた感染症が蔓延しやすい時期でもある。衛生状態が悪くなり、湿度が高く細菌が繁殖しやすいからだ。

さらに言うと、海は荒れて、乾季なら美しいビーチも濁っているし、ホテルやレストランが休業だったりと、とにかく旅がしにくい。

雨季は熱帯の自然の営みをこれでもかと感じられ、また果物のシーズンでもあり、観光客が減るのでホテルが安く泊まれるといった点もあるのだが、初めての海外旅行であればやはり乾季を選んだほうがいいだろう。

文化を体感できる祭りのシーズン

現地の祭りや長期休暇も考えておきたいところだ。中国では1~2月の春節や10月の国慶節は大型連休となり、どこに行っても宿や交通機関の予約が取りにくくなる。

欧米では4月のイースターや、クリスマスから年末年始にかけては動きが取りにくくなる。レストランだけでなく美術館や博物館も、休業したり営業時間が短くなったりする。

そして年末年始は欧米だけでなく世界的に宿や航空券が確保しにくく、また値段も高くなる傾向だ。

例外的なのはイスラム教圏だろう。クリスマスや年末ムードを避けるにはイスラムの国に行くといいかもしれない。こちらはラマダン（断食月）が明けたことを祝うお祭りがどの国でも盛大に行われて、かつ旅行シーズンとなる。ラマダンは太陰暦の9月に行われるが、太陽暦を採用している日本のカレンダーとは毎年ずれていく。

なお断食といっても飲食ができないのは太陽が出ている間だけだ。外国人や旅行者は対象ではない。とはいえ食堂も屋台もぜんぶ営業していないのだから、どうしたって断食に付き合うことになる。1日の断食が明けた夜は街中に食事のブースが出て、たいへんな賑わいとなる。

こうした祭りの時期を狙って旅してみるのも、土地の文化を知るにはいい。

❖ルート情報&マップ①東南アジア

インドシナ半島一周ルートか、マレー半島南下ルートか

東南アジアは交通網が張り巡らされ国境もたくさん開いていて、見どころも多い。自由に旅するバックパッカーには格好の舞台だ。

　旅慣れていない人にも優しい東南アジア諸国の中だが、とくに人気になっているのはインドシナ半島の国々だろう。総じて旅はしやすいが、ときに移動のきつさなどで苦労することもあるなど旅の醍醐味（?）もたっぷり味わえるし、食事は安くて美味しい。それにアジアの仏教国という日本と共通の土台を持っているから親しみやすさもありつつ、熱帯の気候に育まれたおおらかで緩やかなライフスタイルはやはり僕たちとはだいぶ違っていて、そこに興味を惹かれる。

　大都市の賑やかさ、元気さも楽しいし、世界有数の美しい海もあれば、ジャングルでのトレッキングも楽しめる。山岳部には自然とともに生きる少数民族の暮らしがある。そして半島を北から南に滔々と流れる大河メコンはぜひ見てほしい。

　インドシナ諸国で入国に際して事前のビザ取得が必要なのはミャンマーだけだ。カンボジアもビザが求められるが、到着した空港や国境で取れる。

　大都市や観光地であれば英語の通用度は日本よりもずっと高い。Wi-Fiなどネット環境もまあまあ良好だ。Grabをはじめ配車アプリも使えるので外国人が悩まされがちなぼったくりタクシーも回避できるだろう。タイやベトナムでは鉄道やバス、船のオンライン予約も一般的だ。またバックパッカーが集まる拠点の街も各地に点在している。

　こうした便利さがありつつ、旅情も豊かで、加えてまだ物価も日本よりはだいぶ安いインドシナ半島の国々は、バックパッカーデビューにはちょうどいい場所といえるだろう。

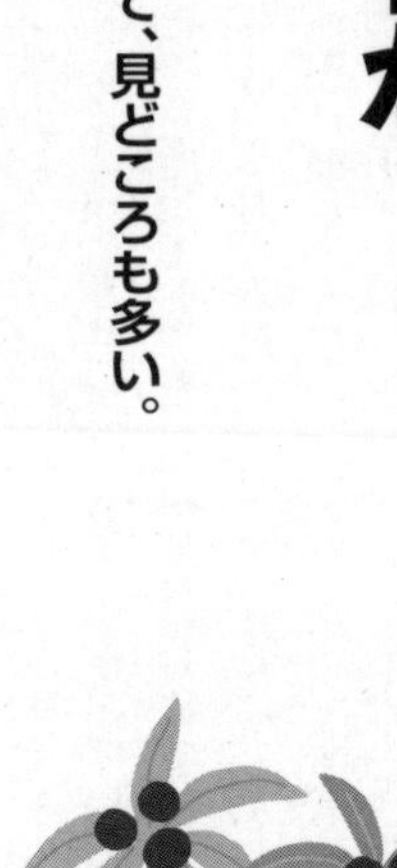

バックパッカーが増えているベトナム

　インドシナ旅行の拠点となるのはおもに3か所。タイの首都バンコク、ベトナム北部の首都ハノイ、そしてベトナム南

部の商業都市ホーチミンだ。

いずれも日本からの直行便があり、旅行者の集まる安宿街を持つ大都市で、アジアの猥雑さと雑多さがあふれる。

とくにこのところはハノイとホーチミンから旅を始めるバックパッカーが増えているようだ。というのも、日本とベトナムを結ぶLCCベト・ジェットがやたらに安いからなんである。2023年11月時点だが、成田から両都市までは往復3万円台から買える。そのぶんオペレートに難があり、直前でフライトスケジュールが大幅に変更になったり、カスタマーサポートのレスポンスが滞ったりといったトラブルも報告されている。

南北に長いベトナムを、ハノイからホーチミン（あるいはその逆でも）へとゆったり縦断していく旅も面白い。北部では少数民族の里サパや、海に無数の奇岩がそびえ小さな島々が浮かぶ景勝地ハロン湾が見どころ。中部では古都フエや、17世紀に日本人町があったホイアン、ビーチリゾートのダナンなど。南部ではメコンデルタの濃密な緑の世界と、水に寄り添う人々の暮らしがなんとも印象的だ。

ハノイではホアンキエム湖周辺、ホーチミンはデタム通り周辺（→P164）が安宿街で、バックパッカーたちが集まってくる場所になっている。

陸路でインドシナ半島を一周する

各所で国境が開いていて外国人も通過でき、国を越える旅が簡単なのもインドシナ諸国の面白さだろう。ベトナムからは陸路でカンボジアとラオスに抜けられる。さらには中国にも道は開かれている。

カンボジアでは巨大な仏教遺跡アンコールワットが人気だが、加えて雄大な平原や穀倉地も目を引く。まだまだ貧困を目にすることも多いが、たくましく生きる子供たちの姿になにかを感じることもあるかもしれない。

アジアでもとくにのんびりした風情から もともとバックパッカーが多かったラオスは、近年の通貨安から（外国人から見ると）物価が下がり、旅行者が増えている。無数の寺院がある古都ルアンパバンが最大の観光地で、安宿も多い。ラオスではなにより雄大なメコン川とじっくり対面してほしい。

そのメコン川がラオスとタイの国境になっていて、複数の地点で越境できる。またタイはカンボジアとも行き来できる。なのでタイの首都バンコクを基点にして、たとえばカンボジア→ベトナム→ラオス→そしてまたタイに戻ってくる陸路一周旅行も可能だ。急いでも1か月はほしいルートだろう。

バンコクではカオサン通り（→P164）など各地に安宿が点在している。インドシナ一周ルートにタイを組み入れるなら、北部の古都チェンマイやイサーンと呼ばれるのどかな東北地方がおすすめ。

なおミャンマーはタイから陸路で行けたのだが、軍によるクーデターとコロナ禍以降は流動的。空路が確実だが陸路を考えているなら事前に情報収集を。国内は軍事政権による国民弾圧が続く。ビザを取れば旅はできるし、礼儀正しく親日的な人々に心和む国ではあるのだが、圧政というものにも思いを巡らせてほしい。

マレー半島3か国を旅する

　バンコクからマレー半島を南下していくコースも面白い。そしてインドシナ半島よりも難易度は低い。マレーシアとシンガポールが発展していて、英語が通じる国だからだ。ビザは3か国とも不要。

　スタート地点のバンコクを出るとすぐタイ湾が広がり、そこからずっと海を見つめて旅することになる。タイ南部には、細いマレー半島の東西にさまざまな島が浮かんでいて、どこも人気の観光地となっている。とくにバックパッカーが多いのは、フルムーンパーティーで有名なパンガン島、タオ島、映画『ザ・ビーチ』の舞台になったピピ島、リペ島あたりだろう。いずれも透明度の高い珊瑚礁の海域が広がる。島は輸送費のぶんなにかと物価が高いが、まだまだ安いゲストハウスやバンガローもたくさんある。

　ただ観光開発が進んだため、昔のような「秘島」の風情はいまでは失われつつある。それでもガイドブックに載っていない島に渡ってみると、昔ながらの海の暮らしを見ることができるだろう。

　なお島をめぐるなら国際運転免許証を忘れずに。どこにでもレンタルバイクがあって、これで回るのがいちばん爽快だし便利だからだ（→Ｐ２４６）。そして日焼け止めも必須だが、これは島でも買える。

　マレー半島を南下していくと少しずつ寺院が減り、代わりにモスクが増えていくことを実感するだろう。ここは仏教とイスラム教の人々が混在する、文化の境界でもあるのだ。それゆえややこしい問題もあって、マレー半島の東海岸ではタイからの独立を標榜する勢力がときおりテロを起こすこともある。なので西寄りのコースを取って、国境を越えよう。

　マレーシアに入るとすぐにペナン島だ。中心地となるジョージタウンは海峡貿易で栄え、東西の文化が溶け合った街。いまもその風情が残るし、安宿も多い。

　さらに南下していこう。発展著しい首都クアラルンプール、やはり貿易の拠点であり植民地時代の建造物が残るマラッカを経て、国境線となっているジョホール水道を橋で渡り、ゴール地点のシンガポールへ。アジアで最も整備された庭園のような都市だが、物価が高い。なのでマレーシア側のジョホールバルに宿を取り、毎日国境を越えてシンガポール観光をする、なんてバックパッカーもいる。

　バンコクからここまで、駆け足で1週間。できれば2週間はほしい。

インドネシアの島々へ

　さらにシンガポールからは、船を乗り継いでインドネシアにも渡れる。民族も宗教も言語も、あまりに多様なこの海洋国家を船とLCCで旅するのは貴重な体験だが、トライする人はまだ少ない。国際的リゾートのバリ島だけではなく、先住民文化の残るスマトラ島やスラウェシ島、スパイスの源流となったバンダ諸島、「地球の酸素庫」とも呼ばれるカリマンタン島など、インドネシアの島々は多彩だ。船旅はかなり時間がかかるが、安く上がる。

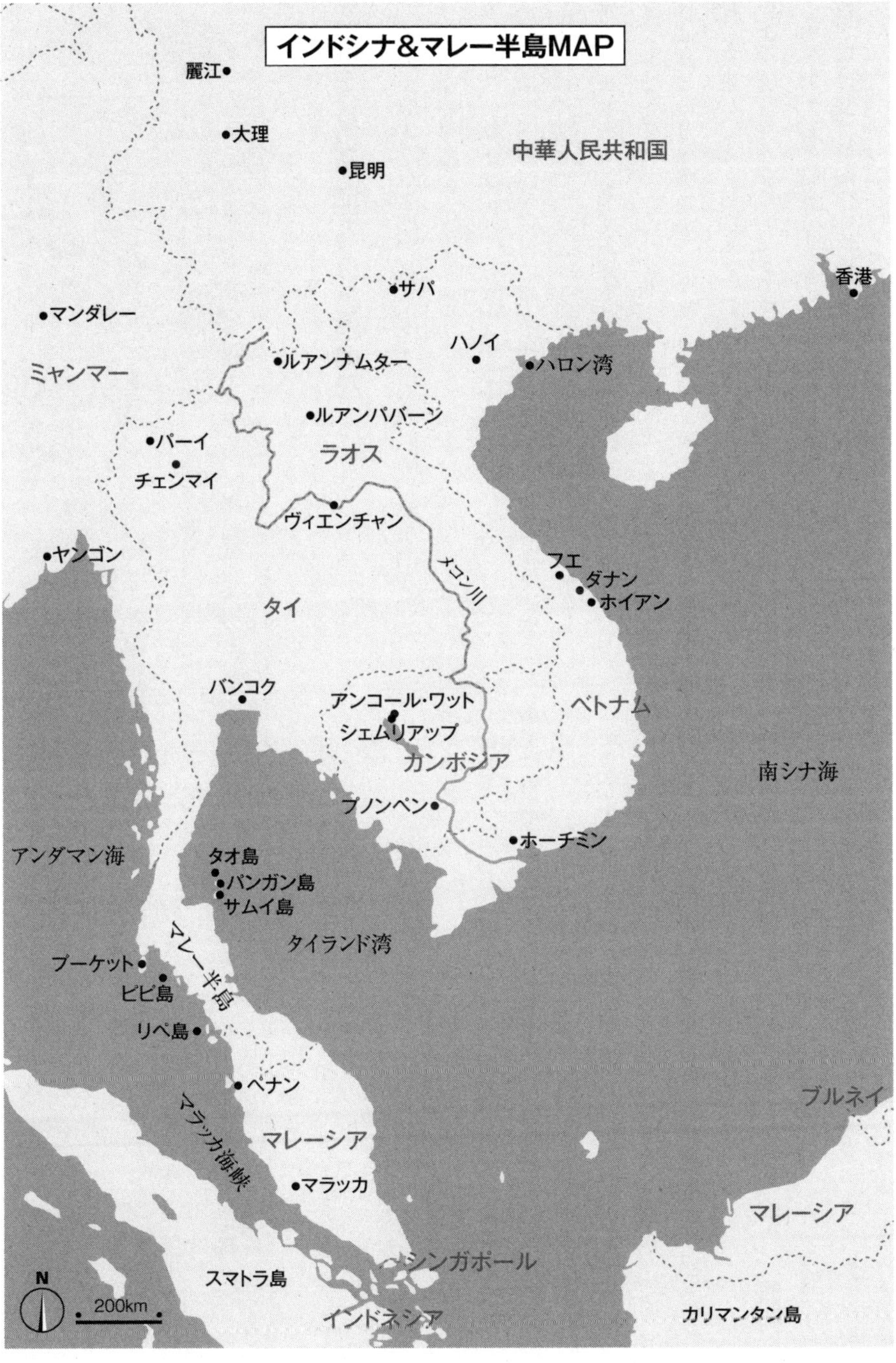
インドシナ&マレー半島MAP
麗江
大理
昆明
中華人民共和国
サパ
香港
マンダレー
ハノイ
ハロン湾
ルアンナムター
ミャンマー
ルアンパバーン
パーイ
ラオス
チェンマイ
ヴィエンチャン
ヤンゴン
メコン川
フエ
ダナン
ホイアン
タイ
バンコク
アンコール・ワット
ベトナム
シェムリアップ
カンボジア
南シナ海
プノンペン
ホーチミン
アンダマン海
タオ島
パンガン島
サムイ島
タイランド湾
マレー半島
プーケット
ピピ島
リペ島
ペナン
ブルネイ
マラッカ海峡
マレーシア
マラッカ
マレーシア
シンガポール
N
200km
スマトラ島
インドネシア
カリマンタン島

Explore The World

14億の人民が織りなすカオスに身を投じる中国の旅

技術革新が進む一方、大陸のおおらかさにも満ちた中国。北京在住の著者が、人民の海を旅する方法を伝授する。

文▼御堂筋あかり

▼現地入りの前にアプリの準備を

中国を旅するならば、日本出国前に最低限必要な中華アプリ、すなわち微信（ウィーチャット）か支付宝（アリペイ）、を入れて、電子決済サービスを使えるようにしておくこと。かつては中国国内の銀行口座がないと機能をアクティブにできない上、観光ビザでは口座が開けなかったが、どちらも海外クレジットカードとのひも付けが可能になった。「アリペイ（ウィーチャット）・クレジットカード・登録」と検索すれば詳しい方法がわかるが、この準備を抜きにして中国旅は始まらない。というのもこの国では、すべての消費行動はスマホ決済前提となっているからだ。

観光ビザは手間がかかることを除けば大した問題ではない。航空券は直行便がいくらでもあるので、これまたノープロブレム。

ただし、宿に関しては大きな落とし穴が存在する。あらかじめオンライン予約サイトでホテルを予約したはいいが、着いてみたら外国人お断りだったというトラブルが中国では割とある。

なぜそんなことが起きるのかをごく単純化して言うと、中国では外国人がホテルに泊まる場合、管轄の派出所に臨時宿泊登記をしなければならないのだが、それを代行するシステムがホテルにないと受け入れられない。というか、問題の根源は外国人を受け入れてないホテルを海外から予約できてしまうことにあるのだが、だからといってサイトのオペレーターに抗議しても泊まれないことには変わりない。

この悲劇を避けるには、ネットで日本人旅行者の体験記や口コミを探して外国人が泊まった形跡があることを確認するか、もしくは直電するしかない。バックパッカー御用達の「青年旅舎」（ゲストハウス）や「客桟」（簡易旅館）などは比較的お値打ちで意外に外国人慣れしていて英語が通じることもある。万が一現地で泊まれないとわかっても都会ならどうにかなるが、限界旅行で中華の大地の果てを目指す場合、念には念を入れてリサーチすることをおすすめしたい。

▼持つべきは想定外を楽しむ心

以上のことさえクリアできていれば中国なんぞ楽勝……とまでは断言できないものの、比較的旅しやすい国というのが在住者としての実感である。もちろん言葉の壁はあり、タクシーの運ちゃんに目的地を英語で言ったところでまず通じない。だが、地図アプリのナビ機能や翻訳アプリを使えばコミュニケーションは可能だ。

国内移動も高速鉄道なら英語だけでもなんとかなるし、鉄道予約アプリ「鉄路１２３０６」を使えばチケット売り場に並ぶ必要もない（なんならTrip.comでもいい）。20年くらい前の中国の鉄道駅はまさに戦場そのもので、チケット１枚買うにしても割り込み上等の人民たちとともに行列に並び、ようやく窓口にたどり着いても駅員に取り付く島なしといった具合だったが、アプリ予約＆ＩＤがチケット代わりになった今ではそもそも窓口に並ぶ人自体が少ない。それでも時としてのけぞるような不測の事態が起きるのが中国なのだが、そのハプニング感やカオスさこそが中国旅行の醍醐味であり、それらを楽しめるかどうかであなたの中国適性が判断できるといっても過言ではない。

高速鉄道で予約をした席に見知らぬ角刈りのおっさんが陣取っていたり、観光地で「いったい何をどうすればここまで汚せるのか」と感心するほど汚いトイレに出会うことだってあるだろう。お目当ての歴史遺産を訪れたらどう見ても新築の建造物が立ち並び、夜には謎の偉人の巨大石像に原色ライトアップが照らされ、それをバックに自撮りしまくるあまたの人民たちを目にすることもあるかもしれない（というかある）。筆者が考える中国旅行の楽しみとは、その人民の群れに身を

万里の長城よりも、観光に来た人民たちを見ているほうが面白い。それが中国の旅だ

投じること。そして、よく言えば自由奔放、有り体に表現するなら自分の欲求にあまりにも正直すぎる中国の人々の生き様を観察することである。なぜなら、それこそが日本ではまず目にすることのできないものだからだ。広い中国を旅していれば、ままならぬことなど日常茶飯事。大陸的鷹揚さを身に付けて、続々生じる想定外に動じないメンタルを養うことが、この国を楽しむ秘訣である。

▼ご予算と目指すべき地

宿は北京のドミトリーなら2600円くらいから。外国人が泊まれるチェーン系の安ホテルでも、大都会なら6000~8000円はかかる。むろん、地方に行くほど安くはなるが、春節や労働節、国慶節など中国の連休にぶつかると、観光地の宿代は軒並みハネ上がる。中国旅は国内旅行者とのバッティングを避けるため、中国のカレンダーをチェックして日程を組むことをオススメする。

メシについては、朝飯だけはとにかく安く、200円あれば事足りる。ただし昼飯、夕飯となると、都市部ではローカルの飲食店でも1食400~600円はかかると見ておいたほうがいい。本気で切り詰めるなら路面で売っている饅頭（マントウ）や麺類などで3食済ませることもできる。味に関しては、上海で食べる高級料理がイマイチだったりすることもある一方、雲南省の山奥で食べた100円の麺に感動的なうまさを覚えることもある。この国では、必ずしも値段イコール味ではない。

そして、どこを目指すべきか。それこそお好み次第といえるけれど、多くの人が憧れるであろうチベット自治区は旅行代理店を通じて入境許可証を取る必要があり、やたらと面倒だ。手っ取り早い方法としては、チベット文化が残る四川省や青海省などのチベット族自治州に狙いを定めるのもひとつの手。やはり政治的問題をはらんだ新疆ウイグル自治区は訪問自体に障害はないが、場所によってはチベット同様に許可が必要な場所もあるので注意したい。

同じく人気の地・雲南省では、かつてバックパッカーの聖地と呼ばれた大理、世界遺産の麗江などもオススメではあるが、近年観光地化が進んでおり、時期にもよるけれど人民の群れとバッティングする可能性、なきにしもあらず。そして、どこに行くにしろバスや車の乗り合い移動は必須で、まず英語は通じないと思って間違いなく、中国語ができない場合は筆談と翻訳アプリ、あとは気合いで乗り切ろう。

なお、個人的なオススメは内モンゴル自治区で、行くなら夏一択。見渡す限りの大草原と緑に覆われたどこまでも続く丘陵が魅力だ。

▼いざ、人民の大海へ

初めて上海を訪れた際、少し英語ができる足マッサージ屋の兄ちゃんと仲良くなり、地方から出稼ぎに来ている人々の暮らしに触れて衝撃を受けたことがある。真夏の折、彼の行きつけの店で飲もうという話になり、ネオンきらめく中心部から遠く離れた郊外に行くと、道路のど真ん中で半裸のおっさんが無数に寝転がっていた。それは異次元の光景で、「あの人たちは家がないのか」と聞くと「外のほうが涼しいからな！」という素敵な回答。そんな自由人たちを横目に彼と味わったゆでザリガニと常温ビールの味はいまも忘れられない。

人とのふれあいといえば、某都市のウイグル族&回族が集まる路地で真夜中に路面店に立ち寄り、自分が日本人だと知られるや、まかない飯にお呼ばれされたことも忘れがたい思い出だ。正確には飯ではなく肉のついていない山盛りの羊の骨で、店を営む一家の男たちはそれを器用に噛み割って、うまそうにしゃぶりつく。真似して食べようとするがうまくいかず、そんな異邦人の姿が面白いのか大ウケし、温かいもてなしを受けてしまった。そして中国あるあるだが、こちらの人々は金にどこまでもシビアな反面、友人認定されると損得感情が吹き飛ぶ傾向にあり、メシ代を払うと言っても受け取らないの一点張りだった。

何を求めて中国に行くかは、人によって千差万別。筆者は人々の暮らしを見るのがたまらなく好きで、故宮や敦煌莫高窟よりも、それを見に来る人民たちが織りなす暑苦しいまでの人間模様に興味があるが、この国の魅力は自然、歴史、文化、グルメなど枚挙にいとまがない。新疆ウイグル自治区を訪れるなら雄大なタクラマカン砂漠をぜひ見てもらいたいし、メシならば個人的には「食在広州」（食は広州にあり）を実感していただきたい。そして先入観で中国を食わず嫌いせず、とりあえず現地を訪れてこの国を肌で感じてほしい。

なんとなく恐い国と思っている方、その感覚はあながち間違いではない。だが、軍事管理区をスマホで激写したり立ち入り禁止区域に踏み込んだりしない限り、スパイ容疑で捕まる危険を一般旅行者が考える必要性はまず皆無。反日感情が心配という方、それもないとは言わないし、実際に筆者の先輩はタクシーの運ちゃんと歴史問題で激論になった挙げ句、高速のど真ん中で降ろされたことがある。だが、それは中国語を流暢に話せる人だからこその話で、言葉が通じなければそもそも口論になりようがないし、当然のことながら皆が皆そういう人ばかりでもない。

ガチガチの統制国家でありながら、この国には大陸ならではの適当さがあり、外国人である自分としては一種の気楽ささえ感じることがある。それを自由と言い換えるつもりは毛頭ないけれども、日本では味わえない感覚であることは確かだ。合う合わないがわかれる国ではあると思うが、人生一度は14億の人民が生み出す混沌の渦に揉まれてみてはどうだろう。そうすることで旅の経験値も積めるだろうし、自分なりの中国観も養えるはずである。

旅人の聖地インドから、ヒマラヤに抱かれたネパールを巡る

南アジアは時間を取ってゆっくりと、噛みしめるように旅してほしい。そうすれば亜大陸の混沌に慣れ、旅人としてひとつ強くなれるだろう。

南アジア諸国のビザ事情

東南アジアより難易度は上がるが、そのぶんだけ旅の魅力がたっぷりと詰まったインド亜大陸。渡航にはまずビザを用意しなくてはならない。

日本で取得するならいまではオンラインでの手続きが一般的だが、もしインドに陸路で入ろうとするなら「レギュラービザ」とも呼ばれるeビザとは別の、既存のビザを取得する必要がある。これは申請そのものはオンラインで行い、作成した書類をプリントアウトして大使館や領事館に提出するという方式を取る。やや面倒だが出発前に在外公館に赴き、インドの空気に触れるのもいいものだ。

ただインドはビザのルールがひんぱんに（本当にひんぱんに）変わるので、なるべく早めに余裕を持って取得することをおすすめする。デリーやムンバイなど主要空港から入国する場合は到着時にビザが取れる……ことになっているのだが、この制度は流動的なのであらかじめ取得しておいてほうが安心だろう。そのほうが現地についてからビザ申請の手続きをする必要もない。

バングラデシュやネパールも同様にビザが必要で、こちらも在外公館や現地到着時に取得できる。ただしバングラデシュに陸路で入るなら事前取得しておいたほうがいい。スリランカは事前にオンラインでETA（電子渡航認証）を申請しておく必要がある。パキスタンも要ビザで、手続きはオンラインのみだ。

旅の出発点デリーは要注意

インドについてまず衝撃的なこと。それは街にあふれかえるすさまじい熱気と混乱だろう。道路はバスとオートリキシャとバイクと牛車と人の曳く荷車とがあ

ふれかえり、それぞれ怒声やクラクションで激しく自己主張する。乗っているオートリキシャの窓を叩くのは子供の物乞いの弱々しい手だ。

市場や観光地に行けば今度は人間の渦に迷い込む。すさまじい人ごみなのである。総勢14億2860万人で人口世界一となったそのパワーを体感できるが、初めてのインドであればきっと圧倒される。排泄物やごみの臭いも強烈に漂い、たじろいでしまうかもしれない。

しかし、その混沌の中でインド人はごく普通に声をかけてくる。外国人に興味があり、話してみたいという人が次々に現れるのだ。日本人だと告げればきっと、誰もが笑顔で僕たちの国のことを知りたがるだろう。あるいは路上の野菜売りのおばちゃんから客として扱われて大根なんか差し出されたり、子供がスマホを興味深くのぞきこんできたりもする。ときに道を聞かれる。どこか街の一員として溶け込めている感覚を味合わせてくれる。その距離の近さと人間臭さがインドだ。慣れてくると、ふしぎな居心地の良さを感じる国でもある。

しかし人間の欲望もまたむき出しの国で、外国人狙いの悪人がとにかく多い。要注意なのは旅行者の大半が旅のスタート地点と定めるであろうデリーだ。インドに慣れていない外国人をターゲットにしている。とりわけニューデリー駅周辺に限っては、声をかけてくる人間は相手にしてはならない。

ガンジス川と対面しよう

広大なインドでも旅行者が多いのは北部だ。デリーから入って、ムガール帝国時代に建てられた白亜の世界遺産タージマハルのある街アーグラー、ローズピンクに彩られた街並みが広がる宮殿都市ジャイプルをめぐるコースは「ゴールデントライアングル」とも呼ばれていて、交通網もよく整備されている。

必ず訪れたいのはガンジス川に面したヒンドゥー教の聖地バラナシだ。巡礼に押し寄せる人々、旧市街の迷路のような街並み、沐浴の光景、それに川沿いで火葬され、そのまま流されていく遺体……すべてが心に残るだろう。

北インドでは砂漠のラジャスタン州も人気。ジャイプルからさらに西、青い城塞都市ジョードプル、中世そのままの旧市街が広がるジャイサルメールあたりだ。

そして北の果て、チベット文化圏の地域を訪れる旅行者も増えている。温泉のあるマナリや、かのダライ・ラマ法王が住まうダラムサラー、そしてヒマラヤの絶景が広がるラダック（→P66）などだ。

ガンジス川の聖地バラナシはインド旅行のハイライトだろう

インドは南のほうが旅しやすい

「南にこそ本当のインドがある」と語る旅行者も多い。基点はインド最大の都市ムンバイだろう。イギリス時代の壮麗な建築物が海岸線に沿って並ぶ美しい街でもあり、日本でもすっかりおなじみになったインド映画の一大拠点でもある。

そのムンバイから南下し、ポルトガルとの貿易地でありトランス文化で知られた欧米人旅行者のたまり場ゴア、静かな遺跡の村で長逗留する旅行者も多いハンピ、緑豊かなケララ州の水郷地帯、インド亜大陸最南端のカンニヤークマリ……。

サランコットの丘から望む6993mのマチャプチャレ峰

南部は外国人旅行者が少ないぶん、悪質なサギ師などもわずかで快適だ。それに料理が日本人に合っている。北部はおもにグレイビーで油っこい肉のカレーをパンで食べるところが多いが、南はスパイスたっぷりのスープカレーをご飯で食べる。米の文化で育った日本人には南のほうがなじみやすい。

ネパールやバングラデシュにも足を延ばしてみたい

ヒマラヤを望むネパールもまた、古くから旅人が行き交う国だ。バックパッカーだけでなく、本格的な登山を目的にした旅行者も多い。

首都カトマンズのタメル地区（→P164）、中部ヒマラヤがよく見える湖畔の町ポカラが拠点となっていて、安宿も無数にある。登山とまで行かずとも軽い山歩き、トレッキングくらいは挑戦してみたい。道具も現地発ツアーも現地でいろいろとアレンジできる。

山里の美しさだけでなく、ネパールはインドとはだいぶ違う穏やかな人々が住まう国。さまざまな民族がいるが日本人に似た顔立ち、心持ちの人も多く、ほっとさせられる。

インドとネパールは複数の国境が外国人にも開放されているが、バラナシから北上するルートが一般的だろう。国境でビザを取得してネパールに入り、まず立ち寄る街がルンビニー。仏教を開いた釈迦、ゴータマ・シッダールタの生誕地だ。

南アジアではバングラデシュもおすすめだ。インドを越えるカオスと人口密度が待っている。外国人旅行者が少数なので地方に行くと珍しがられ親切にされることも多い。魚とマスタードを中心としたベンガル料理もいける。南アジアでもとくに発展が遅れており、スラムの多さに物思うこともあるだろう。

スリランカは一時期、ビーチや仏教遺跡をめぐる旅行者に人気だったが、国が経済破綻してしまった。旅にそれほど支障はないが、生活苦に陥っている人々がたくさんいることは心に留めておきたい。なお、インドとは海路が開通した模様。

▶ルート情報&マップ②南アジア

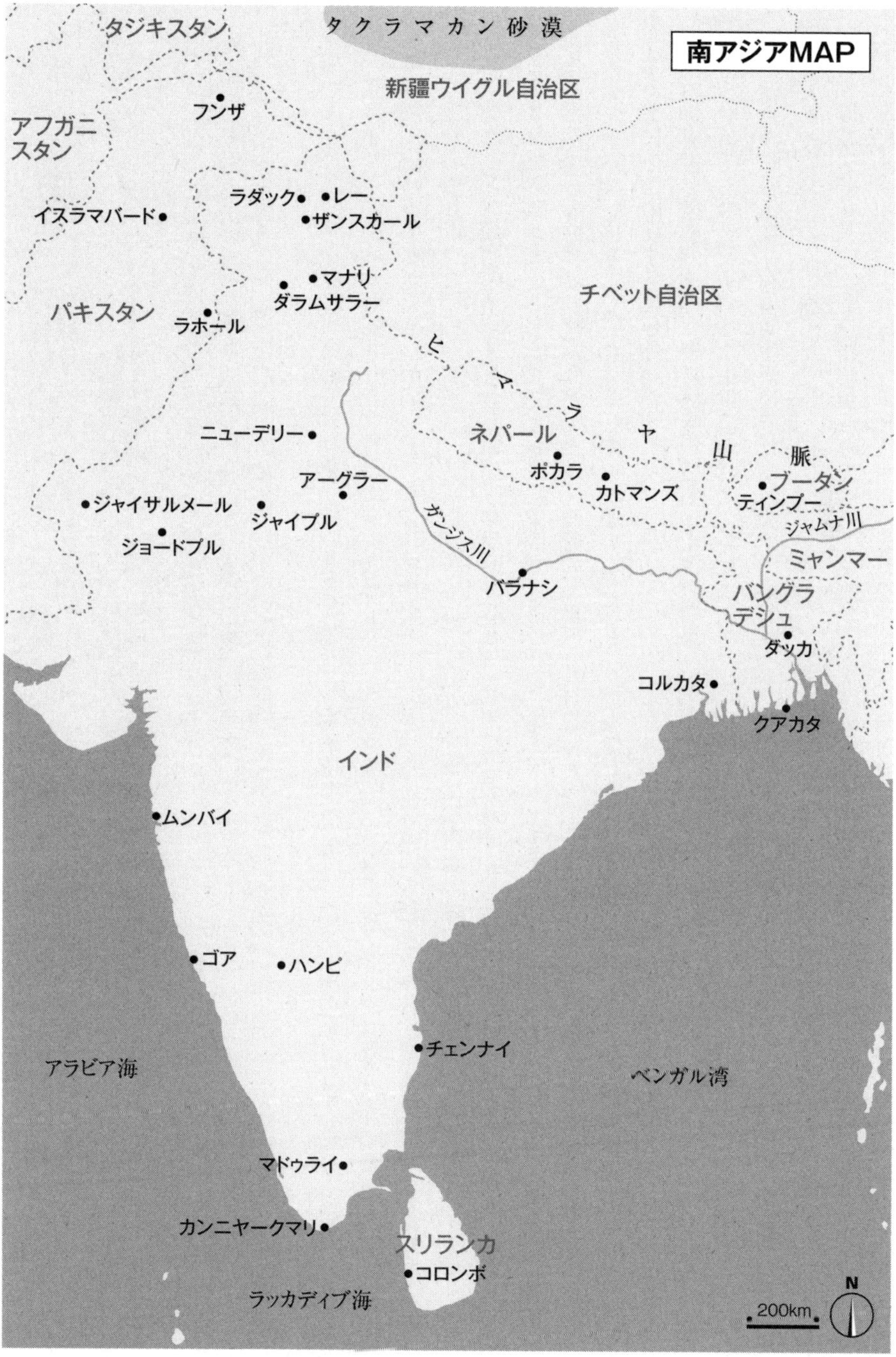

南アジアMAP
タクラマカン砂漠
タジキスタン
新疆ウイグル自治区
フンザ
アフガニスタン
ラダック
レー
イスラマバード
ザンスカール
マナリ
ダラムサラー
パキスタン
ラホール
チベット自治区
ヒマラヤ山脈
ニューデリー
ネパール
ポカラ
カトマンズ
ブータン
ティンプー
ジャムナ川
アーグラー
ジャイサルメール
ジャイプル
ジョードプル
ガンジス川
バラナシ
ミャンマー
バングラデシュ
ダッカ
コルカタ
クアカタ
インド
ムンバイ
ゴア
ハンピ
チェンナイ
アラビア海
ベンガル湾
マドゥライ
カンニヤークマリ
スリランカ
コロンボ
ラッカディブ海
N
200km

Explore The World

思い通りに行かない、それもまた旅なのだ インド北部の奥地ラダックをゆく

ヒマラヤに抱かれたチベット文化圏の地ラダック。
この辺境を旅するバックパッカーがいま、増えている。

文・写真▼三矢英人

新卒で入社した会社を辞め、長期で旅行をしていた2015年、私はインドに約5か月滞在した。行きたかったところの8割ほどは訪れることができたが、ラダックに行けなかったことだけが心残りだった。

ラダックはインド最北の州で連邦直轄領。平均標高3500メートルほどの高地で、冬は雪で道が閉ざされ空路でしか訪れることができない。訪れてみたかったが、当時の私は極力飛行機に乗らない旅をしていた。そして運が悪いことに私が北インドにいたのはまさに冬だった。

高校の世界史の授業でチベットに興味を持ち、中国領の東チベットや中央チベットはすでに訪問していた。美しいチベット仏教の寺院や仏像、神秘的な祭、そして何より一心不乱に祈る人々の姿が私の心を掴んだ。

インド領のラダックにはまだ昔ながらのチベットが残されていると旅友達から聞いて、訪れたいと思っていたが、交通も不便な「秘境」だ。いまの私は仕事があり、短期の旅しかできない。それだとラダックは難しい……と思っていたのだが、急に2週間を超える休みが取れることになった。

「インドは呼ばれなければ行けない」とバックパッカーの中では昔からよく言われている。どれだけインドに行きたいと思っていても、インドから呼ばれないとなかなか行く機会に恵まれない。逆もまた然り。「インドに呼ばれているのだな」と強く感じた。ラダックという言葉が頭の中に降りてきた。すぐさまビザと航空券を手配した。

▼旧王都レーからラダック各地のゴンパへ

8年ぶりに降り立ったインドの大地。私は興奮と不安がない交ぜになった複雑な感情を抱えながら空港を出た。デリーの空港を使うのは実に14年ぶりだ。綺麗になっただけでなく市内中心部と地下鉄でつながれ、うっとうしいタクシードラ

イバーたちに煩わされることなく長距離バスターミナルまで移動することができた。

2週間ほどあるとはいえ、ラダックとその南に広がる高地ザンスカール地方を堪能するには短すぎるくらいだ。デリーに着いたその日の夜行バスでラダックへの起点となる街マナリを目指す。リクライニング機能なんてない2列×3列のノンエアコンバスは定時にデリーを出発した。ひと晩中インドポップスを爆音で流し、山道ですら前の車を抜くためクラクションをガンガン鳴らすインドらしいバスの中で、旅のスイッチが入ったのを感じた。

マナリに着いたその足で、翌朝のレー行きのバスチケットを確保した。ラダックの中心地レーまでは途中1泊するものと思っていたが、道が良くなりトンネルができた関係で14時間で行くという。マナリにもゴンパ（チベット仏教寺院）がありチベット文化圏の入り口に差しかかったことを感じる。

朝5時にマナリを出発し、レーを目指す。道は絶景の連続だ。標高約2000メートルのマナリから一気に山岳地帯を登り、5300メートルの峠を超えたときは高所に比較的強い自信のある私もさすがに高度障害で頭がガンガン痛かった。ほかの乗客たちも頭痛がひどいとこぼしていた。結局10時間かかり、レーに着いたときはすでに夜の11時を回っていた。

ラダック王国の都だったレーでは、旧王宮や岩山の上にあるナムギャル・ツェモ・ゴンパなどをめぐり、久しぶりのチベット仏教圏を満喫する。チベット料理も実においしい。

3650メートルというレーの標高にいくらか慣れた頃、日帰りで上ラダック地方のゴンパ巡りに出かけた。ミニバスを乗り継いで、まずは10世紀ころにラダック王国最初の王都が置かれたシェイへ。ここには王宮跡、ゴンパなどがある。

さらにラダックでも最大級のゴンパのひとつ、ティクセ・ゴンパを訪れた。岩山を覆うように築かれており、まるで城か要塞のようだ。その麓から僧坊の間を縫って斜面を登っていく。お堂の仏像や壁画も見応えがあったが、なんといってもゴンカン（護法堂）のドルジェ・ジッチェという守護尊像に胸を打たれた。あまりに強すぎる力を遮るために顔が布で覆われているという仏像で、祭の日などに御開帳されるというが、相対してみると本当に強い力を感じるから不思議だ。

▼雄大な景色の中、一路ザンスカールへ

ザンスカールへのバスは朝の3時半集合と言われていたので、バスターミナルで夜を明かすことにした。寒さとうろつく野犬で眠れぬ夜を過ごしたが、週に1、2便しかない路線なのだ。短い滞在の間にちょうどいいタイミングでバスが出たのは幸運だった。

レーを出発したバスは中間地点の街カルギルまでは順調に進むも、ここで荷物を積み込むのに時間がかかってしまう。やがてスルと呼ばれる渓谷地帯に入るが、このあたりはイス

ラム教徒が多く住んでいて、小さいモスクがポツポツと建っている。ラダックの中では比較的標高が低く、雄大な山々の谷間に豊かな草原が広がっている。かと思えば、標高7000メートルを越えるヌン・クン山塊が眼前にそびえ立つ。ペンジ峠のあたりで巨大なダラン・ドゥルン氷河を拝むと次第に日が暮れていった。バスは暗闇の中を疾走し続け、日付が変わってからザンスカールの中心地パドゥムに到着した。

▼7月の雪の中で

ラダックを旅する者の多くは、ザンスカール最奥に位置するプクタル・ゴンパを最終目的地にする。私もそのひとりだ。以前はパドゥムから1泊2日で行くケースが多かったが、いまは朝早く出れば日帰りで訪れることができるという。

パドゥム到着翌日、移転していたタクシースタンドを苦労しながらも見つけ出し、プクタル・ゴンパ行きのタクシーを手配する。朝6時に宿の前まで迎えに来てくれるらしい。ザンスカールは公共の交通機関がほとんどないので、タクシー頼みの旅になる。せっかくタクシースタンドまで来たのでそのままタクシーをチャーターし、ザンスカール最大のカルシャ・ゴンパを訪問した。岩山の斜面に建てられた巨大なゴンパはティクセ・ゴンパに劣らぬ威圧感があった。

翌朝、夜中に降り始めた雨は一向に止む気配がない。約束した時間の5分前から宿の前で待機していたのだが、タクシーは6時を過ぎてもやってこない。連絡を取ろうにも、旅行者が簡単に買うことのできるAirtelなどの大手通信会社のSIMはザンスカールでは圏外になってしまい、ドライバーに電話をかけることができないのだ。

氷雨が降る中、1時間ほど待ち続けたが、意を決してタクシースタンドまで歩いていくことにする。宿からは片道約3キロ。7月にもかかわらず、雨は次第に雪に変わった。

天気が天気なだけにタクシースタンドは閑散としていた。昨日話をつけた人物を見つけ、なんで来ないのかと詰問する。彼は悪びれるでもなく「豪雨で土砂崩れが起きたから、今日はプクタル・ゴンパに行けない」と言った。冷たい雨の中、朝早くから待ち続けたのは何だったのかとやるせない気持ちになりつつも、連絡手段を持たないこちらにも落ち度があるので言い返すに言い返せなかった。

パドゥムには予定より数日長く滞在したが、土砂の撤去に時間がかかっているようで、プクタル・ゴンパの訪問は諦めざるを得なかった。というのも、なにを聞いても自信満々に「No problem!」「Trust me!」と胸を張るはずのインド人たちに「明日はプクタル・ゴンパに行けると思うか?」と毎日のように聞いても「Not sure」としか返さなかったからだ。これが最終的な決め手になった。ギリギリまで粘っても望み薄だなと判断した。デリーから陸路ではるばる60時間かけてやってきたパドゥム。しかし自然の力の前に、人は無力だ。

ヒッチハイクで僧院をめぐる

パドゥムからの帰路はタクシーチャーターを活用した。バスは確かに安いが時間がかかるし、景色が良くても自由に写真を撮ることは難しい。カルギルまでの道すがら、サニ・ゴンパ、ラムドゥン・ゴンパのふたつのゴンパを訪問し、ダラン・ドゥルン氷河や名もなき絶景など幾度となく停まってもらい、写真を撮った。カルギルには日が暮れてから到着した。ドライバーに少し多めにチップを払い、バスターミナルの近くに投宿すると、久しぶりのイスラム圏の空気を楽しんだ。

岩山に築かれた旧王宮が印象的なレーの街

　カルギルからは乗り合いタクシーとの値段交渉で決裂し、ヒッチハイクでレー方面へ向かうことになった。まずはムルベクという村にある7、8世紀頃に作られたと言われる弥勒菩薩の磨崖仏を訪れ、別の車でラマユルへ。ラマユル・ゴンパでは、人生で一度は見てみたいと思っていた砂曼陀羅を偶然にも拝むことができた。僧たちが極彩色の砂で描く壮大な仏画で、チベット仏教の誇る一大芸術だ。ラマユル・ゴンパは岩肌に囲まれた白い僧院も印象的だ。

　翌日は、下ラダック地方でもうひとつ楽しみにしていたアルチに向けて出発する。今日もまたヒッチハイクだが、インド人旅行者の車に乗せてもらえることになった。

　アルチのアルチ・チョスコル・ゴンパはチベット文化圏でも一、二を争う貴重な仏教美術が残されていると言われている。ゴンパ内は1000年以上前の仏像や壁画が色鮮やかな状態で保存されており、息を呑んだ。時間に余裕があればアルチの近くのサスポルという村も訪問したかったが、アルチがあまりに素晴らしく時間がなかったので再びヒッチハイクでレーに帰った。レーにはダライ・ラマ法皇がいらっしゃっている関係で仏教旗やタルチョ（チベット仏教の祈祷旗）がそこかしこにはためいていた。

　デリーへのフライトは定刻より少し遅れてレーの空港を飛び立った。最後にラダックの大地を眺めようと追加料金を払って窓側の席を確保しておいたが、私が見たかった山々も湖も厚い雲に覆われていて、ひとつとして拝むことはできなかった。最後まで天気に振り回されたなと苦笑いしつつ、これもまた旅なのだと自然に受け入れられる自分がいた。

かつての秘境もビザ不要の国が増え、旅行者の人気が高まっている

どこまでも続く美しい草原に、草を食む羊の群れ。遊牧民がのどかに暮らす中央アジアは、旅人なら一度は訪れてみたい憧れの地ではないだろうか。

文▼白石あづさ

東は中国、西はカスピ海に挟まれたカザフスタン、キルギス、ウズベキスタン、タジキスタン、トルクメニスタンの5か国はすべて内陸国だ。夏は40度を超えることもあり、冬はマイナス20度以下になる都市もある。春と秋が旅のベストシーズンだ。

日本から直接行くなら、5か国の中心に位置するウズベキスタンの首都タシケントが拠点となる。2023年現在、日本から直行便が飛んでいるのはタシケントだけ。韓国・仁川経由の便も多く、航空券はすぐ見つかる。

5か国間の移動は寝台列車とあまり変わらないほど値段の安いLCCもあるので、陸路移動にこだわらない人であれば探してみても。長距離列車はスマホでも予約できることが多いが不具合も多く、バスや飛行機の出発日は変更が多いのでよく確認したほうがいいだろう。

また現在、兵役を逃れてきたロシア人が流入したことから、ホテルや飲食店などが急激に値上がりしている。さらに円安のためバックパッカー宿のドミトリーでも1泊1500〜2000円ほど。ウズベキスタンでは1泊2人で1室6000〜1万円と値段は高いが、昔のメドレセ（神学校）やキャラバンサライ（隊商宿）を改装したホテルもあり、興味のある人は覗いてみても。

旅人たちに知られた「地獄の門」

中央アジアで最も観光地化され旅行がしやすいのは、モスクや旧市街の美しいウズベキスタンだ。宿も多く古都のサマルカンド、ブハラ、ヒヴァなどの各都市間は交通も整備されている。夏は列車のチケットがすぐに売り切れてしまうので、早めに公式サイトから席を押さえておこう。近代的な首都タシケントは通り過ぎてしまう人が多いが、ホームの装飾が美

しい地下鉄はぜひ乗ってほしい。

そのウズベキスタンの南に位置するトルクメニスタンは、天然ガスが燃え続ける大きな穴「地獄の門」が有名だが、奇妙な建造物が目白押しの首都アシガバットも見ごたえがある。

しかしノービザで行けるようになった中央アジアにおいて、トルクメニスタンはいまだ入国が面倒。自由旅行は認められておらず、1日ひとり200〜250ドルほどのツアー（宿や車、ガイドなど込み。人数が集まれば値段は下がる）を事前に旅行代理店に組んでもらう必要がある。ビザ取得のための招待状を用意してもらい、決められた日に入国しなければならない（ビザは国境でも取得できるが、日本での取得を強くすすめる）。

長期旅行のバックパッカーはイランなどに抜ける5日間のトランジット（通過）ビザを周辺国で取得し、ついでにこっそり観光地を回る人も多い。しかし、このビザがなかなか発行されず足止めされたり、観光地では警察によるチェックもある（トランジットビザでは建前上、観光できない）。確実に観光したい人は、ツアーで入国するのが無難だろう。

ウズベキスタンのタシケントからカザフスタンへは、南部の都市アルマティまで国際列車が走っている。国土が広すぎてアルマティしか寄らない人も多いが、余裕があれば日本の建築家・黒川紀章が街全体のデザインをした人工的な首都アスタナも見てほしい。

一方、西のマンギスタウ台地は塩湖や奇石などの絶景に出会うことができる。その玄関口はカスピ海の港町アクタウだが、道なき道を進むため個人で行くのは難しい。1グループ1日500ドル程度のツアーを旅行代理店が取り扱っている。

絶景が広がるタジクとキルギス

中央アジアの中であまり人気がないタジキスタンだが、日本人は30日間はビザなしで入国できるように（10日以上は入国後、届け出が必要）。観光地化が進んでおらず地方へのアクセスは悪いものの、美しい山脈を堪能できる。首都ドウシャンベから南のパミール山脈へ向かう（政治的に問題がある地域なので許可証が必要。ドゥシャンベで取得できる）人が多いが、有名なバックパッカー宿「グリーンハウス・ホステル」で一緒に行く人が見つかるだろう。ガイド兼ドライバーを雇って4日〜1週間ほど旅するのが一般的だ。首都から北のホジャンドなどへ向かう道でも山々の絶景が待っている。

最後に牧歌的な雰囲気の残るキルギス。首都を抜け、イシク・クル湖でのんびりしよう。中央アジアでいちばん服装や飲酒にも寛容な国であるため、湖畔のリゾートで長逗留するロシア人が増えた。そのため値段が2倍になった宿もあり、予約が先まで埋まっていることが多い。湖の北側ではなく南側の村が物価も安く静かで過ごしやすい。夏ならば湖の東の街、カラ・コルからアルティン・アラシャンなどへのハイキングも楽しい。

中央アジアを旅するなら、ウズベキスタンだけではもったいない。人々もおおらかで優しく、肉も野菜もおいしい。ぜひ周辺国もゆっくり訪れてみてほしい。

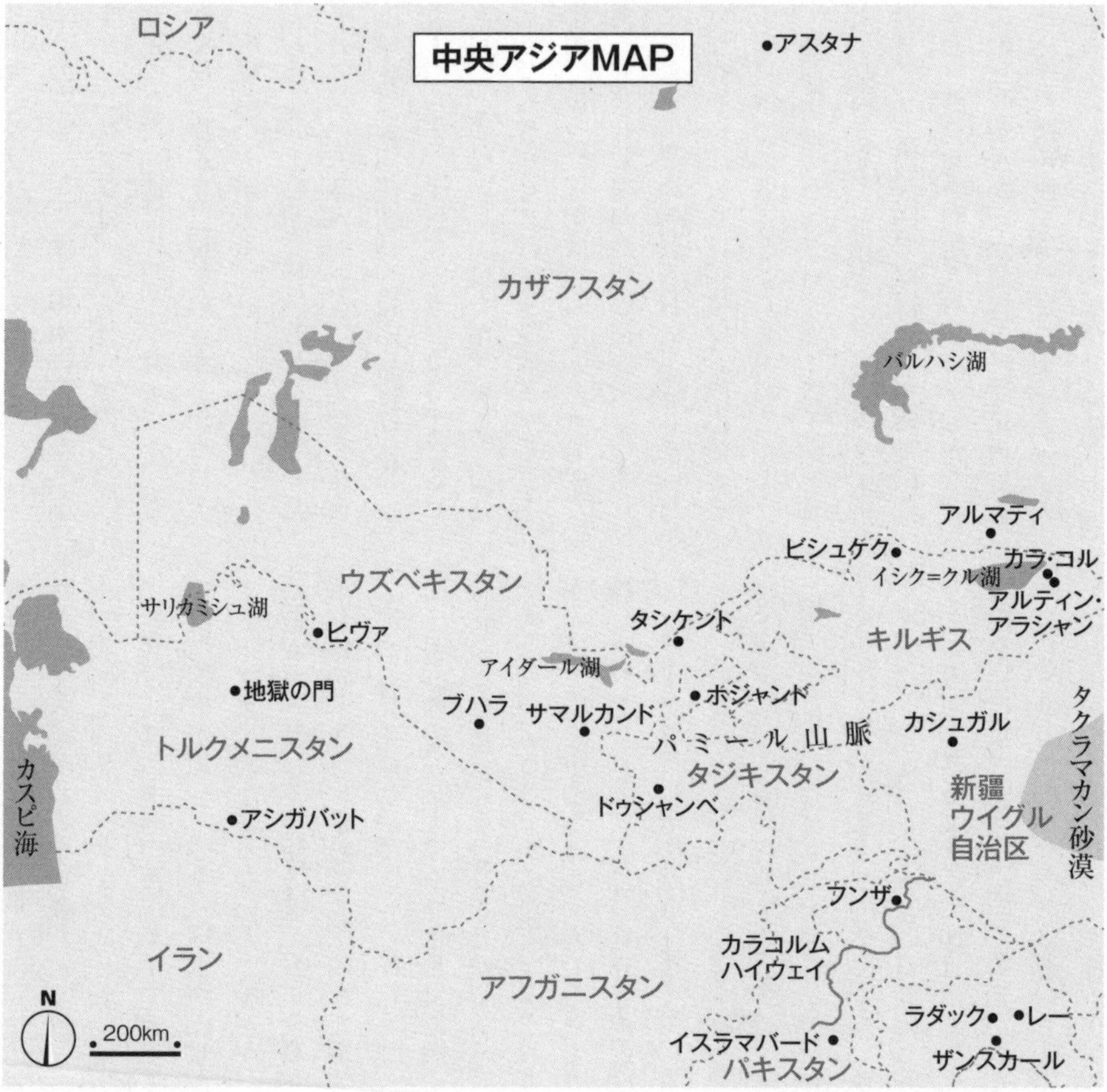

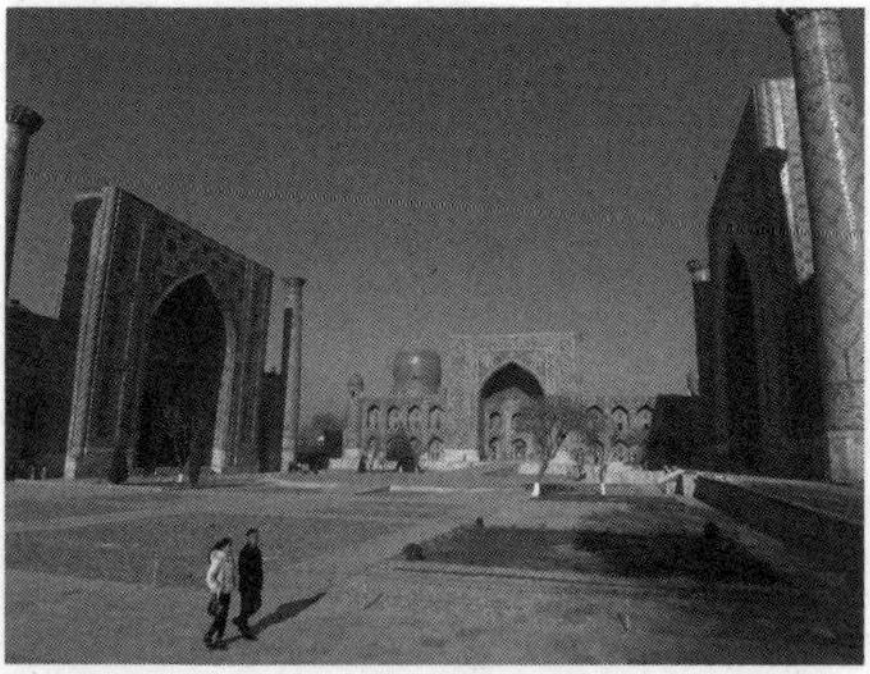

かつてシルクロード交易の拠点だったウズベキスタン・サマルカンドのレギスタン広場

中世のような街並みがいまも残るウズベキスタンのヒヴァ

Explore
The World

草原の素朴な遊牧民はどこへ? 中央アジア5か国の「いま」を旅する

スマホを使いこなす老人、オタクショップ……。シルクロードの時代から様変わりした5つの「スタン」を巡る。

文・写真▼**白石あづさ**

アジアとヨーロッパを結ぶ交易路「シルクロード」によって栄えたのが中央アジアの国々だ。かつてラクダの隊商が長い影を揺らしながら砂漠を進んでいたのだろう。

私がこの地に初めて足を踏み入れたのは、もう20年以上も前のこと。美しいモスクや賑やかなバザールはいまでも覚えているけれど、当時はどこの首都も旅人は少なく閑散としていた。英語はまったく通じず、民泊した家の水は出ないし、国境では役人がお金をねだってごねるわ、ボロいタクシーに乗ればタイヤは吹っ飛ぶし、毎日トラブルがてんこ盛りであった。

そんな中央アジアだが近年、インフラが整備され格段に旅がしやすくなったらしい。とくにウズベキスタンのエキゾチックな雰囲気が日本人女性に人気なのだという。編集者から「ウズベキスタンの周辺国もまとめて旅して本を出版しませんか?」と声をかけられた私は、コロナ明けの2023年初夏に2か月間、久しぶりに5か国を回ることになった。

以前の旅では大都市を駆け抜けただけだったが、今回は地方の秘境や工房を訪ねてみたいと、カザフスタンでは太古の昔に海の底だったドゥズバイル塩湖の絶景を、ウズベキスタンでは物作りの現場やサーカスの裏側、トルクメニスタンでは燃え続ける「地獄の門」、キルギスでは4000メートル級の山に囲まれたエメラルドのアラ・クル湖を、そしてタジキスタンでは謎の民族・ソグド人の末裔が暮らす谷をそれぞれ訪れることにした。

ところが実際に行ってみると、観光地以上に新鮮だったのが、中央アジアの発展ぶりと人々の独特な価値観であった。

▼3年ぶりにお札見ました

最初の衝撃は、カザフスタンの空港だった。替え過ぎた現金を減らそうとカフェでお茶を注文すると、店員のお姉さんが「えっ、紙のお金!?」と絶句。そして「レジにお金なんてないわ。お釣りを用意するのに30分かかるけれど」と困惑するのだ。日本語通訳の青年も「僕も3年ぶりに自国のお札を見ました」と目を丸くしている。まわりを見れば、老いも若きもスマホを一瞬、触っておしまい（タッチでピッ！　すらない）。20年前のイメージとはまるで違う。日本よりもずっと電子化された暮らしぶりにただ驚くばかりだった。

空港の外にはかつてのボロタクシーの姿はなく、どの車もピカピカであった。車に乗り大草原を抜け新首都アスタナの中心地へと向かえば、忽然と現れた未来都市に度肝を抜かれる。ああ、私が知ってるあののどかだったカザフスタンとはもう別物なのね。しかし、東京やアメリカのビル群とは違う妙な違和感が。そして気がつく。「もどき」が多いのだ。パリの凱旋門やガラスのピラミッド、アメリカのホワイトハウスやギリシャ神殿、さらに波型や地球、葉っぱ型？　の建物まで。金ピカの円筒が対になっている塔は金融庁の庁舎らしい。ここは実物大の東武ワールドスクエアのよう。

「世界の著名な建物に似たビルが作られたのは、『この街の中に世界を作る』との考えからと聞いたことがあります。風水の思想を取り入れ、街全体のデザインをしたのは黒川紀章氏です」とガイドさん。

思わず、「日本と縁があるんですね。日本人が活躍していたと知って嬉しいです」と答えると、なぜか案内してくれたカザフ人たちが一様にポカンとしている。え？　無難に答えたつもりだけど、なにか私、変なことを言った？

「ええ、白石さんの『日本人が』という感覚がよくわからなくて。優れたプランを出した人がたまたま日本人だっただけ。同族として嬉しいですか？　私たちの国はいまも173の民族が一緒に暮らしています。適任者であれば国内外どこの民族でも国籍でも指名されるので、何人かというのはこの国では話題になりません。どうでもいいことなんです」

その言葉を聞きながら、街も人の暮らしも大きく変わったけれど、この人たちはいまもノマドの血が脈々と流れているのだなあと、しみじみと感じた。シルクロードは昔から「民族の十字路」であった。もちろん長い歴史の中で、内紛で揉めたり、どこの国が攻めてきたり、政治が絡む民族同士の戦いはいくらでもあった。

しかしいつの時代もシルクロードを旅する商人同士は厳しい砂漠で困ったときは助け合い、各国のオアシスにある街は東西のさまざまな人種や文化を受け入れて発展してきたのだ。いま、173もの民族が争わず平和に暮らしていけるのは、お互いの文化や習慣を尊重しつつも、民族の面子よりいいものを選ぶという極めて合理的な考え方が浸透しているからなのだろう。

▼ウズベキスタンは親戚だけで200人？

根底に流れる感覚は同じでも、それぞれお国柄はある。ク

タジキスタンのヤグノブ谷で暮らす夫婦。昔ながらの生活を送っている

ールなトルクメニスタン人や飄々としたタジキスタン人と比べ、一度、興味を持ったら猛烈一直線なのがウズベキスタン人。バス停でおじいさんが話しかけてきたので、「私はイポーニィ（日本）から。ウズベク語もロシア語もわからない」と首を振る。

するとおじいさん、取り出したスマホにゴニョゴニョと何やら語りかけ、その画面を私にグイッと見せたのだ。そこには「旅行ですか？」とグーグル翻訳された日本語が。こちらのお年寄りは、電子決済に通訳にとスマホをバリバリ使いこなしている。

「ダ（はい）」とうなづいた私に、再びスマホを掲げ「姉さん、結婚しているのか？」「子供はいるのか？」と怒涛の質問タイムがスタート。しかしグーグル翻訳も万能ではなく、話が込み入ってくると誤訳しまくりでわからない。

それでも自分の好奇心を諦めないのがこの国の人々のすごいところ。おじいさんは仕事中の息子に電話をかけ英語で通訳させはじめた。うまく聞き取れないと、息子は同僚にパスして会話が続く。そこにバスが来てようやく打ち止めかと思いきや、おじいさんは見知らぬ乗客の学生を捕まえてきて「こいつに話せ」と言うので、私の冴えない半生や個人情報はバスの乗客たちにダダ洩れ状態に。それにしても、英語を話す若者がこんなに増えたことに驚いた。

ちなみに質問の大半は家族についてだ。ウズベキスタンは5か国の中でもとりわけ「子だくさんが良し」とされる国で、「結婚式には400人とか普通だよ。例えば新婚夫婦のそれぞれの祖父母に子供が10人いたら、伯父叔母と配偶者だけで20組。さらにいとこと甥っ子、姪っ子を招待したらあっという間に200人いくでしょ」という。

人付き合いが苦手な私などは、聞いただけでクラクラしてしまうが「誰かが失業しても頼れる家がどこかに必ずある」という安心感は羨ましい。セーフティ・ネットが強固で心配なく生きていけるのか、ホームレスの人を旅行中、見ることはほぼなかった。

▼貨幣のいらない暮らしを送るソグド人たち

大統領の権限が強く、「中央アジアの北朝鮮」と呼ばれるトルクメニスタン。常にぴったりガイドがくっついてくる個人旅行ではあったが、本家本元の北朝鮮と比べると人々はのびのびしていて安心した。夜行列車では向かいの席の母娘が、ご飯やお茶を分けてくれたりと、親切で素朴な人が多く、やはり実際に旅してみなければわからない。いつか自由に旅ができる日が来ることを願いたい。

一方、山岳国タジキスタンは、5か国の中でも旅人は少なく外国人は珍しいはずなのだが、首都ドウシャンベではジロジロ見られることなく話しかけられることもなかった。疲れているときはそんな適度な距離感が助かることもあるのだ。

首都から南のパミール山脈を目指す人が多いが、私はかつ

カザフスタンの首都アスタナの都市模型。これもまた中央アジアのいまの姿だ

てシルク・ロードで活躍したソグド人の末裔と呼ばれているヤグノブ人に会ってみたくて、個人ツアーを組んでもらい、4WDでヤグノブ谷の奥へと入っていった。途中から車を降りてロバに乗り断崖にへばりつく村を目指す。壁にウシのフンを張りつけた家に泊まり、目の青いヤグノブ人の主人と話すことができた。

その谷の住人は、いまだに普段はほとんど貨幣を必要とせず暮らしている。見知らぬ商人や羊飼いなどが突然やって来ても、ご馳走を出し布団を敷いて泊まってもらう（私のような観光客はお金を置いていくが）。それが昔から「お互い様」のシルクロードのしきたりなのだと言う。

▼出稼ぎ国家キルギスの「OTAKU」と「揚げ巻きずし」

5か国のうち最も気楽なのがキルギスだ。ほかの国と同様にイスラム教が主流だが、お酒も街で飲めるし、服装にも気を使うことがない。首都ビシュケクでは、ミニスカートに生足の女の子もいれば、スカーフにチャドルの女性も歩いている。だが、ウズベキスタンやトルクメニスタンのように天然資源が少なく職がないため、給料が高いロシアや欧米などに出稼ぎに行く人も多いという。

そして仕事が終われば、貯めたお金とともに、働いていた国の文化を持ち帰って起業する。だから首都には、さまざまな国のレストランや店が建ち並んでいるのだ。

イシク・クル湖一周の旅を終え首都に戻った時、日本語通訳の学生に「今日は君の行きたい場所に案内して」とリクエストすると、辿り着いたのはデパートのアニメショップ、その名も「ＯＴＡＫＵ」であった。日本を中心とした漫画の登場人物のシールやフィギュアが並んでおり、彼は一瞬、目を輝かせたが「メイド服はないようですね」と顔をしかめた。

次に流行りのレストランに連れて行ってくれたのだが、まさかの寿司屋であった。私、明日、帰国なんだけど……と、うろたえたが、青年いわく、いまいちばん若者に人気の食べ物だという。

観念してメニューを開けば、「揚げ」に「蒸し」？　ホカホカに蒸された河童巻きや、豚カツのようにパン粉が付いた「揚げ巻きずし」を頬張りながら、2か月間に渡る旅の終わりを謎の日本料理で締めくくった（案外、うまかった）。羊と草原と素朴な遊牧民こそがキルギスだと思い込んでいたが、ホットな寿司やオタク青年もまた知らざれるいまのキルギスの姿だ。

新しい文化を取り入れながら今日も驀進を続ける中央アジアの国々。観光だけではなく、合理的なのに暑苦しいほど人情家、そんな人々にぜひ触れてほしい。シルクロードは旅をすればするほど、肩の力を抜いて楽に生きるヒントが隠れている気がする。そしてまたある日、ふと中央アジアが懐かしくなるはずだ。どうぞ気をつけて、よい旅を。

❖ルート情報&マップ④コーカサス3国

新たな旅人の聖地ジョージアと、アルメニア、アゼルバイジャンを回る

物価が安く、雄大な風景や数々の歴史遺産が残るコーカサスの国々。いま旅行者に最も注目されているエリアを、現地に住み着いた旅人がガイドする。

文・写真▼小山のぶよ

「コーカサス」という言葉には、旅心をくすぐる蠱惑的な響きがある。人の行く手を阻むかのように聳える山々。一面の緑の絨毯のように滑らかな草原を行き交う羊や山羊の群れ。厳しい自然環境と対峙しながら生きてきた人々。数多くの異民族がもたらした文化と、山の民の伝統的な生活や習慣が見事に入り混じり、唯一無二のものとなった。

この山深き地に位置するコーカサス3国はまさに三者三様。イスラムの伝統が香るアゼルバイジャン。世界最古のキリスト教国らしい威厳と哀愁に満ちたアルメニア。ヨーロッパとアジアが調和するジョージア。いずれの国も旅行者の好奇心を刺激してやまない異国情緒と、旅する楽しさに満ちている。

3国のうちアゼルバイジャンのみビザが必要だが、空路入国の場合は現地空港で無料で取得できる。どの国も物価は安く、1日の旅の予算は宿代も含めてアゼルバイジャンが3000円ほど、ジョージアとアルメニアは2000~2500円ほどで済む。地方に行くと安宿自体がないので、大きな街を拠点に近郊へ日帰り観光するのが安く済ませるコツだ（どこも移動費はとても安い）。

3国の周遊に必要な日数は、最低でも各国1週間から10日ほど。ジョージアに関しては2週間あっても良い。合計で1か月はほしいところだ。

3国をめぐる歴史と文化の旅

まずは空路でアゼルバイジャンの首都バクーへ。カスピ海沿いに広がる「風の街」は、伝統とモダンが調和した大都市だ。紅茶の名産地ランカランや伝統文化が残る北部の山岳地域も素晴らしい。シルクロード時代の栄光が香る古都シェキを経由し、国境を越えてジョージアへ。現時点ではこの陸路国境は閉鎖されてい

るが、将来的には夜行列車や長距離バスの運行が再開されるはずだ。

ジョージアでは天空の街シグナギに立ち寄って名産のワインを楽しみ、首都トビリシへ。安宿が多く交通の便が良いので、1週間ほど滞在して周辺にも足を延ばしたい。コーカサス山脈に抱かれたカズベギ、古都ムツヘタ、レトロな雰囲気のゴリなど、トビリシから行ける見どころはとても多い。

トビリシからは夜行列車に乗ってアルメニアへ。移動と宿泊を兼ねれば節約になるし、ソ連時代の夜行列車で国境を越える浪漫もたまらない。

まずは首都エレバンを拠点に周辺の世界遺産を日帰りで訪れる。宗教都市エチミアジンとズヴァルトノッツ聖堂はセットで周れるし、圧巻のガルニ渓谷と岩山の中の聖地ゲガルド修道院も定番だ。ノアの箱舟が到達した地とされるアララト山は、エレバン中心街からでも眺めることができる。続いてはミニバスでアルメニア北部へ。セヴァン湖にたたずむ修道院に感動し、ディリジャンの美しい山々を歩く。デベド渓谷沿いのハフパット、サナヒンの世界遺産の二大修道院を経由し、古都ギュムリへ。黒い石造りの瀟洒な建物が連なる「コーカサスで最も美しい街」は、アルメニア旅のフィナーレにぴったりだ。

アルメニアから南下してイランへと進むことも可能だが、ビザが必要となる(エレバンかトビリシのイラン大使館で取得が可能)。そのため、多くの旅行者はアルメニアからジョージアへ戻るルートを取るだろう。

エレバンかギュムリからトビリシ行きのミニバスを利用するのが定番だが、ジョージア南部のアハルツィヘに抜けるのも良い。ボルジョミやヴァルジアなどの見どころに立ち寄りつつ、さらに西へ。山道を6時間ほど走れば「最後の秘境」と名高いウシュグリ村に到達する。「復讐の塔」と呼ばれる中世の石塔が山々を背に建ち並ぶ村は、まるでファンタジーの世界だ。村のゲストハウスでは山の幸たっぷりの郷土料理も味わえる。

山を下って黒海沿岸へ抜ければ最終目的地のバトゥミ。ここまで来たらもうトルコ国境は目と鼻の先だ。コーカサスの山々に後ろ髪を引かれながらも、広大なアナトリアの大地へと旅を続けよう。もしくは、黒海を横断するフェリーを利用して東欧ブルガリアへ抜け、バルカン半島へと旅を続けるのも良い。

コーカサス3国の治安は都市部、地方部のいずれも良好。旅行者を狙ったぼったくりや詐欺、スリ等の軽犯罪も珍しいくらいだ。しかしながら、ロシア、トルコ、イランと3つの大国に挟まれている地理的要因から、政治的に不安定だという点は覚えておきたい。旅行の際は最新の情勢のチェックを忘れずに。

アルメニア・エレバン近郊のアララト山ビューポイント、その名も「チャレンツのアーチ」

※アゼルバイジャン内にあるアルメニアとの係争地ナゴルノ・カラバフをめぐり紛争が続いており、両国の国境地帯には外務省から「退避勧告」が発出されている。

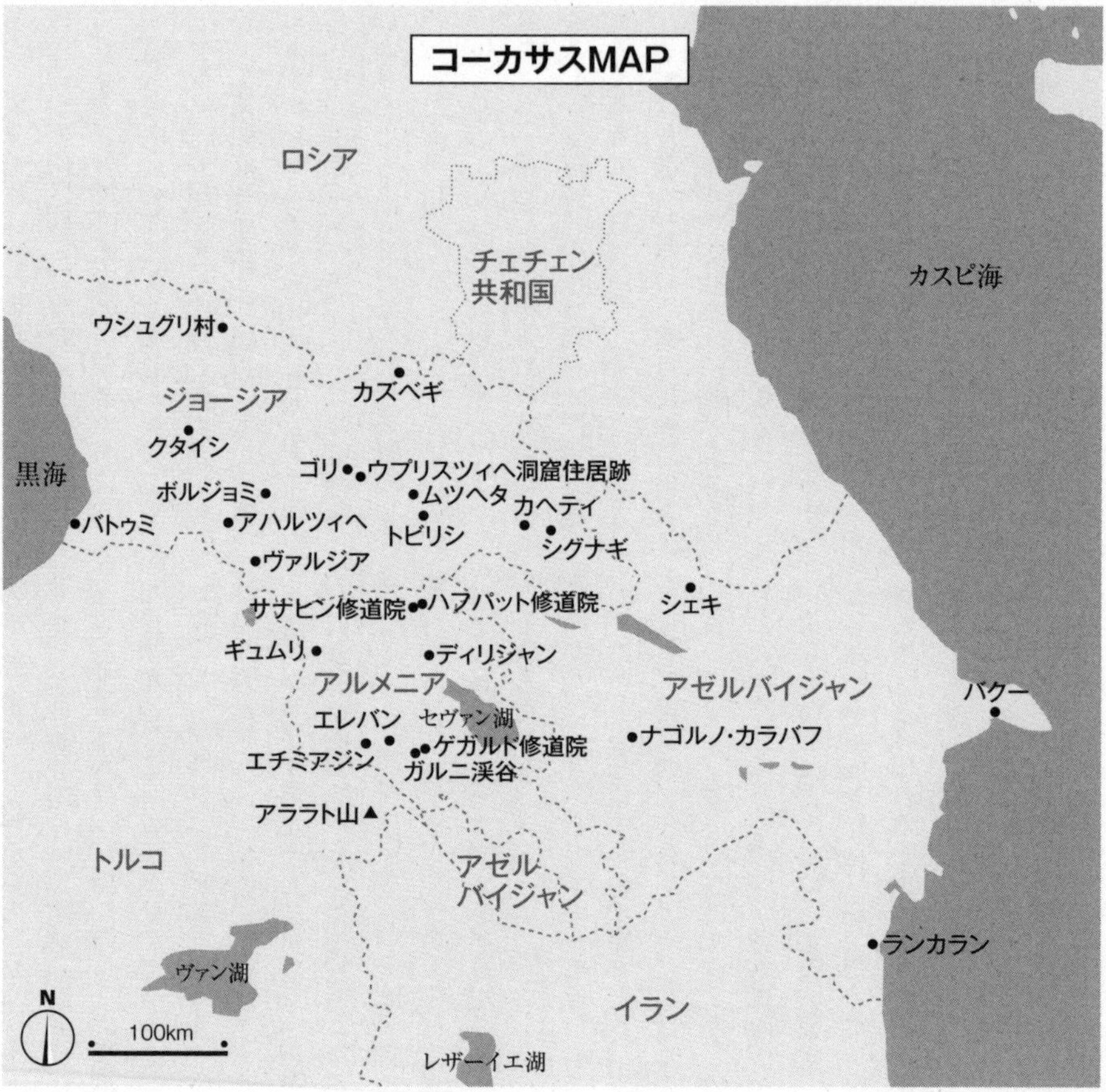

ジョージア最奥部の世界遺産ウシュグリ村の絶景（写真・小山のぶよ）

トビリシの温泉街、アバストゥマニ地区（写真・小山のぶよ）

Travel your way

コーカサスの小国ジョージアにバックパッカーたちが惹きつけられる理由

文・小山のぶよ

近頃、ジョージアという国名を耳にする機会が増えた。峻険なコーカサス山脈に抱かれた小国は「バックパッカーの聖地」と称されるそうだが、確かにこの国には旅行者の心を掴んで離さない何かが存在している。

ヨーロッパ方面から来た者は物価の安さとほど良いごちゃごちゃ感に旅心を揺さぶられ、アジア方面から来た者はカオスを抜けて（いちおうは）規律ある文明的な社会に到達したことに安堵する。そう、ジョージアという国は何ごとにおいてもちょうど良いのだ。誰もが旅の疲れを癒し、いったん気を抜いてのんびり滞在したくなる。パスポートだけで1年間滞在可能な制度も旅行者の強い味方だ。

8000年続く世界最古のワイン作りや、1700年前からのキリスト教文化に代表されるように、ジョージアは豊かな伝統と独自の文化の宝庫だ。古くからこの地を行き交ってきた数多くの異民族が残した痕跡は、各地で語り継がれる伝説や、異世界感あふれる見どころの数々、さらには独自の食文化に至るまで確認することができ、ジョージアをヨーロッパでもアジアでもない唯一無二の存在にしている。

多くの旅行者が滞在拠点とするのは首都のトビリシだろう。1600年前から首都として繁栄してきたこの街は、地区ごとにさまざまな表情を見せてくれる。ペルシア風建築が並ぶエキゾチックな温泉街に癒され、ヨーロッパ調の建物が整然と建ち並ぶ中心街を歩き、アジアの熱気が漂う市場の路地に迷い……まるでひとつの街の中に小さな村がいくつも存在しているようだ。

トビリシには安宿が多く、1泊数百円代で泊まれるところもある。世界遺産の古都ムツヘタや、ワインで有名なカヘティ地方、月面世界のようなウプリスツィヘ洞窟住居群など、日帰り観光の選択肢が豊富なのも嬉しい。さらに足を延ばしてコーカサス山脈地域のカズベギも訪れたい。一面の緑の絨毯の上で馬や羊がのんびりと草を食む風景と、山岳地域独自の伝統を守りながら生きる人々の姿は、山の国ジョージアの象徴そのものだ。

日程に余裕があれば、クタイシやバトゥミなどジョージア西部もおすすめだ。実はジョージアは東部と西部で異なる歴史を辿ってきた。地理的にも東西の隔たりが大きく、現在でも文化や気候、景観が大きく異なる。シュクメルリやハチャプリなど各地域の郷土料理も制覇したい。

ジョージアの国内移動は「マルシュルートカ」と呼ばれる乗合ミニバスが主流だ。山がちな道をぶっ飛ばす運転手と、慣れたものだと動じない乗客に混じっての旅は、なかなかに旅情（とスリル）がある。レトロな鉄道での移動も良い。激安だし、ゆったりした風情が味わえる。

近年では「ノマドの聖地」とも言われるジョージアには、世界中から多くの人が集まるようになった。まだまだ安めの物価（旅の予算は1日2000円ほど）や1年間滞在可能であることも大きな理由だが、この国がここまで人々を惹きつけてやまない最大の理由は居心地の良さにある。首都であろうと時間の流れがゆっくりで、ストレスとは無縁な毎日が過ごせる。不愛想に見えて実は温かで情に深い、ジョージアの人々のホスピタリティーも忘れてはならない。

ジョージアの魅力は底なし。訪れればきっと好きになるだろうし、旅人が口を揃えてこの国を称賛する理由に気がつくだろう。訪れる者を惹きつけてやまないコーカサスの小国の解けない魔法は、いまでもちゃんと健在だ。

❖ルート情報&マップ⑤東欧&バルカン半島

古き良きヨーロッパが残る最後の地、バルカン諸国がいま面白い

政治的な事情から長らく閉ざされてきた地域に、旅人たちがいま増えてきている。ここはもしかしたら、ヨーロッパ最後の、旅人の楽園かもしれない。

文▼小山のぶよ

ヨーロッパ南東部、トルコと国境を接するバルカン半島は、大国に翻弄されつつも独自の文化を守ってきた。ヨーロッパにありながらもエキゾチックな香りに包まれた街。屈託のない笑顔で旅行者を迎えてくれる人々。先進国の人間が忘れつつあるエネルギーや人情、レトロな情緒に満ちており、旅がしやすいのに旅行者が少ない穴場の地域だ。

ビザが必要な国はなく、物価はヨーロッパ最安。宿代を含めて1日2000～3000円で十分に満喫できる。1990年代の紛争のイメージが強いが、現在の治安は各国ともに良好だ。スリ等の軽犯罪は少なく、テロや民族間衝突も長らく発生していない。

かつての紛争地が、いまは旅情豊かな地に

近年ではバルカン半島の自然の豊かさや、歴史が詰まった地方部の魅力が注目されつつある。首都だけを急ぎ足で駆け抜けてしまうのは勿体ない。どの国でもミニバスが各都市間を結んでいて移動の難易度は低いので、地方部にも足をのばしつつ各国を陸路で周遊するのが理想的だ。夏場は灼熱となり、アドリア海沿岸部では宿泊代が跳ね上がるので、できれば春か秋を狙おう。日本からの直行便はないため、南はイスタンブールやアテネから長距離バスで、北はブダペストから鉄道で入るのが一般的だ。

ブダペストから夜行列車に乗れば、早朝にセルビアの首都ベオグラードに到着する。かつてのユーゴスラビア連邦の中心都市であり、共産主義色が強い独特の雰囲気の街だ。安宿がたくさんあり、セルビアが誇る肉料理を安く提供する店も多いので、滞在拠点に最適だ。国内交通網のハブなので、重厚な街並みのノヴィ・サドなど地方部へも足を延ばしやすい。人々はとても親切で、伝統の蒸留酒

「ラキヤ」を飲み交わせばすぐに打ち解けられるだろう。

険しい山道を西に進むとボスニア＝ヘルツェゴビナに入る。イスラム教徒が多数派のお国柄、エキゾチックな雰囲気が魅惑的だ。世界遺産の石橋の街モスタルと、千夜一夜物語さながらの首都サラエボは絶対に訪れたい。オスマン帝国時代の村ポチテリや聖地ブラガイなど地方部の旅も楽しい。繊細な味つけのボスニア料理も楽しみだ。

ボスニアから南に進めばモンテネグロ。絵葉書のような旧市街がロマンティックなコトルやブドヴァなどアドリア海沿岸の街が注目されがちだが、内陸部の山岳地域の風景も素晴らしい。物価が安めな首都ポドゴリツァを滞在拠点とすれば、国中どこでも日帰り圏内なので便利だ。日程と予算に余裕があるなら、目と鼻の先にあるクロアチアのドゥブロブニクを訪れるのも良い。豪快で肉肉しいモンテネグロ料理にもぜひ挑戦を。

そして険しい山を越え、コソボへ移動しよう。木造建築が連なるジャコヴァや世界遺産の古都プリズレンなど、初めて来たのに懐かしく感じる街は居心地が抜群に良い。素朴で人懐っこいコソボの人々との触れ合いにも心が温まる。

旅行者に注目されつつあるアルバニア

続いて旅のハイライトとなるアルバニアへ。長らく鎖国していたこの国はいまだに神秘のベールに包まれている。北部山岳地域の桃源郷テス村でハイキングを楽しみ、古都シュコドラでレトロな路地に迷い込み、「千の窓の街」と呼ばれる世界遺産ベラトの風景に感動し、入浴剤を溶かしたようなブルーの海水が美しいサランダでリゾート気分を味わい……挙げればきりがない。独自の歴史と文化に育まれたアルバニア料理は周辺諸国の食文化が複雑に入り混じった絶品で、新鮮なシーフードも安く楽しめる。ヨーロッパ最安の物価と底抜けに明るいアルバニアの人々との出会いも、旅行者の心をぎゅっと掴んで離さない。

アルバニアからぼろぼろのミニバスに揺られて東へ進むと、北マケドニアだ。湖畔の教会の風景が有名な世界遺産オフリドと、首都スコピエが滞在の二大拠点となる。北マケドニアは野菜が美味しいことで有名で、素材の味を活かしたマケドニア料理は外せない。旅行者がとても少ないため、人々は外国人の訪問をとても喜んでくれる。スレていないヨーロッパの田舎感に浸ろう。

北マケドニアの東部に連なるピリン山脈を越えると、道路状況は一気に改善し、ブルガリアの首都ソフィアに至る。共産主義時代の巨大建造物を縫うようにレトロなトラムがごとごとと走るこの街が、ひとまず旅の終着点となる。

ソフィアからの選択肢は豊富だ。南へ進めばヨーロッパとアジアの境目イスタンブールに、北へ進めば中世の雰囲気そのままのルーマニアとおとぎ話の街並みの中欧諸国に、黒海フェリーで東へ進めばコーカサス山脈の麓のジョージアに至る。1か月もあれば周遊できるバルカン諸国だが、主要な街に絞れば2週間ほどでも何とか周れるし、難易度は高くない。

ブタペストの美しい街並み（写真・比呂啓）

セルビア・ベオグラードの聖マルコ聖堂
（写真･比呂啓）

Travel your way

短期の休みでも旅がしたい！ サラリーマンの限界旅行プラン

文・布家敬貴

前職のホテル勤務時代、コロナ禍直前の2019年には年間13回海外旅行へ出かけていた。２泊３日の短期旅から16泊17日の旅まで、とにかく連休があれば旅に出た。シフトを決定する上司との関係が良好だったことが大きい。上司は毎月のようにまとまった連休を作り、私を海外に行かせるように仕向け、私もそれに応えていたのだ。2019年当時とは旅事情が変わっているが、直近の状況を踏まえてサラリーマン限界旅のおすすめを独断と偏見で挙げてみたい。

現地滞在３日程度の時間しかなければ、バンコクに行ってコロナ禍前との違いを確認してみたい。ここ数年で公共交通機関の充実ぶりが目覚ましい。カオサン通り（→P164）の変貌ぶりを確認しにいくのもいいだろう。この期間であちこち行くのは難しいので、タイマッサージにでも通って戦士の休息に専念したい。

１週間の休みが取れるなら、モンゴルに飛んでしまおう。MIATモンゴル航空などの直行便があって意外に近いしビザも不要だ。夏なら草原ツアーに参加できるし、冬はマイナス30度の世界を体験できる。ちなみに標高が高い首都ウランバートルは同時期のシベリア、イルクーツクやウラン・ウデよりも寒い。なおウランバートルの中心部にはかの東横インがある。部屋の設備は日本と変わらない。１泊4000円程度だ。

ウランバートルからはロシア国境のスフバートルまで鉄道が延びている。現地滞在が５日程度取れるなら、ロシアとの国境を攻めてみてはいかがだろうか。ちなみに鉄道の本数は少ないので、復路の切符は早めに確保しておこう。私はスフバートルからウランバートルの夜行列車切符を乗る直前に買おうとしたが、売り切れで途方に暮れたことがある（その後、キャンセルが出てなんとか買えた）。

９連休が取れるならウランバートルからイルクーツクまで陸路往復することが可能だ。夜行列車がある。プーチン政権のウクライナ侵攻による制裁下にあるロシアでは、ビザの事前取得以外にも縛りが増えた。ロシア国外発行のクレジットカードが使えない上に、ATMでもキャッシングが不可。ロシア滞在中の決済手段は現金に限られる。さらに、欧米系の旅行予約サイトではロシアの宿泊施設を取り扱っていない。前者を解決する方法はロシアの通貨ルーブルの事前入手だ。ウランバートルには両替所が集中しているエリアがあり、そこでルーブルの現金を入手できる。ATMでモンゴルの通貨トゥグルグを大量にキャッシングして、両替所でルーブルに替えるのだ。私はウクライナ侵攻開始後の2022年12月の訪問時に４泊５日の滞在用として５万円分のルーブルを作った。おそらくあまるとは思ったが、ロシア国内の両替事情が不明だったため多いに越したことはない。仮にあまってもウランバートルで米ドルなり日本円なりに戻せばよい。ちなみに入国後にわかったのだが、イルクーツクの銀行では日本円からルーブルへの両替が可能だった。

宿の手配には、ostrovokというロシア系の旅行サイトを使った。現地支払い可能なプランであれば、クレジットカード情報の入力なしで予約を確定させられる。ちなみに予約画面は英語にも対応している。また公式サイトがある宿は直接アクセスして予約する方法もある。

10日足らずの旅でもこれだけ動けるのだ。旅行期間が限られる状況で、不可能を可能にするのが、サラリーマン限界旅行者の腕の見せどころである。

いかに安くあげるか？先進国の旅は物価との戦いでもある

日本よりもはるかに物価が高いアメリカやヨーロッパだが、工夫次第でバックパッカー旅行をすることも可能なのだ。

ヨーロッパ全域で考えると、P82で紹介する東欧やバルカン半島が比較的物価も安く旅もしやすいが、ここでは北・西ヨーロッパとアメリカ合衆国を取り上げたい。キモは物価の高さにいかに対応するかだ。

ヨーロッパの旅なら、スペインとイタリアが狙い目

EU圏内は鉄道・バス・飛行機すべての交通機関が充実し出入国も簡単なので、その気になればパリ・ローマ・アムステルダム……と主要な都市をぽんぽんと移動して何か国も一気に周遊することは可能だ。が、奥が深いヨーロッパの魅力に触れるには、やはりある程度的を絞って、点ではなく線や面でじっくり巡りたい。中でもバックパッカー的に狙い目なのは、比較的物価が安く安宿も見つけやすいスペインとイタリアの2か国だろう。

とくにスペインのアンダルシア地方は、グラナダのアルハンブラ宮殿、コルドバのメスキータ、フラメンコ舞踊などエキゾチックな見どころが満載で人気が高い。域内はバスが網の目のように網羅しており旅がしやすく宿も比較的リーズナブル。西端のアルヘシラスからはジブラルタル海峡を渡って対岸のアフリカ大陸・モロッコに日帰りすることも可能だ。

イタリアはローマを起点にして中部のフィレンツェや南部のナポリ、さらにシチリアなどを巡るか、ミラノを起点にして北部のヴェネツィア、ジェノヴァなどを回るのが効率がいい。時間があれば近隣のオーストリアやスロヴェニア、クロアチアなどと併せて周遊しても面白い。

フランスでは物価が高すぎるパリはできるだけ短期間の滞在にして、プロヴァンスなど南フランスやバスクなど地方に足を延ばすのをおすすめしたい。イギリスはロンドンから離れるほど物価が安くなる。旅の醍醐味を味わうなら、エジン

バラからスコットランドを北上し、船で世界遺産のオークニー諸島に渡ったり、アイルランドと周遊するのもいい。ケルト神話の世界や大自然が堪能できる。

時間が許すならサンティアゴの巡礼路へ。フランスやポルトガルなどいくつかの起点からスペインのサンティアゴ・デ・コンポステーラを目指す長い巡礼の道で、どこからどう歩くのも自由。道中の巡礼宿では世界から集まった巡礼者や旅人との出会いがある。

アメリカはレンタカーの検討も

広大なアメリカは東西でがらりと風景が変わるので、興味の対象を絞ってプランを練りたい。

東海岸ならニューヨークを起点にボストン、ワシントン、シカゴなどを巡る。ボストン周辺には魔女狩り伝説が残るセーラム、清教徒が最初に上陸したケープ・コッドなど合衆国黎明期を物語る魅力的な街がいくつもある。ナイアガラの滝、カナダのトロントへと北上し、カナダとの周遊を楽しむプランもありだ。

西海岸なら大自然がテーマ。ロサンゼルスを起点にラスベガス、そしてセドナやグランドキャニオンなど国立公園を結ぶグランドサークルを巡るのが定番だ。

移動手段はレンタカーもおすすめ。複数人での旅ならキャンピングカーを利用してときどきキャンプ場で車中泊し、自炊すれば費用も節約できる。縦断するなら少なくとも6000キロ以上の移動となり、期間は1か月はみておきたい。

少しでも安くするには

欧米はなにしろ物価が高いが、少しでも安くあげるポイントがいくつかある。

①大都市に長居しない

ロンドン、パリ、ニューヨーク。どこもサンドイッチ1000円、ドミトリー1泊5000円の世界である。できるだけ長居は避けて、地方都市にすみやかに移動したい。長めに滞在したい場合は、1週間単位で滞在すると割引が効くホステルや自炊できる宿を探すなど、宿泊先を工夫したい。

②宿泊先を使い分ける

ホステルの多い大都市ではドミトリー、地方では民泊を選ぶなど、宿泊先を使い分けたい。同じレベルの宿でも、大都市では価格が倍になる。ヨーロッパは夏のバカンスシーズンに、自分が旅に出る間家を民泊として貸し出す人もいるが、人気が高くかなりの競争率だ。

③シーズンを選ぶ

3月から4月にかけて、ヨーロッパはカーニバルの季節。華やかだがお祭りの期間は何もかもが観光客値段。7、8月も人気の観光地は価格が数割アップ。とくに見たいイベントやお祭りがなければ、混雑回避のためにもこの期間は避けよう。

安ければいい、というならオフシーズンに行けばよいのだが、地方都市の民泊施設だと休業中のところが増えたり、バスが減便していたり、施設の開館時間が短かったり意外と不便なことも多い。

狙い目はピークシーズンやオフシーズンの前後である。少しでも安く旅をするために、行く時期を絞り込んで訪れよう。

西ヨーロッパMAP
ノルウェー
スウェーデン
オークニー諸島
北海
スコットランド
エジンバラ
デンマーク
コペンハーゲン
バルト海
アイルランド
イギリス
ハンブルク
オランダ
アムステルダム
ベルリン
ポーランド
ロンドン
ブリュッセル
ドイツ
ベルギー
ランズ・エンド岬
イギリス海峡
プラハ
チェコ
パリ
リヒテン
シュタイン
ミュンヘン
ウィーン
ケルト海
フランス
ベルン
スイス
オーストリア
ジュネーヴ
スロベニア
ミラノ
ヴェネツィア
クロアチア
ビスケー湾
ジェノヴァ
プロヴァンス
フィレンツェ
サンティアゴ・デ・
コンポステーラ
バスク地方
マルセイユ
モナコ
イタリア
アドリア海
ローマ
バルセロナ
ナポリ
マドリード
バレアレス海
ポルトガル
スペイン
ティレニア海
リスボン
コルドバ
グラナダ
シチリア
アルヘシラス
アルボラン海
マルタ
ジブラルタル海峡
N
200km
モロッコ
アルジェリア
チュニジア
地中海

Travel your way

どんなにLCCが発達しても それでも陸路で旅したい

文・室橋裕和

「ノックエアだと1149バーツか……」

僕は悩んだ。バンコクから北の都チェンマイまでLCCノックエアで飛べば1149バーツ、日本円にして約4800円。それも1時間ちょいで着く。速い。一方バスを選ぶと650バーツ約2750円、およそ10時間の旅となる。

時間の節約だとか肉体的な疲労を考えれば、LCCを選ぶべきなのだろうと思う。それでも、僕は12Goのサイトからバスをポチッた。

バスや列車の車窓を眺めて、ぼんやり旅をするのがたまらなく好きなんである。町や村を通りたびに見える人の暮らしぶりも、ドライブインとか食堂に立ち寄って休憩するひとときも、乗客と食べるローカル飯も愛おしい。

ときどき道路わきに現れる里程標の数字を見てワクワクする。目的の街まであと何キロって、あれだ。グーグルマップを開いてみて、いま走っているあたりはなんて名前の土地なんだろう、なにがあるんだろう、と調べるのも楽しい。

もちろん移動距離が長くなればしんどくなってくる。何度も何度もグーグルマップを見て、こんだけ走ったのに地図上ではこれっぽちしか動いてないんかい、と絶望的な気分になったりもする。そのたびに、この地球の巨大さを実感するのである。

我らが旅のバイブル、かの『深夜特急』で、デリーからロンドンまではるか陸路の旅を始めた〝私〟は、その理由をこう説明するのだ。

《なぜバスなのか。確かなことは自分でもわからなかった。ただ、地球の大きさをこの足で知覚したかったのだ――》

この一文を読んだとき、僕は大いにしびれた。自分もまた、広大な大地を陸路で旅してみたいと憧れた。以来、『深夜特急』の乗客になった多くのバックパッカーたちと同じく、僕も陸路の旅にロマンを感じ、LCCの安さに心奪われず地を這っているというわけだ。

人の文化が少しずつ変化していく様子を見るのも面白い。たとえばバンコクからマレー半島を南下していくと、少しずつ仏教寺院が減っていきイスラム教のモスクが増え、仏僧の代わりにヒジャブをつけた女性が目立つようになる。言葉も変わる。途中の食堂では、イスラム系タイ人の料理であるマッサマン（ココナッツとスパイスを効かせたカレー）やカオモックガイ（鶏肉入りのスパイス炊き込みご飯）も並ぶ。マレーシアが近づいていることを実感する。

バスや列車に揺られながら、車窓の文化や宗教がじんわりと移り変わっていく様子を体感できるのだ。そして文化は国境に区切られているわけではなく、重なり合い、混じり合いながら変化していくものだと知る。

こうして陸を伝って旅しているうちに、身体全体で「地球の大きさを知覚」できるようになっていく。グーグルマップのこの距離をバスで走るとどのくらいの時間がかかるのか、なんとなく読める。そのわずか数センチの間にどれだけたくさんの人の暮らしがあるのか、ありありと想像することができる。地球を測るものさしが、身体の中にできてくる。これは本当だ。

そして長旅を終えたあとの疲労感と、ひとつやり遂げた達成感も心地よい。ついでに言うと、陸路のローカル移動は安い。

このすべてが、飛行機では味わえないのだ。LCCは確かに速くて快適、便利なのだが、それとは違う楽しさが陸路旅にはある。だから日本との往復以外は、できるだけ地を這って旅するのが僕のスタイルなのだ。

❖いつかは挑戦したい大旅行

ユーラシア横断、南米縦断、アフリカ、そして世界一周の旅へ

本書でおもに扱っているのは旅慣れていなくても訪れやすい地域。しかし旅を重ねるほど、よりディープな場所に行きたくなってくるものだ。

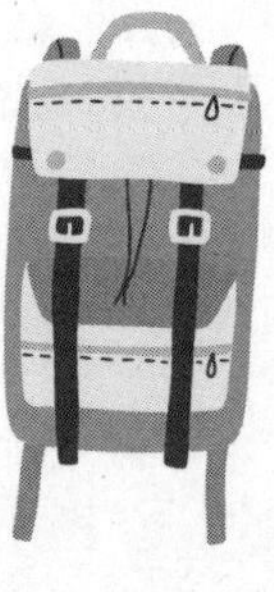

『深夜特急』の旅を再現する

インドのデリーからイギリスのロンドンまで、バスを乗りついでたどり着くことができるのか……。名著『深夜特急』は、そんな思いつきから日常のすべてを投げ打ち、旅に出てしまう若者の物語だが、いまの時代でもこのルートの再現はある程度、可能だ。

主人公である「私」は東南アジアを転々をしながら出発地であるデリーを目指すが、まず降り立つのは香港だ。「私」が旅していた1970年代とだいぶ性格は変わったが、それでも活気あふれる雑多な大都市であり続けている。香港からフェリーで行けるマカオのカジノで「私」は旅が挫折する寸前まで負け続けてしまうが、いまは当時以上のカジノタウンとして賑わっている。

香港からはバンコクへ飛ぶ。この街は安宿街カオサン通りで有名だが、70年代はまだ未開発で米問屋や民家が並ぶ界隈だった。「私」が泊まったのはシープラヤー通りの安宿で、現在はビジネス街として発展したシーロム地区の近く。在住の日本人ビジネスパーソンも多い。

バンコクからは鉄道でマレー半島を南

『深夜特急』の舞台のひとつ、マレーシアのマラッカ。東西貿易で栄えた地だ

下。ソンクラーという港町には「私」が投宿したホテルが前身となっているBPサミラー・ビーチというホテルがいまも現存する。ちなみにグーグル口コミ4.0。

国境を越えてマレーシアに入り、次はペナン島だ。当時はインドへの船が出ている港町でもあったが、いまはリゾート地として有名だ。

さらに南下したマラッカでは「とてつもなく大きな夕陽」が見られると作中で言及されている。いまも夕暮れどきにマラッカ海峡へ向かえば、壮大な自然のドラマを見ることができるだろう。

そしてマレー半島南端のシンガポールはすっかりアジア最先端の金融・観光都市になりバックパッカーの予算では厳しい街になってしまったが、「私」が歩いたアラブ・ストリートにはまだちらほら安宿も残る（それでもドミ3～4000円はするが）。

治安の壁が立ちふさがる……

バンコクに戻りインドに飛んだ「私」はカルカッタ（現コルカタ）のすさまじい熱気と貧困と混沌の中をさまよう。現在ではだいぶ経済発展もしたが、それでも沸騰するようなエネルギーをいまも発散している街だ。

インド亜大陸を西に向かうと仏教の聖地ブッタガヤだ。「私」が立ち寄った日本寺はいまでもある。そしてガンジス川の聖地バラナシの姿は『深夜特急』の描写そのままのたたずまいを残しているが、インドの急成長に呼応するように中間層のインド人観光客で混雑するようにもなってきている。

ここから北上し、国境を越えてネパールに向かう道はいまも開かれている。当時ヒッピーのたまり場になっていた場所は、まだ健在だ。

そしてようやく旅の出発地デリーにたどり着く。ここから果たしてバスでロンドンまで行けるのか。ネックとなるのはパキスタンとイランの国境地帯だろう。治安が悪く、軍の護衛をつけないと突破できないという情報もあり、通過は現実的ではないかもしれない。「私」が入国したアフガニスタンも危険地帯だ。このエリアは飛行機で飛び越えるなどしたほうがいいだろう。

しかし、意地でも陸路でのユーラシア横断を目指す旅行者は、パキスタン北部のカラコルムハイウェイを通って中国の新疆ウイグル自治区に抜け、さらにキルギスかカザフスタンに入り、ロシア経由でコーカサスへ……というルートもあるが、これはロシア情勢やウクライナ戦争次第なので流動的だ。

無事にイランかトルコに入れたら、あとはロンドンまでスムーズにバスだけで行けるだろう。ゴールはポルトガルの果て、ユーラシア大陸西端のロカ岬だ。

『深夜特急』の旅を完全になぞることは現在ではできないが、各所の紛争が収まり、将来的に通行できるようになってほしいと思う。

なお香港からロンドンまで、どれだけ急いでも2か月くらいはかかるだろう。「私」は1年以上かけて旅したのだ。できれば季節を越え、じっくりと這うように、はるかなるユーラシアを横断したい。

南米ではペルーとボリビアが人気

中南米は遠い。ブラジル・サンパウロを例に取ってみると、はるばる地球を半周して乗り継ぎ含め30時間以上のフライトとなる。そして遠いぶん航空券は高く、往復20万円前後。加えて治安の問題もあり、旅慣れた人にとってもハードルの高さを感じるエリアだ。

しかし見どころは実に多い。中米ではメキシコやグアテマラに広がるマヤ・アステカ文明の遺跡群や、コスタリカの豊かな生態系、太平洋と大西洋を結ぶパナマ運河……。カリブ諸国では独特の社会主義国家キューバを訪れるバックパッカーは意外に多い。

グアテマラは安いスペイン語学校がたくさんあることで有名。ここで中南米の大部分をカバーする言語であり日本人にも覚えやすいスペイン語（↓P10）の基礎を学び、南下していくというのは昔からバックパッカーの定番コースだ。

南米ではエクアドルからペルー、ボリビアへと縦断していくルートが人気だ。国名にもなっている赤道直下の国エクアドルでは世界遺産に指定されたキトの旧市街や、特殊な大自然で知られるガラパゴス諸島が待つ。

ペルーは天空の大遺跡マチュピチュやクスコの旧市街、それにペルー料理の豊かな食文化も楽しみたい。高原に広がるチチカカ湖を越えるとボリビアだ。バックパッカーにはウユニ塩湖の鏡面世界が有名だ。ペルーやボリビアはまた、先住民のインディオが独自の文化を守り暮らす地域でもある。

アフリカでは東側が旅しやすい

紛争や未整備な社会システム、衛生状態や厳しい気候などのため、アフリカ大陸は世界でもとくにハードな旅となる。それでも東アフリカは比較的、旅しやすい地域といえるだろう。

ケニアではマサイマラ国立公園など自然保護区でのサファリを目的にする旅行者が多い。タンザニアにもセレンゲティ国立公園など動物の楽園があるほか、標高5895メートルのキリマンジャロ山登頂を目指す旅行者もいる。

タンザニアではインド洋にある大航海時代の海運の拠点、ザンジバル島（↓P93）にバックパッカーが集まる。治安もそこそこ安定していて、アラブとヨーロッパがミックスしたような街並みは世界遺産にも指定されている。

地球をぐるりと回る航空券

日本を出てから飛行機で地球をぐるりと一周し、また日本に帰ってくるまで、いくつかの経由地を結ぶ航空券をセットで購入する。それが「世界一周航空券」だ。日本から空路で経由地に飛び、その街や周辺を旅し、次の経由地へ。こうして空路メインで世界を一周する。ワンワールドなどの航空会社提携グループ（アライアンス）がさまざまな世界一周航空券を扱っている。基本的には1年間有効で、35万円前後。LCCを乗り継いだほうが安いこともある。

Travel your way

紛争や治安などハードルの高いアフリカでもタンザニア・ザンジバル島は訪ねやすい

文・山城麻理子

タンザニアの東岸、インド洋に浮かぶザンジバル島へはエチオピア航空が便利です。日本からアディスアベバで経由で22時間半。バンコクからは15時間半。私が選んだフライトは、乗り継ぎ時間は2時間半と無駄がなく、午後1時にザンジバル島着。明るい時間に現地へ到着できるのもありがたかった。夜のアフリカ到着はできれば避けたいですよね。

現地についてやることはまず両替。発行年が古い米ドルは受け取ってくれないため、なるべく新しい札を持って行きましょう。

私は「ダラダラ」という乗り合いバスで街の中心、ストーンタウンへ向かいました。街自体が世界遺産。アラブとヨーロッパの文化が融合し、そこにアフリカがミックスされた独特の雰囲気を持つ街です。迷路のように入り組んだ路地を散策していると、あちこちから「ジャンボ(こんにちは)」「ハクナ・マタタ(大丈夫、問題ない)」とスワヒリ語で話しかけられます。

大通りにはお土産屋、オシャレなカフェが建ち並んでいますが、細い路地に迷い込むと地元の人たちの生活が垣間見られます。歩いているだけで楽しいエリアです。

ホテルの屋上からは、密集したトタン屋根、そこから突き抜けるように建つ聖ジョセフ教会、遠くには海も見え、素敵な景色が広がります。これが見たくて屋上のあるホテルを選んだのですが、屋上をレストランやカフェとして宿泊客以外にも開放しているところもあります。ホテルに屋上がなくても大丈夫です。

夜になり、海岸沿いにあるフォロダニパークへ。夕方頃から次々と屋台が出はじめ、ナイトマーケットが開催されます。肉や魚介の串焼き、ケバブといろいろな食べ物が並びます。

中でもぜひ食べてほしいのが、ザンジバル人のソウルフード「ウロジョ」。マッシュポテトの天ぷら、ゆで卵、牛の串焼きなど、いろんな具材が入ったスープ料理です。ライムのきいた酸っぱいスープが癖になり、滞在中に何度も通いました。

本来なら、暗くなってから出歩くなんてアフリカではタブーですが、ここは特別! 基本的なことを守れば危険な目に合うことはまずありません。夜の街歩きも比較的安全。これがザンジバル島をすすめる理由のひとつです。マーケットは海に面しており、海へ沈む美しい夕焼けが見られるので、日没前に行くのがベスト。とはいえ、このマーケットはかなり人が多いのでスリには注意が必要です。

翌日はザンジバル人の生活に触れたくて、ダラジャニスークへ。大きな通りを挟んで、西が野菜や生鮮食品、東が布や雑貨を扱う市場になっています。活気があって、ザンジバル名物のスパイスも種類豊富。

私がハマったのは布市場です。それぞれにメッセージが書かれている、カンガと呼ばれるタンザニアやケニアの伝統的な布がたくさん。種類も多く、お土産屋の3分の1程度の値段で購入できるため、5枚も買ってしまいました。

ザンジバル島といえば綺麗な海も外せません。白い砂浜の美しいビーチがあり、インド洋に浮かぶ帆布船を眺めていると、シンドバッドの冒険に迷い込んだ気分になります。ここだけ時間が止まったかのよう。

さまざまな国の文化が融合し独特の雰囲気を持つザンジバル島。海に街歩きに買い物。そして治安も良好。はじめてのアフリカ旅にはぜひともオススメしたいところです。

Explore The World

最後の秘境⁉サウジアラビアを旅する

観光目的では入国できなかったイスラムの大国が大きく変わった。簡単にビザが取れるようになった石油大国の旅事情とは。

文・写真▼宮城英二

アラビア半島の大半を占めるサウジアラビア王国はかつて旅行者が最もビザを取得しにくい国として知られており、商用やイスラム教の巡礼者ではない限り入国が困難だった。ところが、2019年に観光客への電子ビザやアライバルビザの発給が始まり、ついに門戸が開かれた。日本からの直行便がないこともあり、日本人観光客はまだそれほど多くはないが、誰でも行くことができる国になったのは隔世の感だ。

電子ビザは公式サイト（https://www.visitsaudi.com/）で、到着ビザは空港のセルフサービス端末でそれぞれ取得可能だが、申請手数料は電子ビザが535サウジアラビアリヤル（約2万700円）、到着ビザが480リヤル（約1万8500円）とかなり割高で二の足を踏むかもしれない。だが諦めるのは早い。もっと格安でサウジに入国できる裏技があるのだ。国営航空会社サウディアかLCCのフライナスを利用し、首都リヤドや第2の都市ジェッダ（ジッダ）で乗り継ぐ日程を組めば、格安で96時間有効のトランジットビザが取得できるのだ。筆者はさっそく欧州旅行の帰路にお試しコースでサウジに立ち寄ることにした。

利用したのはサウディアのジェッダ経由便。予約時にビザ申請画面が表示され、手数料100リヤル（約3900円）をカード決済すれば、約1日でトランジットビザがメールで送られてきた。乗り継ぎ便の選択画面では、このビザで滞在可能な96時間以内の便が表示されるので、都合に合わせて選べばよい。しかも、中級ホテル1泊分が無料になる。

ただ、残念なことにサウディアは23年12月時点でまだ日本には未就航。近隣都市では北京、広州、バンコク、マニラ、シンガポールなどからフライトがある。

▼サウジ南西部ジェッダにトランジット滞在

ジェッダは聖地メッカに近いため、サウディア航空機は多くの巡礼者が利用する。乗客の男性たちがひんぱんにトイレに出入りすると思っていたところ、順番に巡礼者がまとう純白のローブに着替えていた。女性の巡礼者たちも到着する頃にはほぼ全員がヒジャブ（髪を覆うスカーフ）を着用。

サウジといえば、女性たちが目元以外全身を覆う「アバヤ」と呼ばれる民族衣装をまとっているものだと思っていたが、飛行機を降りて到着ロビーを出ると、そうした先入観は裏切られた。髪も顔も露出した女性がちらほら見られた。もちろん戒律を厳格に守る保守的な人が多数を占めるが、時代は少しずつ変化しているようだ。外国人であれば、女性でもイランのように全身を覆うなどの配慮をしなくても、肌さえ露出しなければ問題はないだろう。

ジェッダを実際に訪れた感想だが、観光資源にそれほど恵まれているとは言い難かった。ほぼ唯一の観光地は旧市街アルバラドで、サウジ独特の様式の建築が世界遺産として保存されている。ただ規模はそれほど大きくなく、小一時間で見て回れるだろう。ほかには巨大噴水や有名モスクの外観などを観光できるが、丸一日あれば十分に思える。聖地メッカやメディナに非イスラム教徒が立ち入ることはできない。

ジェッダの旧市街アルバラドは世界遺産。チーク材で装飾が施された「マシュラビーヤ」と呼ばれる通風窓が特徴的

産油国サウジはクルマ社会であるため、公共交通機関は未発達だ。例えば空港バスは1路線のみでさほど頻発しておらず使いにくい。タクシーや配車アプリ（ウーバー、カリームなど）の利用が中心になる。物価は高くもないが安くもないという印象だ。大衆食堂での食事が日本円でだいたい５００円から。宿泊費はそれなりの設備が整った宿はかなり割高で、安宿でも個室1泊４０００円程度からだった。

最も驚いたのは外国人労働者の多さだ。南インドや東南アジアから大量の労働者を受け入れているため、街ゆく人々の国籍は非常に多彩。それだけに英語はよく通じる。

総じて観光目的でサウジを訪れた場合、観光インフラが整っていないがゆえの不便さに直面する場面が多いかもしれない。しかし、サウジアラビア政府は「ビジョン２０３０」を掲げ、石油依存の経済からの脱却を図るため、観光業の強化を目標のひとつに掲げているから、状況は徐々に改善されるだろう。変わりゆく石油大国のいまを体験するため、まずはトランジット入国から試してみてはどうだろうか。

大衆食堂ではチキンのグリルがポピュラー

航空券はいかにして安くなったのか そしてLCCがいかに旅を変えたのか

ほとんどバス感覚で乗れることもあるほど大衆化した飛行機。バックパッカーも陸路にこだわらず、空を飛ぶことが選択肢に入ってきた。

Now everyone can fly

ＬＣＣ（ロー・コスト・キャリア）はバックパッカーの旅を大きく変えた。その理由はもちろん航空券代が安くなったことだが、それ以上に片道航空券を簡単に安く買うことが可能になったことが大きい。この恩恵は計り知れない。

日本の場合、安い航空券は団体割引を個人にばら売りすることから始まった。往復航空券に限って割引が適用された。そういう安いチケットをバックパッカーたちは買い、旅をしていたのだが、それはつまり旅の最終日程が決められてしまうということでもあった。

バックパッカーは、漂泊というほどのものではないにしても自由に海外を歩きたいという人が多かったはずだ。しかし安いチケットは帰りの日が決められてしまう。片道で買うと割高になった。そんな悩みを一気に解決してくれたのがＬＣＣだった。

ＬＣＣが登場したのは１９６０年代のアメリカである。サウスウエスト航空が先陣を切ったといわれる。しかし運航規制や飛行機事故といった逆風もあり、定着することはなかった。

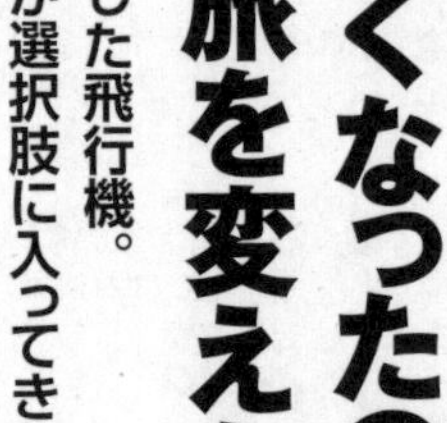

ＬＣＣが安定した運航を始めるようになるのは１９９０年代に入ってからだ。背景にあったのはインターネットの爆発的な普及だった。航空券を検索し、クレジットカードで決済をして、詳細がメールで送られてくる。そのシステムが確立し、ネットとつながったパソコンはやがて手に収まるほどの小さなスマホとなり、バックパッカーの旅に同道し始めた。

ＬＣＣが安い運賃を提供するノウハウはいくつかあった。それまでの飛行機はＦＳＣ（フル・サービス・キャリア）といわれるスタイルだった。日本でいえば日本航空や全日空である。預ける荷物は

無料で、機内では客室乗務員が笑顔で迎え、機内食を提供するという世界だった。いってみれば選ばれた人の乗り物だった。LCCはそのサービスを省略していった。そのほかには機材の統一、駐機時間の短縮、空港施設をできるだけ使わないといった工夫も重ねた。

こうした運用ノウハウに加えて、ネットの普及によって航空会社は街の中心街や高級ホテルにオフィスを構える必要がなくなった。実店舗を維持する必要がなくなり、窓口のスタッフもほかのセクションに振り分けることができた。

この流れは、単に経費を節減するだけではなかった。飛行機は選ばれた人が乗るものではなく、普通の人が普通に乗る交通手段にその色を変えていくのだ。

後述するが、アジアを代表するLCCとして成長したエアアジアは、その機体に、こんな文字をあえて書いた。

「Now everyone can fly」
――もう誰だって空を飛べる。

LCCの登場は、航空券が安くなったというだけでなく、世界の航空会社にそんな意識変革を促した。飛行機が大衆化したのだ。

シンガポールのLCCスクート。日本からも便がある

それはバックパッカーの旅にも大きな影響を与えていく。それまでは飛行機が高いから、夜汽車や夜行バスに揺られることが主流だった。そういう選択肢しかなかったのだ。そこに飛行機が入り込んでくる。バックパッカーの乗り物にもなっていくのだ。

わずか800円の空の旅

欧米で生まれたLCCがアジアに飛び火するまでに10年ほどの年月がかかった。1996年にフィリピンでセブ・パシフィック航空、2000年にインドネシアのライオンエアー、そして2001年にはマレーシアでエアアジアが誕生する。LCCが日本人にとっても身近な存在になってくるのはこの頃からだろう。

その当時のことだ。たとえばエアアジアでマレーシアの首都クアラルンプールから、マレー半島南端のジョホールバルまで、わずか800円で飛べる便もあった。300キロ近い距離なのである。東京～名古屋よりも遠い。片道航空券だったが、そこには燃油サーチャージや諸税も含まれていた。

これがLCCだった。当時、東京駅から鎌倉駅までJRで行くと800円ほどかかった。その料金で300キロを飛べてしまうのだ。

LCCが生んだ業界全体の低価格化

その後、LCCは世界の空を席巻していく。そして航空業界にさまざまな影響を与えていった。レガシーキャリアともいわれるFSCは、LCCの強い競争力に対抗するために、自らの完全子会社のLCCを立ちあげる。そして国内線や近隣国などの中・短距離路線を、そちらに振り分けるところも出現してくる。LCCは航空業界に構造変化をもたらしたわけだ。日本航空や全日空もその流れに乗り、ジェットスター、ピーチ・アビエーションといったLCCを子会社として設立していく。

FSC自身のLCC化も始まった。LCCのように預け荷物や座席指定を有料化し、運賃を細分化していく。予約もインターネットに集め、オフィスを減らしていく。機内も座席間隔を狭くし、座席数を増やしていく。LCCに対抗できる運賃を目指していったわけだ。

こうして航空運賃はLCCに牽引されるように下がっていった。最近ではFSCとLCCの区別がつきにくくなる傾向すら生まれている。

一気に大衆化した飛行機

LCCも進化していく。他社に対抗するために、無料で軽食や食事を提供するところも出てくる。預ける荷物の無料化を打ち出す会社もある。その中で最近、登場してきたのがMCC（ミドル・コスト・キャリア）である。サービスも価格もFSCとLCCの中間を狙う航空会社群だ。日本ではスカイマーク、エアドゥなどがMCC化を標榜している。

欧米でLCCの存在感が増して30年。アジアの空をLCCが飛び交いはじめて20年……。いまではバックパッカー旅はLCCなくして成り立たないほどになっていった。そして現代の旅行者はFSCかLCCかという区分にこだわらなくなっているし、そういう呼び方を知らない人もいる。あまたの便の中から安くて時間の合うフライトを、まるでバスのように選ぶだけだ。それだけ飛行機が大衆化したということだろう。

LCCエアアジア抜きに2000年代の旅は語れない

❖航空券検索サイトの使い方

SkyscannerとGoogle フライトは旅のゲートウェイだ

目的地までの航空券を自分で選び、カードで決済し、旅は始まる。その入り口となる航空券検索サイトの使い方を解説する。

文▼橋賀秀紀

POINT
❶行き先が未定なら「すべての場所」で検索
❷気になる便はフライトアラートに登録

条件を入力すると、世界の航空会社を横断的に検索して一括表示する、航空券検索サイト。いまやバックパッカーの多くがこのサイトかアプリを使っている。「旅は航空券検索サイトから始まる」とさえいえるのだ。

代表的な存在がSkyscannerだ。２０１１年に日本語版が導入されると、日本でも利用者が急増した。ほかにもexpedia、トラベルコ、エアトリなどがあるが、それでもSkyscannerを利用する人がかなり多い。検索できる航空券の多さや見やすさのほか、バックパッカー旅にはありがたい機能が備わっているからだ。航空券に詳しくない人でもすぐに理解できる、わかりやすいUIも特徴的だ。

Skyscannerをどう使うのか

使い方はきわめて簡単だ。トップページで出発地と目的地、出発日と現地からの出発日（往復の場合）、人数と座席クラスを選び、「検索」というボタンをクリックorタップする。次の表示画面で「最安プラン」を選ぶと、安い航空券から順番に表示される。

そこから自分の乗りたいスケジュールを探し「選ぶ」と、その航空券が購入できる航空会社や旅行会社が安い順に表示される。さらに「サイトに移動」へと進む。Skyscannerの外部の会社のサイトに飛ぶので、そこで航空券が購入できる仕組みとなっている。きわめて簡単だ。

なおSkyscannerはあくまで検索サイトであり、航空券は販売していない。

これが基本的な使い方なので、行き先や日程をあれこれ変えてみて遊びながら航空券を探してみよう。世界がグッと近くなったように感じる。

またSkyscannerの大きな魅力は、行き先を限定せずに「すべての場所」にできることだ。たとえば出発地を「日本」にして、出発日を定め、目的地を「すべての場所」で検索すると、この地球上のあらゆる行き先への、航空券が安い順に表示されるのだ。「休みが取れたけど、行き先はとくに決まっていない」というバックパッカーにとっては、安い行き先を見つけられる最強のツールとなりえる。

注意したいのは、検索して表示される旅行会社の中に、評判の良くない会社も混じっているということだ。あまり聞き慣れない名前のサイトもある。不安な場合は、会社名で検索するなどして、実際に利用した人の口コミを参考にしたほうがいい。評判の良し悪しは、飛行機の欠航や遅延が起きたときなどの対応の差に現れる。カスタマーサービスの対応やレスポンスが悪いといった問題が多く発生している会社は避けたほうが無難だ。

Googleフライトもチェックしよう

Skyscannerの対抗馬がGoogleフライトだ。やはり航空券の販売は行わず、検索結果のみを表示する。

こちらも目的地を「指定なし」にすると、世界地図におもな行き先への航空券の金額が表示され、出発地からいまどこの都市に安く行けるのかがすぐわかる。

Skyscanner、Googleフライトともに、直行便や経由便、航空会社、出発時刻、所要時間などで絞り込みが可能だ。安さ重視で経由便を選ぶのか、安心の直行便がいいのか。深夜便なら安い、日中の移動に便利な時間帯に着く便は少し高い……など、あれこれ検索していると航空券事情が見えてくる。

また、あらかじめ特定のフライトを登録しておくことで、値段が安くなったときに知らせてくれる「プライスアラート」という機能もある。航空券の金額は常に変動しているので、気になるものはチェックを入れて、値下がりを待つことも可能（もちろん値上がりもする）だ。

まずはSkyscannerとGoogleフライトで調べてみるのが2020年代の航空旅行の王道といえるだろう。

Skyscanner

▶月間1億人が利用しているといわれる航空券、ホテル、レンタカーの検索サイト。スコットランドに拠点がある。

Googleフライト

▶フライトデータを扱うITA SoftwareをGoogleが買収して立ち上げたサイト。地図ベースで視覚的にわかりやすい。

Expedia

▶アメリカの大手オンライン旅行会社で、ホテルの予約でも世界トップクラスの規模。

※いずれもアプリ対応

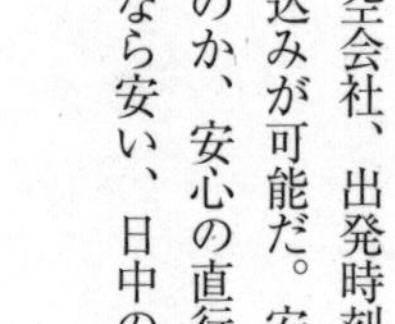

❖世界各地への航空券の価格

人気の東南アジアは往復2〜4万円 ヨーロッパは往復8〜9万円が底値

旅行費用の大半を占めることになる航空券。地域ごとの値段と航空会社など、空の便の事情を探る。

文・写真▼橋賀秀紀

東アジアは往復1万円台も！

新型コロナウイルスの感染拡大以降、国際線航空券の相場は高止まりとなっているが、アジアは比較的低価格にとどまっている。現地の物価がまだ安いことも合わせれば、旅費全体を抑えられるアジアはバックパッカーの行き先として適しているといえる。

東アジア、東南アジアともにLCCが発達しているため、航空券の有効期間にとらわれずに旅行することができるのも長期旅行者にはありがたい（ただし片道航空券で入国する場合は、出国用航空券か、それに代わる所持金などの提示が求められる場合もあるので要注意）。

《韓国》

金額で見れば、最も安いのはやはり韓国だ。時期にもよるが、成田・関西・高松・広島・米子・北九州・福岡からであれば、エアプサン、チェジュ航空、ジンエアーなど韓国系LCCでソウル往復総額2万円台で収まることが多い。セールを実施していれば、往復1万円台での購入も可能だ。関西以西の地方都市発の航空券が安いので、西日本の国内旅行とセットで旅行するという選択肢も面白い。

《台湾》

韓国と並んで人気の高い台湾は、距離に比してそれほど安くない。セールでないかぎり、成田発の台北往復（スクート航空）、関西発の台北往復（ベトジェットエア）ともに、往復3万円台をみておく必要がある。

ただし、那覇から台北までは片道1万1000円台（ピーチ）、福岡から台北までは片道1万2000円台（タイガーエアー）で売り出されているので、沖縄や福岡旅行と台湾をセットにすることで安く済ますことができる。

なお台湾では、外国人の入国者のうち3〜90日間滞在する人全員を対象に、抽選で5000元（約2万3000円）相当の金券をプレゼントするキャンペーンを実施中（2025年6月末まで　事前の登録が必要）。多少航空券が高くても当選すれば元が取れるかもしれない。

《香港》

香港エクスプレス（羽田発・成田発）、香港航空（成田発）なら、往復3万円台でカバーしている日が多い。香港エクスプレスはひんぱんにセールを行なっており、羽田・成田から香港往復が総額2万円台後半から入手できることも。羽田発は便によっては時間帯も良く、費用対効果は高いといえる。

《中国》

コロナ後、入国しづらくなってしまった国のひとつが中国だろう。2023年11月現在、日本人が観光で入国する場合、原則としてビザ取得が必要となる（トランジットの場合144時間までビザ免除で滞在可能）。ビザ取得までトータルで1か月以上かかる可能性があるから、急に思い立って中国という旅行のスタイルはしばらく難しそうだ。

航空券はコロナ後、高値が続いていたが、2023年秋以降ようやく安い航空券が見られるようになってきた。

中でも成田発の春秋航空はハルビン、天津、上海、寧波などへ往復総額3万円台でカバーしている日が多い。天津空港は北京の、寧波空港は杭州などへの代替空港としても機能するだろう。

中国内陸部まで足を延ばすのであれば、中国東方航空か厦門航空の成田発、西安・武漢・成都・重慶・桂林・昆明への往復が4万円台からと、中国路線としては比較的割安となっている。関西発の中国東方航空も、ほぼ同程度の相場だ。

東南アジアは フィリピン、ベトナムが安い

LCCが数多く就航しているため、日本からの航空券代がリーズナブルで、現地の滞在費用もまだなんとか安く、バックパッカーの聖地となりうるのが東南アジアだ。とくにフィリピンはコロナ後でも一貫して航空券が安い。

成田発の首都マニラ往復は、セブパシフィック航空、エアアジア・フィリピン、ジェットスター、ジップエアと4つのLCCが就航しており、往復総額2万円台でカバーしている日程が多い。

そのほかマニラへは、エアアジア・フィリピンとセブパシフィック航空が関西から、セブパシフィック航空が中部、福岡からマニラへと直行便を飛ばしており、やはり2万円台からと格安だ。

中部のリゾート地セブ島へはエアアジア・フィリピンとセブパシフィック航空がそれぞれ直行便を飛ばしており、往復で総額3万円程度。日本から直行便で行ける海外のビーチリゾートとしては、最も安いディスティネーションといえる。

セブ島には格安の語学学校がたくさんあるので、長期旅行の場合まずは日本からセブ島まで1万円台後半で飛び、そこである程度の英語力を身につけてから各地

を回るというプランも考えられる。

フィリピンに次いで安いのはベトナムだ。ベトジェットエアは頻繁にセールを行ない、成田・関西から首都ハノイと南部のホーチミンへは往復3万円台で行ける日程も多い。ベトジェットエアで狙い目なのは座席数の多いA330。成田を朝に発ちホーチミンシティに昼過ぎに到着の便、ホーチミンシティを深夜に発つ成田早朝着の便で利用されている。また、同社では追加料金（25万ドン＝約1550円）を支払いホットシートとよばれる前方席を指定することで、3席を占有できる可能性が飛躍的に高まることもおさえておきたい。

なお、旅行者に根強い人気のあるタイ首都バンコク行きの航空券は、このところ高値が続いている。東京からバンコクへ最も安いのは羽田からクアラルンプールまでエアアジアX、そこからバンコクまでタイ・エアアジアという乗り継ぎ便。経由便にもかかわらず最安値で4万円以上する。直行便ともなると、成田発のタイ・エアアジアXでも往復6万円以下を見つけることは難しい。

マレーシア、シンガポール、インドネシアも底値が4万円台のことが多い。

一方コロナ前と比べて安くなったのがインドを中心とする南アジアだ。たとえばベトジェットなら羽田からホーチミン経由でコーチンやアーメダバードまで、往復4万円台でカバーする。南インドへはエアアジアも安い。

ヨーロッパは「南周り」に注目

コロナ後、国際線の航空券は少しずつ値下がりしてきたが、ヨーロッパ線はなかなか安くならない。その大きな理由がロシアによるウクライナ侵攻だ。日本とヨーロッパを直接結んでいた航空会社はシベリア上空を飛ぶことができなくなり、

欧州内はLCCが安い。なかでも安価なのがライアンエアー（ロンドン・スタンステッド空港にて）

大きく迂回することを強いられている。そのために所要時間が増え、燃料費などのコスト増加分も、航空券の料金設定に反映されてしまっている。

そのため南周りの航空券が再び注目されるようになった。その筆頭ともいえるのがスリランカ航空だ。成田からパリ往復は9万円台後半から。同社ではコロンボでの乗り継ぎが8時間以上24時間以内の場合、空港近くのビーチリゾート、ニゴンボ周辺のホテルが無料で提供される(事前の申し込みが必要)。パリから帰国する際は、早朝に着いて夜に成田行きのフライトに乗るまで約15時間あるので、ホテルで仮眠を取ったり、ビーチでくつろいだりすることもできる。

バンコク・スワンナプーム空港で出発を待つバックパッカーたち

ヨーロッパ行きでさらに安いのが中国南方航空の羽田発広州経由ローマ往復で約8万5000円から。中国は観光ビザ取得のハードルがかなり高くなっているが、トランジットの場合はビザ免除となるので、乗り継ぎ時間によっては広州で観光できるのも面白い。

アフリカはエチオピア航空が安い

日本からサハラ以南のアフリカに行く場合、いちばん安いのは意外なことに南アフリカ共和国だ。アジスアベバ経由のエチオピア航空なら成田からヨハネスブルグまで10万円台後半からカバーしている。キャセイパシフィック航空やシンガポール航空、さらにはフランクフルト経由のルフトハンザドイツ航空などもこれとあまり変わらない金額の航空券を出していることがある。ただし、航空券の中には短い日程なら安いのだが、現地滞在日数が長くなると金額が跳ね上がるものもある。

サファリやキリマンジャロなど大自然が旅行者に人気の東アフリカは、エチオピア航空のアジスアベバ経由ナイロビ往復が約11万円からとなっている。エチオピア航空を利用してアジスアベバ空港で乗り継ぐ場合、乗り継ぎ時間が8~24時間の場合、航空券の種別を問わずトランジットホテルが無料で提供され、ビザを取得せずに入国することができる。

西アフリカへはエチオピア航空で、ナイジェリア首都ラゴス往復が14万円台からあるが、それ以外の都市へはおしなべて高いので、日本からヨーロッパへ飛び、ヨーロッパから往復したほうが安くあがるケースが多い。たとえばバルセロナからガンビアの首都バンジュールまではヴエリング航空で往復4万8000円程度。

北米へは最安で6万円代

アメリカへの航空券は「西低東高」である。日本からの距離が近い西海岸が割安なのは当然ともいえるが、とりわけ東京～ロサンゼルスはデルタ航空、ユナイテッド航空、さらにLCCのジップエアが価格競争を繰り広げており、航空券の相場が下がる冬季には底値が往復で総額6万円台後半となることも。意外に安いのだ。

ジップエアは成田からサンフランシスコ、サンノゼへも就航しており、往復8万円台から。同社はホノルルへも往復5万円台後半からカバーしている。2024年3月からバンクーバー線の就航も予定されており、カナダへの旅行もこれまでより手軽なものとなりそうだ。

ニューヨークなどアメリカ東海岸へはユナイテッド航空やデルタ航空で12万円から。時間に余裕があるならロサンゼルスまで飛び、そこから航空券を買い足すという選択肢もある。

南米はロサンゼルス経由がお得

日本からの距離が遠いこともあり、南米への航空券は5大陸でも最も高くなってしまう。東京からの通しの航空券で比較的安価といえるのが香港経由のキャセイパシフィック航空（アメリカ以遠はアメリカン航空）。片道35時間から43時間ほどかかるが、リオデジャネイロまで約17万円台後半から入手できる。

日本からロサンゼルスまでの航空券は6万円台～と安いので、まずはロサンゼルスまで飛び、ロサンゼルス発南米往復の航空券とつなぐという選択肢も伝統的に存在する。ロサンゼルスからペルーの首都リマまでジェットブルーやスピリット航空で往復6万円台後半から。日本からトータルの航空券代を13万円台で納めることもできる。

日本から見て地球のほぼ裏側にあるブラジルへは、アメリカ経由のほか、パリ経由のエールフランス航空やアジスアベバ経由のエチオピア航空といった選択肢もある。航空券によってはストップオーバーも可能。エチオピア航空なら、アジスアベバを拠点にアフリカ旅行をした後に、サンパウロを拠点に南米を旅行することもできるので、両大陸を同時に旅行したい人には最適の航空券といえる。

インドへはベトジェットエアが安い。前方のホットシートを指定すると、3席占有の可能性が高くなる

Traveller's Opinion

航空券、どうやって買っていますか？

航空会社の公式サイトだけでなく、さまざまな予約サイトが乱立するいま、
旅行者たちはどんな方法で航空券を予約しているのだろうか。
まずはSkyscannerを調べる人が多いが、ほかにお得な買い方やウラ技もいろいろだ。

Skyscannerで目星をつけて、路線と価格の目安だけ調べますが、そこで出てくる予約サイトは使いません。実際に買うのは各航空会社の公式サイトです。そちらのほうがいくらか高くても、信頼性がありそうなので。
（33歳・会社員・男性）

Skyscannerで検索するといろいろな予約サイトが出てきます。そのサイトの口コミ評価を調べて、トラブルが多そうなところでは安くても買いません。お金を払ったのに予約が取れていなかった、なんて話もあって怖すぎる。（37歳・自営業・男性）

大まかな日程が決まったらSkyscannerで検索して、なるべく安い日のチケットを買います。聞いたことのない予約サイトでもあまり気にせず買ってしまいますね。いくら安くても乗り継ぎ何十時間みたいなチケットも出てくるので、さすがにそれは買いません。（41歳・会社員・女性）

Skyscannerの地域設定から、日本ではなくアメリカとかドイツなど国を変えて検索すると、安い航空券が見つかることがあります。（森田聡）

予約サイトは検索言語を変えると価格が変わることがあります。日本語だけでなくほかの言語でも検索してみて、安いものを買っています。（30歳・編集者・男性）

▶Traveller's Opinion❷

Skyscannerで検索して最も条件が良い航空券を、Trip.comなど旅行予約サイトのアプリから購入します。アプリのほうが料金や受託荷物などのオプションが安いことがあります。　（ミサ・30代・女性）

直行便がない場所に行くときは、どこを経由するのが安いのか、ひとつのサイトで通しで買うほうがいいのか、別々のサイトがいいのか、Skyscannerだけでなく Trip.comなども合わせて、しっかり時間をかけて吟味します。　（ぱんスキュ）

Skyscanner派が多いと思いますが、私はmomondoも合わせて検索します。momondoは価格推移のグラフが参考になります。　（匿名）

某予約サイトでは、航空券の名前と名字が逆になっていて飛行機に乗れなかったことがあったと聞きました。　（布家敬貴）

Skyscannerで行き先を「すべての場所」にして検索、バグレートの激安チケットがあれば目的地は割とどこでもいい。　（まえだなをこ）

怪しげな代理店のサイトには注意しています。国内に代理店がある、日本語対応していることがチェックポイント。　（48歳・休職中・男性）

Skyscannerなどで検索すると、長距離になるほど経由地が増えるので、面白いルートが出てきます。思いもよらない経由地に立ち寄ったりするのが楽しいですね。　（岡井稔）

航空券情報に詳しい人や、各航空会社のアカウントをフォローしてチェックしていると、お得な情報が流れてくることがありますね。手間を惜しまないほうが結果的に得します。　（タマチ）

玄界灘を越えて、福岡から韓国へ韓国からは中国への航路もある

飛行機ではなく、あえて船に乗って旅に出る。古代の旅人のように荒波を越えて、はるかユーラシアの大地へ。

かつての遣隋使や遣唐使のように、大海原を渡って船で大陸へ……。これほどロマンあふれる旅もなかなかない。島国である日本は古くからさまざまな国と航路を持っており、なるべく陸路と海路で旅しようと考えているバックパッカーに愛されてきた……のだが、飛行機の普及や国際情勢の変化、さらにコロナ禍によって運休が相次いでいる。2023年12月現在は、韓国の港町・釜山との便があるだけだ。出発地は福岡、下関、大阪。そして両国のちょうど間にある対馬の比田勝からもフェリーが出ている。

とくに福岡～釜山間は複数の路線があり、所要6時間の「かめりあライン」が片道9000円～。所要3時間40分の高速船「ビートル」が1万3000円～。飛行機よりずっと安い料金も魅力だ。

韓国からは黄海を渡って中国に向かうフェリーがある。仁川や平澤などから、威海、煙台などを結ぶ。そのほかの韓中黄海航路も、コロナ禍を経て少しずつ再開しつつある。

日中航路は「新鑑真」が大阪・神戸と上海を結んでいたが運休中で、2024年の再開を目指している。

ロシア航路は富山・伏木～ウラジオストク、鳥取・境港～韓国・東海～ウラジオストク、京都・舞鶴～韓国・浦項～ウラジオストク、稚内～コルサコフがあったが、いまは運航されていない。日露関係の改善を待つしかなさそうだ。

沖縄の石垣島から台湾・基隆へのフェリーも2008年をもって運航休止。しかしこちらは再び開設を目指す動きもあるので、今後に注目したい。

台湾は中国沿岸部にも金門島、馬祖列島などの領土があり、本島から船便もある。これらの離島から、さらに船を乗り継いで中国本土に向かうこともできる。

ダイナミックな東アジアの海の旅、時間があるなら挑戦したい。

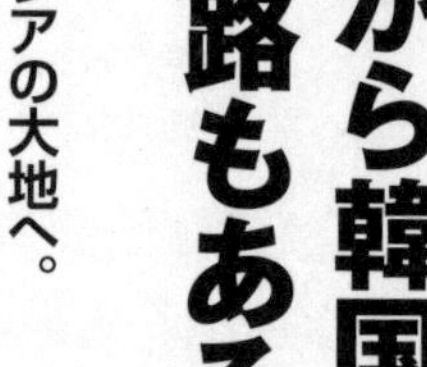

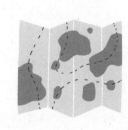

東アジアMAP
ロシア
モンゴル
コルサコフ
稚内
ハンカ湖
内モンゴル自治区
ウラジオストク
北京
北朝鮮
日本海
大連
平壌
ソウル
煙台
威海
仁川
東海
伏木
大韓民国
青島
浦項
日本
東京
黄海
境港
舞鶴
釜山
比田勝
神戸
大阪
対馬
下関
済州島
福岡
中華人民共和国
上海
東シナ海
福州
馬祖列島
那覇
基隆
与那国島
廈門
金門島
台北
石垣島
北太平洋
台湾
南シナ海
フィリピン海
フィリピン
300km
N

Life is a journey

バンコクにやってくる日本人旅行者は時代とともにどう変わったのか

現地旅行会社勤務の日本人が語る

山内茂一さん

（聞き手　下川裕治）

「旅人の聖地」と呼ばれたタイ・バンコクも、役割がいまではだいぶ変わりつつある。そんなバンコクでアクロストラベル＆レジャーに勤め、日本人旅行者を見続けてきた山内さんに聞く。

下川　以前、バックパッカーはよくバンコクを基点に旅をしてましたね。

山内　バンコクは安い航空券のメッカでした。バックパッカーはまずバンコクまでやってきて航空券を買っていました。バックパッカーにも、休学して旅をする学生と、帰国のあてのないタイプがいました。それと学生たちの卒業旅行が多かった。うちのオフィスにも情報ノートや日本の雑誌が置いてありましたから、涼みがてらやってくる旅行者が、そう1日10人以上はいましたね。バックパッカーが買う航空券は決まってました。インドかネパール方面。ブータンのドゥルクエアーのコルカタ行きの航空券をよく売りました。一方、なにも決めないでやってくる学生たちもいました。1か月あるので、どこへ行ったらいいでしょうかっていう相談をよく受けました。

下川　帰国のあてのないバックパッカーと、学生のバックパッカーは雰囲気が違いましたか。

山内　帰国を決めていないバックパッカーは、どちらかというとストイックで暗い。人づき合いが苦手そうなタイプが多かった。どこか日本のラインからスピンアウトした負い目を背負っているというか。髪が長くて髭面。見ればすぐにわかりました。よほど仲良くならないと、自分の話はしない。そんなタイプ。学生たちは日本をそのまま運んできたような軽さがありましね。

▼あのCMがバックパッカーたちを変えた？

下川　長期旅行のバックパッカーが少なくなっていったのは、いつ頃でしょうか？

山内　いしだ壱成を使ったタイ国際航空のコマーシャル「タイは、若いうちに行け。」が潮目です。1996年頃かな。あのあたりから一気に変わった。それまではまずタイに来て、どこか別の国に向かうタイプが多かったけど、タイが目的地になっていったんです。女性客が急に増えたのも特徴。カオサン通り（→P164）も全盛期を迎えていく。当時、タイじゃなくて「カオサンに行く」って旅行者もいましたからね。インド組が減って、カンボジアやラオスを回る旅行者も多くなった。カオサンには沈没組とか、長旅のバックパッカー崩れのような日本人もいたけど、どんどん隅に追いやられていった感じかな。長期旅行自体が減ってきてもいたんですねどね。

長い旅をするパックパッカーには、自分探しとか、自分を確認したいことへの思いがあったけど、「タイは、若いうちに行け。」以降は、純粋に旅が楽しければいいじゃないっていう空気になっていった。航空券はあまり売れなくなりましたね。ホテルとかニューハーフショーの手配が多くなっていきました。ただその頃からマイラーっていう、マイレージを貯める人たちが現れるようになる。バンコクからアメリカまでの飛行機の切符を買ったりね。

▼2010年代に激変した旅のスタイル

下川　最近の日本人旅行者はどんな人が多いですか？

山内　10年ぐらい前から、「どこへ行ったらいいんでしょう」って相談にくる若者が増えてきました。ザックを背負ってゲストハウスに泊まるというスタイルは、昔のバックパッカーと同じですが資質はだいぶ違うように思います。

それと、気の合う日本人仲間を探しているようなところがある。昔のバックパッカーはつるみませんでした。どこか日本人を避けているようなところすらありましたから。またスマホがないと旅ができない日本人がどんどん増えています。

ただ、見ていると、旅の因子のようなものを持っている若者も少なくない。いま風の旅に引っ張られているけど、バンコクやその周辺で、一気に旅に目覚めて、目つきが変わっていくタイプもいます。彼らは、昔だったら一直線にバックパッカー旅をした若者ですよ。

ある意味、楽しみでもあるんです。そんな若者に出会うと。旅というものへの思いは、時代や情報、円安といった経済環境と関係ない。身体の中から湧きでてくるものというか。そんな気がするんです。

東南アジアは2週間10万円 インドならもう少し安く上がる

宿泊費、食費、交通費、航空券を足すと、おおまかな旅の予算がつかめる。加えて雑費をある程度は持って、あまりカツカツにならない旅をしたい。

POINT

❶宿と食費にどれくらいかけるのか
❷観光地の入場料はけっこう高い
❸日本国内の交通費やビザ、保険も忘れずに

バックパッカーの多いタイやベトナムの物価は?

インドシナ半島を例にとってみよう。タイ・バンコクから東へと進み、カンボジアを横断しベトナム・ホーチミンに至る2週間の旅を設定する。なお、この項に上げた価格はすべて2023年10月時点の調査。

まず航空券だが、成田からバンコクまでは目的地のホーチミンを経由するベトジェットが2万4000円。香港経由の香港航空が2万8000円など。直行便の場合はエアアジアが4万4000円だ。

帰路はホーチミンから羽田へのベトジェット直行便がなんと激安1万2000円。ただし深夜1時着である。電車はもちろん深夜バスも終わっているので朝まで待つか、近くのホテルに泊まるか。同じベトジェットでもホーチミンを夜に出て羽田に朝着く便は1万7000円だ。

つまり往復だと格安プランが3万6000円、行きが直行便・帰りは朝到着の快適なフライトなら6万1000円。

泊まるところはタイだとドミトリーが1000円前後、シングルで2000円〜。ベトナムはいくらか安くなるか、同じ値段でも設備が良くなる。カンボジアはドミトリー500〜1000円、シングルでも1000円から見つかる。あまり安く見積もらないほうが現地でも柔軟に対応できるのでタイの相場で計算すると、2週間ずっとドミの場合1万4000円、シングルなら2万8000円。

次に食費だ。タイで屋台や安食堂の麺料理やぶっかけ飯を食べると200円〜。ベトナムとカンボジアはもう少し安い。でもやはりタイと同じ額で計算するとして、ミネラルウォーターのほか果物、お菓子など間食も合わせて1日1000円。2週間で1万4000円なり。

しかし、たまには土地の食文化を楽し

みたいもの。タイで安めのレストランに行くと1000〜2000円ほど。

続いて交通費。長距離移動はバンコク→シェムリアップ→プノンペン→ホーチミンと仮定。バンコクから国境を越えてカンボジアのシェムリアップ直行の国際バスは会社にもよるが5000〜6000円ほど。カンボジアのビザは国境で取得できる。30米ドル、約4500円だ。

乗り継げばもっと安い。バンコクから国境の街までバスだと1000円以下、乗り合いバン1500円、列車だとなんと200円。国境を越えたカンボジア側からはバスや乗り合いタクシーでシェムリアップまで1500円前後。

シェムリアップ→プノンペンはバスが1500〜2000円、プノンペンから国境を越えてホーチミンに向かう国際バスは1500〜3000円。これも国境で刻めば少し安い。

あとはアンコール遺跡の入場料1日券37米ドル、5500円（高い！）など観光にかかるお金だろうか。

忘れてはならないのが海外旅行保険。安いプランだと2週間5000円前後だが、クレジットカード付帯の保険で賄うという手もある。自宅から空港までの交通費も馬鹿にならない。

すべて合わせると、7万4000円あれば最低限の旅はできるということになる。宿はドミ、飯は屋台、移動はローカルバスで、しんどいと感じることもあるはず。だから予備費を合わせて10万円は見ておいたほうがいいだろう。これが1か月の旅となったら航空券の料金を含めて15〜20万円は確保してから出発したい。

あくまでざっくりとした概算だが、東南アジアはだいたいこのくらいの予算感。地方を回るともっと安く上がる。

ただしシンガポールは日本並み。それと東アジアでは台湾、韓国、中国の沿岸大都市（北京、上海、香港など）も日本と同じくらいの出費になる。宿+食費だけで1日最低でも5000円〜。

安く旅できるのはやはり南アジア

南アジアは激安旅ができる印象があるかもしれないが、どこも物価は上昇中。インドだと、宿はドミで500〜1000円、シングル1000円〜だが、値段はどんどん上がっている。それに底値の宿は設備がかなり古い。

食事はターリーという定食が150〜200円、屋台の軽食なら100円以下でも食べられるのでまだまだ安いといえるだろう。宿代に食費と雑費を合わせて1日2000円、1か月で6万円+交通費を加えるとざっくり10万円。東南アジアよりいくらか安いが、距離のぶんだけ航空券が高い。往復で10万円前後。

西・北ヨーロッパ、北アメリカはとっても高い。宿+食費だけで1日1万円はかかってしまう。東ヨーロッパは東南アジアより少し高めという感じだ。コーカサス、バルカン半島は東南アジア並。

アフリカは国によって差が大きいが、旅行者の多いケニアやタンザニアあたりはインドと同じくらいの感覚。ただしサファリなどのツアーや、それに日本と往復する航空券が高い。15〜20万円くらいはかかってしまう。

❖ 旅の資金の貯め方

計画性とコツコツさが何より大切 季節労働で一気に貯める旅人も

円安と物価高で海外に行きにくくなったとはいえ、努力と工夫でお金は貯まる。世相がどうであれ我々は働いて資金を用意し、旅立つのである。

POINT

❶ 旅の予算がいくらなのか まずは明確に調べる
❷ 労働力の足りない現場を 渡り歩けば稼げる
❸ 現地で稼ぐのは 相当に難しい

「お金が貯まったら旅しようかな」

これではダメだ。あなたはいつまでたっても旅に出られない。

旅の資金は自分で作り出すもの。世間から「この不景気に旅なんて優雅ですねえ」なんて言われることもあるが、そうではない。バックパッカーはみな、旅のために生活費をやりくりしているのだ。

まずは旅貯金をはじめてみよう。

行きたいところがアジアなら、とりあえず20万円、ヨーロッパ中心なら30万円くらいが最初の目標の目安だろうか。

これを1年間で貯めるとしたら、20万円は毎月1万6666円、30万円は毎月2万5000円の貯金が必要だ。あなたが会社員で、ボーナス10万円分も旅の資金に当てるとしたら、毎月1万円貯金すれば1年後には22万円になる。とにかく、「旅するための資金のベースはいくら必要か」を考えて、そこに向けて貯金すべし。

旅資金用の口座を開いても良いし、銀行によっては「目的別貯金」という口座が作れるので、「旅の資金」という名目で毎月引き落としてもらうといい。

貯金アプリの活用もおすすめだ。目的や目標金額を設定し貯めていくもので、毎月の定期貯金はもちろん「毎日100円」といったコツコツ貯金、「1万歩歩いたら1000円」など体力づくりを兼ねたゲーム感覚の貯金などさまざまな種類がある。

固定費の見直しや生活費の節約も必須。マイルやポイントを貯めることを意識して、毎月の支払いは特定のカードでまとめているという旅人も多い。

目標額に達するまでには少し時間がある。この間に自分の行き先をもう少し練って、航空券を検索したり宿代を調べてみよう。航空券代+宿代の目安×宿泊日数+予想される現地の交通費、でベースの旅行見積もりができるはず。

ガイドブックなどを参照し、ここに1日の食事代・観光費、さらに海外旅行保険費用などをおおまかに予想して加えると、「自分の旅にいくらかかるのか」という見積もりができるはずだ。ここまで来ると、旅の輪郭がくっきりしてくる。

バックパッカーに人気のバイト

株を運用しながら1年じゅう旅をしている、というツワモノもいるが、そもそもスキルがないとできないので相当な上級者の話である。

いわゆる日雇いの仕事は探せばけっこうあるが、旅と日本の日常を行ったり来たりしている旅人に人気なのは、やはり観光地でのリゾートバイト。スキー場や山小屋、温泉地など、季節や特定の期間で人手を必要としている職場はたくさんある。多くは清掃、キッチンの洗い場、レストランホールなど経験不要のザ・現場仕事で体力勝負。何度も繰り返すと経験者は優遇されていくし、さらにスキーやスノボなど特定のスキルがあれば、運が良ければ季節ごとに雇ってもらえる職場が見つかるだろう。

これらの職場の良い点は、時給もそこそこ高く、短期間なので人間関係で悩むようなこともなく、住み込みが多いので生活費が節約でき、そして同じような旅人と出会える可能性がけっこうあるということだ。

観光業界の人手不足を反映し、「おてつたび」など、旅と仕事を結びつけた紹介サイトも登場している。ほかにも、農業や漁業など、期間限定の現場は多い。

「治験バイト」と呼ばれる仕事もよく挙げられる。医薬品や化粧品のモニターとなるもので、正確には仕事ではなく有償のボランティア。謝礼金は高いが身体への負担となる可能性もあるので、継続的に行うのは難しいだろう。

旅しながら稼げるのか？

旅も長期間になってくると、大道芸を見せる、路上床屋をやる、ゲストハウスの手伝いをする、収穫時期の農場で働くなど、現場で稼ぐ旅人もいる。たくましい精神ではあるが、ただこれ、不法就労として取り締まられても文句は言えない。路上パフォーマーが現地の警官に目をつけられて売り上げを全部持っていかれた、なんて怖い話もあるので覚えておこう。

現地で旅の資金が尽きたのでクラウドファンディングを募る、という強心臓の持ち主もいる。最近増えているこのクラファン、出発前に出資を募る人も見受けられるが、具体的かつ説得力ある目的がない限りは、世間一般から見たらあまり褒められた行為ではない。旅はしょせん個人の娯楽であることを忘れないように。

現地からの緊急クラファンもそうだが、人間、切羽詰まるとふだんやらない無茶をしでかしがち。とくに海外にいると、不安や焦りが背中を押して、詐欺にひっかかったりしかねない。これを防ぐためにも、決してギリギリの金額で旅立たないこと。少なくとも緊急帰国用の航空券代は予備費に確保しておこう。

お金の余裕は心の余裕。現地でのトラブルを防ぐひとつの手段でもある。

❖お金は持ち分けが大事

カードを複数枚運用＋現金 それが海外旅行の基本だ

バックパッカーの経済もいまやカード決済が中心になった。どんなカードを何枚持っていくのか、じっくり考えてみよう。

POINT

❶トラブルを想定してカードは複数持っていく
❷現地通貨は現地ATMから
❸手持ちの現金は少額に留め非常用に取っておく

カードメインで現金はサブ

絶対にNGなのは、旅の予算すべてを現金で持っていくことだ。万が一そのお金を失くしたり盗まれたりしたら、リカバリーはできない。旅がそこで終わってしまう。多額の現金を身に付けて旅をするのは避けたい。

いまではカードを駆使して旅をすることが一般的になっている。カードなら紛失しても再発行ができるし、補償やサポートもある。そこでカードと現金の使い分けがポイントになってくるだろう。バックパッカーたちはだいたい、以下の3種で旅しているようだ。

・ネット決済用のクレジットカード
・現地ATMから現地通貨を引き出すためのクレカ、またはデビットカードやプリペイドカードなど
・現金

それぞれ順番に見てみよう。

クレカの複数枚運用は基本

クレジットカードはいまや旅の柱といえるだろう。まず航空券はほとんどの旅行者がクレカ払いになるはずだ。そして旅費のかなりの部分を占める宿代も、ホテル予約サイトを通じてクレカ払いになってくる。鉄道やバスなど交通機関も、それにビザもオンラインならクレカが必須になってくる。

欧米では商店でのちょっとした買い物も現地の人々と同様にクレカで済ます旅行者も多い。またレンタカーを借りるときやホテルに泊まるときなど、支払い能力の証明としてクレカの提示を求められることもある。

いざというときは現地のATMでキャッシングして現金を引き出すこともできる。これは言ってしまえば借金なので、

もちろん金利はかかるが、万が一の手段としてはいいだろう。

なおカードは複数枚あると安心だ。このブランドではなぜか決済できないけど、こっちだと決済できたとか、ATMによって使えたり使えなかったり、そういうことがよく起きるからだ。

使いすぎないデビットカード

デビットカードはクレカと違って、使うと即時口座から引き落とされる。それに使用額はあらかじめ口座に入金しておいた額まで。クレカでのキャッシングと違い、プールしておいたお金の中からやりくりするスタイルで、そのため使いすぎの心配がない。

またデビットカードは基本的に審査がないので、収入のない学生などの立場でもつくれる。なのですぐ発行してもらえるので急ぎの場合はありがたい。

このデビットカードも持っていくと何かと便利だ。Visa、Mastercardなど国際ブランドのデビットカードならクレカと同様さまざまな場面での決済に使える。現地ATMでも現金を引き出せるし、クレカのような金利は必要ないのだが、手数料はかかる。これがクレカのキャッシングよりも高い場合がある。あまりひんぱんに下ろしていると手数料だけでけっこうな額になってしまう。この額は発行会社によっても違うので、海外での利用手数料を調べて、なるべく安いものを選ぶといいだろう。

クレカとデビットカードを複数枚うまく活用し、「ネット決済」「現地ATMからの引き出し」「現地での買い物」と口座を使い分けていくのがいいだろう。

現金も合わせて持っていこう

途上国でもキャッシュレス化は進みつつあるが、それでも現金は必要だ。とくに現地の電子決済が使えない外国人旅行者はなおさら。基本的には現地ATMから現地通貨を引き出すわけだが、そのほかに日本からも現金を用意していこう。

東アジアや東南アジアなら日本円をそのまま持っていけばいい。そのほかの地域だと日本円の両替レートがいまひとつなので米ドルがいいだろう。アメリカ大陸ももちろん米ドル、ヨーロッパやアフリカはユーロが有利だ。なお米ドルやユーロ以外の通貨は日本国内だとレートが悪い。現地で両替しよう。

日本から持っていく現金は、全体の予算のうち一部、1／3とか1／4くらいでいいだろう。銀行や両替所で現地通貨に両替していく旅の生活費であると同時に、カードが使えないとか紛失などの場合の非常用資金という意味合いが大きい。

バングラデシュ・ダッカのATMコーナーは警備員が常駐

❖クレジットカードは複数持ちがおすすめ

旅の必需品となったクレカはブランド別に複数あると安心だ

紛失や盗難、またなぜか使えないといったトラブルに備えて、いくつかのクレカを使い分ける旅行者が多いようだ。

POINT

❶ブランドを分けて2枚以上は持つ
❷発行手続きの準備は出発前の早いうちに
❸現金との持ち分けも考えて

どんな場面でクレカを使うのか

もはやクレジットカードはなければ旅が成り立たない。そんな時代になりつつある。クレカがなければずいぶんと行動が制限されてしまうだろう。

まず、旅に出るための航空券をクレカで購入するという人がほとんどだ（↓P99）。それに毎日のホテルもネットで検索・予約し、クレカで決済する（↓P152）ことが一般的になった。安旅をするバックパッカーも例外ではない。

ほかにも、旅のさまざまな場面でクレカを使うことになる。現地のウェブサイトやアプリを通じて交通機関を取るとき（↓P236）、SIMカードをアプリ経由でチャージするとき、現地ATMを使ってキャッシング（↓P179）して、現金を手に入れるとき……。それにクレカ付帯の海外旅行保険（↓P120）を利用して旅に出る人もいるだろう。

欧米では少額の支払いでもクレカを使うという国が少なくない。市内電車やバスに乗るときも、コーヒー一杯もクレカという世界だ。ロシアもクレジットカードへの依存度が高い。現金も使えるが、ときにお釣りがないことがあり、クレカを使う頻度が高くなる。また海外ではレンタカーを借りるときやホテルに泊まるときに、身分証明書や支払い能力の証明として、クレカの提示を求められることがある。

アジアでは韓国がクレカ社会となっている。中国は独自のキャッシュレス化が進んでいるが、日本で発行されたクレカとの紐づけも始まっている。

それから、片道航空券でフライトしようというときに、チェックインカウンターでやはりクレカの提示が必要になったりする。出国用のチケットを買うための支払い能力があるのか、チェックされるというわけだ。

多額の現金を持たず、安全に旅するためにもクレカは必ず持っていこう。

できれば複数持ちで旅したい

海外で汎用性が高いクレカは、VisaかMastercardだろう。ほかにJCB、American Expressなどがある。現地のATMなどの表記は世界的に見るとVisaのほうが優勢のようにも感じるが、「念のためVisaとMasterの2種類で旅をする」という旅行者もけっこういるようだ。このふたつに限らなくてもいいとは思うが「ブランド別の複数持ち」は大切だ。

その理由のひとつは紛失や盗難対策。もし一枚なくなっても（もちろん使用を止める手続きをする）、もう一枚あれば旅は続けられる。

そしてもうひとつの理由は、たとえばVisaしか使えない、Masterしか使えないといった場面を乗り切れるということ。途上国のATMでは「VisaもMasterも、どっちも使えるという表示があるのに、Visaでは現金が下ろせてMasterがダメだった（あるいはその逆）」といった現象が起きることもある。現地の交通機関予約サイトでも同様だ。

その理由はよくわからないが、ブランドを分けて複数のクレカを持っておけば、使える可能性が少しでも広がることにつながるというわけだ。

クレカの発行準備は早めに

クレカは即時発行のものもあれば、審査も含めて1～2週間かかるものもある。早めに手続きをしておこう。

年会費無料、有料といろいろだが、海外旅行保険が付帯されているクレカがいいだろう。使用ごとにマイルが貯まっていくものや、空港のラウンジが使えたり、空港内のショップで優待があるなど特典はクレカによって実にさまざまで、新しいサービスが次々に出てきている。まずは検索してみよう。

旅もどんどんキャッシュレス化が進んでいるが、かといって現金も忘れないように。近頃はクレカだけでなく国ごとに電子決済システム（日本のSuicaとかPayPayのような）が使われている。これが普及するあまり、クレカが使えなかったなんてケースもある。外国人は基本的にこうした現地の決済方法は使えないから、現金払いということになる。クレカは必須だが、加えて現金も加えた使い分けが大事ということだ。

バックパッカーが利用するこうした現地の旅行会社でもクレカで支払える

❖お得な海外旅行保険のかけ方とは

クレジットカード付帯保険が安いが注意したいポイントもいろいろ

万が一のための保険は必ずかけておきたいが、長期旅行の場合は料金が高い。そこでバックパッカーたちはカードに付帯される無料の保険を活用している。

文▼橋賀秀紀

POINT
❶保険の付帯条件をしっかり調べよう
❷キャッシュレスの医療サービスは重要

海外旅行障害保険（旅行保険）には、「保険会社に直接保険料を支払う」「旅行保険が付帯するクレジットカードを持つ」と、ふたつのケースがある。クレカの中には、年会費無料でも旅行保険が付帯されている、つまりタダでついているものがあり、旅人たちが愛用してきた。

しかし近年、状況が変わってきている。クレジットカード付帯の保険は「自動付帯」といって、カードを持っているだけで自動的に旅行保険が適用されるものがほとんどだった。ところがここ数年、各社とも「利用付帯」という形式に変更されるようになってきている。その旅行でカードを「利用」した場合に限り、保険を適用するという意味だ。海外へ行くときの航空券などの代金をそのクレカで支払わないと、保険は適用されませんよということだ。

これには抜け道がある。最近一部のネットユーザーの間で話題になっているのが、JRのきっぷ（普通乗車券）などをクレカで購入することで「利用付帯」の条件をクリアするというものだ。

クレカが使える駅の券売機や有人窓口で、JR・京成・南海・名鉄などの乗車券や空港までのリムジンバスなどのチケットを購入すると、保険が適用されるというケースが多い。きっぷは自動改札で回収されてしまうので、購入時にきっぷと同時に出る領収書は、旅行終了まで保管しておきたい。

クレカによってはこうしたきっぷの購入が保険の「利用付帯」の対象外となるケースもあるので確認が必要だが、ぜひ押さえておきたい裏技である。

キャッシュレス医療サービスはついているか

マイレージの特典航空券で旅行する人も少なくないだろうが、この場合も原則として特典航空券を利用するときのサーチャージや空港使用料などの諸経費をクレカ払いすることにより、「利用付帯」の条件とすることができる。

旅行保険つきのクレジットカードを何枚か持っている人は、保険の条件なども考慮した上で、今回の旅行はどのクレジットカードを「利用付帯」の対象とするのか、あらかじめ決めておきたい。

クレカ付帯旅行保険の弱点は、保険会社を通して加入する旅行保険に比べると、限度額が低く設定されていることだ。しかし、複数の保険の補償金を合算することが可能だ。そのため利用付帯のカードA・Bを持っている場合、たとえば空港までのアクセスでカードAを使い、航空券の支払いにカードBを使うことで、AとBの保険金を合算することができる（なお傷害死亡／後遺障害の場合は合算できず、最も保険金額の高いカードが上限となる）。

保険金額の大小に目が行きがちだが、実はそれより重要なのは「キャッシュレス・メディカル・サービス」の有無である。これは、海外で治療が必要になった際、保険会社が医療機関に支払いを行うサービスのこと。つまり旅行者はその場でお金を払わなくていいのだ。

これがないと、当該カードか現金で一時的に建て替えのため支払うことになる。その場合、高額だとカードの限度額を超えてしまう。ゴールドカードなど、一部のクレカ付帯旅行保険のみがこのサービスを行っている。

日本の保険も海外で使える？

カード付帯の保険は日本を出発してから90日以内（カードによっては30日以内）しか適用にならない。

そのため、長期旅行者は91日目以降の保険は別途加入するしかない。ただし、旅行保険は日数が長いとそれに応じて金額もかさむ。

日本から比較的往復しやすいアジアなどを旅行しているのであれば、90日以内に日本に帰国して、もう一度出国すればカード付帯の保険が再び適用される。それが難しい場合は、通常の旅行保険に加入するか検討する必要がある。

なお長期旅行における保険のかけ方については、Ｐ１３７も参考にしてほしい。

旅行保険に加入する最大のメリットは、緊急治療など、いざというときに金銭的に自分で支払えないケースを回避するという点にある。そこでおすすめしたいのが、クレカ付帯の保険にプラスして、治療救援費用などを追加でかけるというプランだ。この場合、単なる旅行保険よりも費用を抑えつつ、高額の医療費もカバーするという安心感が得られる。

最後に重要なことをひとつ。加入している健康保険組合にもよるが、海外でも高額の医療費がかかった場合、健康保険の支給対象となる「海外療養費制度」はあまり知られていない。日本で入っている社会保険と健康保険が使えるのだ（医療費は建て替え・帰国後に払い戻し）。

何にせよ、保険は起こった出来事に対して「金銭的な」補償しか得られない。交通事故や犯罪などに遭遇するリスクそのものを熟慮して低くすることが、最大の「保険」といえるのではないだろうか。

❖バックパッカーはバックパックを背負うべき？

バックパックでなくてもいいが、背負えるタイプがだんぜん旅しやすい

衣服や洗面道具などを詰める、旅のメイン荷物となるカバン。これは歩くことの多い旅ならスーツケースというわけにはいかない。

POINT

❶ 荷物を背負いつつ両手を空けるのが基本

❷ LCCに合わせて7キロに抑えたい

❸ 20～30リットルの容量に合わせて荷物を削っていく

歩く旅に適しているのは？

バックパックを背負って旅しているから「バックパッカー」と呼ばれるようになった、と言われる。英語では「バックパッキング」＝「バックパックを背負ってハイキングをする、低コストの旅行をする」などと、動詞的な意味でも使われるようになっている。

旅とバックパックは、確かによく似合う。バックパッカー文化を生み、育んだ欧米の人々は、でっかいバックパックを背に世界を歩いている。

とはいえ、だ。必ずしもバックパックで旅をする必要はない。荷物が入れば、自分が扱いやすいと思うものならなんでもいいのだ。

そこで、まず僕たちの旅のスタイルから考えてみよう。とにかく歩くことが多くなるはずだ。目的の街に着いたらまず、駅やバスターミナルからゲストハウスまで荷物を持って歩く。どこへ行くにもツアーバスが運んでくれるわけでもないし、毎回タクシーを使えればいいけれどそういうわけにもいかない。荷物を持って市内バスに揺られたり、宿が見つからず荷物とともにさまよい歩くなんてこともしょっちゅうだ。荷物を自分で運びながら歩く。それが旅の基本になる。

こんなとき、重いスーツケースではあまりにもしんどい。だいたい大きなスーツケースを広げるゆとりのある広い部屋に泊まれないことだってある。

それではキャリーケースなど、車輪と取っ手のついたタイプはどうだろうか。これなら確かにゴロゴロ引っ張れば歩く旅でも楽だ。コンパクトで軽いものもたくさん出ている。しかし、歩道がきれいに整備されている国というのは実のところ少数なんである。歩道はろくになくあってもガタガタ、段差とツギハギだらけ

欧米人バックパッカーの荷物はデカい。身体の大きさを考えると日本人はもう少し小さいほうが楽だろう

という国も多い。雨季になったら道が水たまりになったりもする。キャリーケースの車輪が引っかかるとか、持ち上げなくてはならないとか、そういう場面も出てくるだろう。やはりバックパッカーの旅には適さない。

つまり歩くことの多い旅の場合、荷物は身につけて運ぶのが正解なのである。でも、ショルダーバッグやボストンバッグだと片手だけに負担がかかってしまう。安定感があるのは、やはり両肩でしっかり背負えるタイプということになる。リュックサックか、あるいはバックパックだ。これなら、大切な荷物を身に付けているという安心感もある。置き引きにも遭いにくい。

加えて背負うタイプは両手が空くという利点がある。スマホで地図を確認する、サブのバッグからチケットを取り出す、買い物など、片手がふさがっていてはやりづらい。両手をフルに使えてアクティブであるほうが旅しやすい。

容量の目安は20~30リットル

バックパックでもリュックサックでも、とにかく軽いほうがいい。歩くのが楽だという利点も大きいが、問題は飛行機に乗るときなんである。バックパッカーがよく利用するLCCは、機内に持ち込める荷物の重さに制限がある。7~10キロという会社が多いだろうか。これを越えると追加料金が発生してしまうのだ。チェックイン時に荷物の重さを計られて重量オーバーが発覚し、別のカウンターでお金を徴収されるというのはよくある話。そんな事態を避けるためにも、荷物の大部分を収容するリュックやバックパックは小さく軽くありたい。

容量でいうと、20~30リットルのタイプがいいだろうか。旅行用品や登山用品を売る店には、容量別にたくさん並んでいるので見てほしい。けっこう小さいんだな、と思うかもしれない。でもこのくらいの大きさなら、旅先でも軽快に動きやすい。実際に背負ってみるといい（フレーム装備の大きなものもあるが、これだと旅先できっと後悔するだろう）。

さらにハーネス付きだと負荷が分散されて楽だ。加えてそれ自体が軽量で頑丈なもの、防水加工あるいはカバーつきだとなおいい。バックパックならバカッと大きく開けられるタイプだと荷物の出し入れがしやすい。

この20~30リットルに旅の荷物を詰め込むのだが、あれもこれもと欲張れば重たくなる。現地で使うかどうかわからないものは持っていかないなど、できるだけ削ぎ落して必要なものだけにしよう。荷物が入るなら、ふだん通勤や通学で使っているリュックでもまったく構わない。

❖バックパッカーの基本装備とは

旅に本当に必要なものはごくわずか 荷物が軽いほど旅は快適になる

長い旅をするからといって、大きな荷物を持っていくべきではない。「これだけあれば十分に旅ができる」というものを厳選したい。

POINT

❶「2泊3日の国内旅行」のつもりで荷づくりを

❷足りなくなったら現地調達すればOK

❸メイン荷物、サブバッグ、貴重品入れを使い分ける

最低限必要なものはなんだろう

荷物はできるだけ軽くまとめたい。LCCの重量制限もクリアできるし、なにより歩きやすいからだ。それに旅行者は移動を繰り返す。荷物を取り出し、広げ、またパッキングするという日々が続く。荷物は少ないほど手間もストレスも少ないというものだ。だから「これだけあれば旅はできる」という「必要最低装備」で出発すべきなのだが、その内容を考えてみよう。旅行者は男性、旅先は乾季の東南アジアを想定したものだ。

《貴重品》
パスポート、お金（現金、クレジットカード、デビットカードなど）

《衣類》
シャツ、下着、靴下各3セット、ボトム2本、サンダル、軽い上着

《洗面用具》
タオル2枚、シャンプー、石鹸、ひげそり、歯ブラシ

《通信》
スマホ、モバイルバッテリー、充電コード、SIMカード

《ほか》
筆記用具、薬

この程度の荷物があれば十分に旅はできる。旅の期間が1週間でも1年でも同じだ。たとえるなら「2泊3日の国内旅行」に行くつもりで荷造りすればいい。それに加えてパスポートと海外でも使えるカードがあればOK。

オンラインで手続きをしてプリントアウトしたビザの書類があるならそれも持っていこう。海外旅行保険証や航空券はデジタル化されているが念のため紙のものがあってもいい。自分の顔写真、パスポートコピーは使う場面が出てくるかもしれない。ついでに万が一のためコロナウイルスのワクチン接種証明をいまもい

ちおう持っていく旅行者もいる。運転するなら国際運転免許証を。

服はもちろん洗濯しながら旅をするのだ。だから乾きやすい素材で、汚れることを前提にした服を。洗剤は小分けしたものが現地で買える。部屋干しに使う洗濯紐は必須という旅行者も多い。

冷房がきつい場所もあるので軽く羽織るものがあるといい。ボトムは長いものをメインに。短パンは1枚あってもいいが、それだとはしたない、失礼という文化圏もあるからだ（寺やモスクなどに入れない場合も）。シャツも同様にエリのついたものなどラフすぎないものも1枚あると、現地で人と会うときなどに便利。東南アジアでよく売っているタイパンツは薄くて涼しいが履いているのは日本人旅行者ばかりでハデなので目立つかも。髪はこれも当たり前だが自然乾燥だ。

足もとは靴をおすすめしたい。サンダルでガシガシ歩くと足元をケガしやすいからだ。スニーカーやウォーキングシューズなど、しっかり歩くことを前提としたものがいい。かといって新調するのも考えモノ。足になじまないうちにたくさん歩くと靴ずれの可能性があるからだ。新しい靴を買うなら出発前に履きならしておこう。サンダルは例えば共同のバスルームとか、部屋でリラックスするとき、ちょっとした外出のときなどあると便利。

なお液体やジェル状のものは飛行機内に手荷物として持ち込むなら１００㎖以下のみなので注意。

これら「必要最低装備」に、あとは容量次第で自分が持っていきたいものを詰め込めば、荷造り完成だ。

実際に旅立った後に足りないものが出てきたら、現地調達すればいい。途上国でもたいていのものは買える。日本でなければ手に入らないのはパスポートとカード類くらいだろうか。旅先の市場やバザールをめぐり、そこで買ったものを自分の荷物の中に組み込んでいくのも楽しいものだ。

3つに分散させて管理する

荷物は大きく3つに分けよう。

①貴重品入れ

パスポート、カード類、大きな額面の現金などを入れる。首から下げるタイプ、腹巻型などいろいろあるが、使いやすいものを。これは旅行中、肌身離さずいつも身につけているべきだ。

②メインのバックパック、リュックサックなど最も大きな荷物

「宿で使うもの」「いますぐは使わないもの」である、衣服や洗面道具、薬などを収納する。飛行機内に預ける場合はこちらだけを。

③サブバッグ

ひんぱんに使うものを入れる。スマホ、モバイルバッテリー、財布、カメラ、筆記用具、ガイドブックなど。大切なものが多いので、安全面からもたすきがけできるタイプがいい。両手が空くので動きやすいというメリットもある。

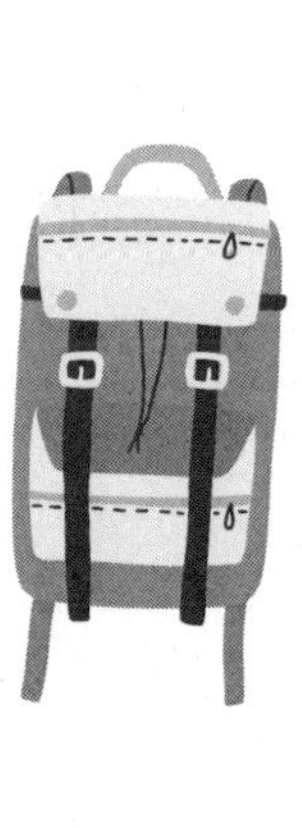

Traveller's Opinion

荷物を軽量化するコツや、必ず持っていくものは?

ずっと旅をともにする荷物だから愛着のあるものを持っていくという人、
現地調達を楽しむ人、軽くするために旅の季節を選ぶ人……。
共通しているのは「こまめな洗濯」「LCCの7キロ制限を意識」だ。

最大3日間分の服をローテーションで着続けるので、洗濯用のジッパー付き袋と洗濯紐、洗濯ハサミ、針金のハンガーを持参します。洗剤など基本どこでも売っているものは現地調達。タオルがないホテルのために速乾タオル、冷房が効きすぎている飛行機で使う小さくできるダウンコートはマスト。巻きスカートはアジアの国では現地になじみやすいし、カーテンがないドミトリーで目隠しに使えるのでおすすめ。 (ミサ・30代・女性)

デニムで旅したのですが、もっと乾きやすい服、洗濯しやすい服で行ったほうがよかったと思いました。 (かんた・男性)

必ず持っていくもの→シルクの寝袋のインナーシーツ(虫よけや、汚いベッド対策。最近はどこもきれいだけど……)。持っていって使わなかったもの→太陽光充電器。一度も使わず。 (まえだなをこ)

スマホやPC、モバイルバッテリーなどの端子はCタイプに統一しています。なるべくケーブルを増やしたくないので。 (布家敬貴)

乾燥体質なので保湿グッズは欠かせません。飛行機の中、エアコンの部屋などは乾燥します。飛行機の持ち込み制限100ml以下のミニボトルに乳液を詰めていきますが、現地でも買えます。ワセリンは世界中で売っているし、ちょっとした切り傷にも使えます。 (Ria)

▶Traveller's Opinion❸

ガイドブックも本も電子版を使うのは基本だと思います。
（匿名）

PCとスマホ2台、着古したもので着替えを3日分、カサ、歯ブラシやタオル、シャンプーなどの小瓶。それくらいで、あとはなんにもないです。小さなリュックサックひとつで独立国だけでも180くらいの国を旅しました。
（岡井稔）

1.9kgの軽くて丈夫なボストンキャリーを使い続けてます。わきに軽く収納できるところもあるなど見た目より物が入るし、飛行機持ち込みOKなサイズ。「海へ…」という、すすぎ不要で、わずかな量で洗える洗剤も持っていきます。パシュミナとシルクのショールは、薄くて軽くて肌触りがいいので愛用してます。シーツにする、かぶって温まる、イスラム圏では頭に巻いてヒジャブ代わりにするなどいろいろ使えます。（ぱんスキュ）

暑いところから寒いところに移動する旅をするときは、折り畳みのダウンとウインドブレーカーを持っていきます。それぞれ畳むとペットボトルより小さくなるタイプのものです。どちらも着ると、ある程度の防寒具になります。（森田聡）

日用品はできるだけ現地調達するようにしています。市場やスーパーマーケットで買い物をすることも含めて、その国の生活の様子がわかって楽しいから。（つむぎ）

荷物は絶対に機内に預けず、持ち込みます。ロストバゲージを避けたいし、現地の空港に着いてから荷物が出てくるのを待つのがいやなので。だからできるだけ小さく、LCCでも持ち込める7キロ以下にまとめます。（岬）

❖ 旅先でのネット接続を事前に準備する

SIMカードやローミングなど、日本にいるうちに用意を

現地でスムーズなインターネット回線を確保するためには、渡航国の状況を調べて、自分の旅行プランと合った接続方法を調べておこう。

POINT
❶ SIMカードは日本で買って準備を
❷ ローミング利用なら対象国かどうか調べる
❸ ネット規制のある国は渡航前にVPNを

スマホはバックパッカー旅の必須アイテムになった。現地での宿探しや、バスや列車の検索、航空券の予約など、スマホに依存することは多い。

日本で暮らしているときと同じようなネット環境を、海外でつくる。そこにはさまざまな方法がある。しばらく前までは、到着した海外の空港にある通信会社のブースでSIMカードを挿れてもらったり、Wi-Fiルーターを借りてネットに接続することが多かった。ルーターは日本の空港でレンタルする人もいた。

しかし最近は、日本にいるうちに海外での接続が可能なSIMカードを事前にネットで買ったり、eSIMと呼ばれる物理的なSIMカードを使わずに接続する方法や、国際ローミングを使うなど、選択肢が一気に広くなっている。これらは渡航前に手続きをしたほうがいい。なお、eSIMについてはP184を参照。

SIMカードの入れ替えが最も人気

現在、バックパッカーたちの多くが利用しているのはやはり物理SIMだろう。自分がふだん使っているスマホと、渡航先の通信会社のSIMカードを入れ替えるわけだが、それにはSIMフリーの機種でなければならない。自分のスマホが該当しているかどうかは検索しておこう。仮にSIMフリーでない場合、格安のSIMフリースマホを買っていくという手もある（現地でも買える）。旅先では最低限の機能で、紛失してもいいスマホだけを持っていくという人もいる。

SIMをあらかじめ日本で買う場合はやはりネットが強い。たとえばAmazonで「SIM」「ベトナム」と検索すればたくさんの商品が出てくる。日数、ギガ数はさまざまなので、自分の旅行プランやネットの依存度によって決めよう。

またデータ通信だけでなく、電話番号

がついているかどうかも国によっては重要。インドなど、配車アプリや交通予約アプリの開通に現地電話番号によるＳＭＳ認証が必要な国もあるからだ。

それと一国だけでなく、アジア周遊ＳＩＭとか、世界周遊ＳＩＭなんて国をまたいで使えるものもあるので、複数国を旅をするなら調べてみよう。

出発前には同封の説明書やブログなどをしっかり読んで、アクティベート（作動）の手続きをしておく（いまは不要なものもけっこうあって便利）。そして現地に着いたらＳＩＭを入れ替える。日本のＳＩＭは大切に保管を。

なお現地では、国際空港であればたいていは通信会社のブースが並んでいて、さまざまなプランのＳＩＭカードが売られている。購入すれば手持ちのスマホとＳＩＭを入れ替え、アクティベートまですべて行ってくれるので手軽だ。この手の作業が苦手な人でも大丈夫。

また近頃は、途上国の陸路国境でもＳＩＭを売る人がうろうろしていたり、小さな雑貨屋で販売していることもある。その店の人がやはりアクティベートしてくれるだろう。

欧米では空港に通信会社のブースがなく、自動販売機でＳＩＭカードを購入することも多い。この場合は自分でアクティベートすることになる。

なお現地でのネット回線確保については、Ｐ１８０を参照のこと。

お得になってきた海外ローミング

日本で契約している通信会社の回線を海外でローミング（提携している事業者のネットワークを利用すること）して使う。この仕組み、かつては料金が高かったのだが、近年ではリーズナブルなプランがどんどん出てきている。

楽天モバイルは月９８０円～の料金プランで、世界71か国での海外ローミングが月２GB（ギガバイト）まで利用できる。ahamo は月額２９７０円の基本料金で、20GBの範囲内なら15日まで91か国での海外ローミングが無料。ワイモバイルでも24時間９８０円、最大３GBのプランがある。短期の旅ならこうした海外ローミングだけでも十分だろう。1週間以上の旅なら、空港から市内までは海外ローミングでつなぎ、その後は現地のＳＩＭを買う、なんて旅行者も多い。

こうしたサービスはもちろん、日本出発前に手続きを。

検閲のある国ならＶＰＮの準備を

中国やイランなど、政治的の問題からネット利用に制限がかかっている国もある。グーグル、YouTube、X（Twitter）などが見られないのだ。検閲を回避するには「ＶＰＮサーバー」を経由するという手がある。「Virtual Private Network」の略で、秘匿性の高いサーバーを介してアクセスするというもの。これを使えば日本にいるときと同様にコンテンツを自由に使える。そのためのＶＰＮ接続アプリやソフトはもちろん規制のある国からはダウンロードが難しいので、日本にいるときに用意を。ＶＰＮについてはＰ１８２も見てほしい。

❖ 医薬品や予防接種

風邪薬と下痢止めは持っていこう あとは現地の薬局で買えばいい

心配しすぎてあれもこれもと薬を持っていくと、かさばるばかりだ。日本製の薬は確かに安心だが、最低限のものだけ荷物に入れればいいだろう。

POINT

❶ 現地の病は、現地の薬で治すべし?
❷ 持病の薬を持っていくなら英文の薬剤証明書を
❸ 予防接種の情報は厚生労働省のサイトをチェック

ちょっとした医薬品やケア用品を持っていくと安心感があるというものだ。

旅行者がよくお世話になるのは下痢止めだろうか。気候や水、食文化の違いからお腹を下すことはよくある。胃腸薬や整腸剤を持ち歩く旅行者もいる。昔ながらの正露丸も人気だ。

それから風邪をひいたときのための総合感冒薬。合わせて解熱鎮痛剤も、急な歯痛などの場合に使える。なんとなく風邪気味だな、というときには葛根湯を飲むのが習慣という人もいるだろう。

また熱中症対策として意外に持っていく人が多いのはポカリスエットなどスポーツドリンクの粉末。失われた水分や糖分、ナトリウムなどを手早く補給することができる。「旅行中の風邪は葛根湯とポカリで治す」なんて人もいる。

スポーツドリンクはあくまで清涼飲料水の一種なので、経口補水液を選ぶ人もいる。こちらは脱水症状対策に成分を調整されたもので、スポーツドリンクより糖分が少なく、電解質が多めで、水分補給にはさらに適している。粉末のほか、タブレットタイプもある。熱中症による脱水症状のほか、風邪で汗をかいたときや、下痢のときにもいいだろう。

乗り物に弱い人は酔い止めを。とくにバスだが運転がやたら荒っぽい国はたくさんある。また、あまりバスに乗りつけていない地元の子供が戻してしまい、自分も釣られて気分が悪くなる……なんてのもよくある話だが、これは薬ではどうにもならないかもしれない。

また夜行バスや夜行列車、飛行機の中で眠れないとか、時差ボケ対策で睡眠薬を持っていく人もいる。

絆創膏はけっこう使える。アクティブに動きまわる旅をしていると軽い傷をつくることはよくあるのだ。さらに抗生物質の軟膏だとか消毒薬もあると、なお心強いだろう。

途上国では蚊が媒介する病気もあれこれとあるので虫よけに虫刺されもあるといい。また意外なところでは保水液など乾燥対策のグッズを忘れて困ったという旅行者もいる……なんて、こうして次々に上げていったらキリがない。心配は多々あるが、風邪薬と下痢止めくらいで十分ではないだろうか。もしたくさんの種類の薬を持っていくなら、ピルケースを使って小分けすべし。

現地でもたいていの薬は買える

バックパッカーが語り継いできた言葉に「インドの下痢はインドの薬でなければ治らない」なんてものがある。確かにそんな気もする。日本より下痢の症状もキツければ、薬の効きも強い。ちょっとした体調不良くらいなら現地の薬局に出向いてみるのもひとつの体験だ。

途上国の小さな町や村でも薬局くらいはあるし、前述の薬くらいならだいたい手に入る。なお経口補水液は「ＯＲＳ」と呼ばれて売られている。薬局のスタッフなら英語は通じやすい。専門用語がわからなければ翻訳アプリを活用しよう。

酔い止めは現地の駅やバスターミナルで売っていることもある。乾燥対策グッズとしてはワセリンならどこでもだいたい手に入る。これは傷薬としても使える。

バックパッカーたちはまた「蚊取り線香は日本製が最も効く」とも伝えてきた。現地製だと効果が薄いものもある。虫よけスプレーは日本製がいいと語る人もいるようだ。

なお持病があるなど特定の薬を日本から持っていく必要がある人は、かかりつけ医で英文の薬剤証明書をつくってもらったほうがいい。税関で違法な薬物と誤解されずにすむ。

予防接種は必要？

アフリカや中南米の中には、入国に際して黄熱病の予防接種を義務づけている国もある。また、黄熱病流行国から渡航してきた人にも（トランジット＝飛行機の乗り継ぎでも）予防接種の証明を求める国もある。

そのほかの病気では、入国時に予防接種は必要ない。ただ、危険な感染症が流行している地域もある。バックパッカーにとって身近なものは狂犬病だろうか。途上国は野犬だらけだし、ほかの動物からも感染することがある。破傷風の菌は世界の土壌のどこにでも（日本でも）存在している、ちょっとした切り傷から感染することもある。どちらもワクチンの予防接種で防ぐことができる。念のために受けておこうという人は、とくにアフリカや南米に向かう予定の長期旅行者に多い。

まずは厚生労働省が海外渡航者に向けて情報発信しているホームページ「ＦＯＲＴＨ」で、目的国の感染症情報を調べてみよう。もし予防接種を受けるなら、なるべく早めに、計画的に。病気によっては間を開けて何度か接種しなくてはならないものもある。それに予防接種はどの病院でも対応してるわけではない。「トラベルクリニック」「渡航外来」などと呼ばれる医療機関を当たってみよう。

❖ほとんど解除された新型コロナの入国制限

世界が閉じた悪夢の3年間は終わり、コロナ関連の書類はほぼ不要に

全世界がいっせいに鎖国し、海外旅行ができなくなったコロナ禍の時代。入国制限はほぼなくなったが、残っている国もあるので事前にチェックを。

POINT

❶ 2023年末時点、入国制限はほぼ撤廃
❷ 海外安全ホームページで最新情報をチェック
❸ いちおうワクチン接種証明を持参する人も

隔離との戦いだったコロナ禍の旅

新型コロナウイルスが世界に広まった2020年から3年ほどの年月……それは世界の国々がいっせいに鎖国をしたようなものだった。

感染が広まることを防ぐために、人々の往来を制限していく。出入国は厳しく制限され、飛行機は限られた便だけが就航し、空港はほぼすべての店がシャッターを閉めた。

それでも海外に出向かなくてはならない人もいる。観光収入に頼っている国は、なんとか人の行き来を再開しようとする。中には、人々の行動を制限するのは良くないと、規制が緩い国もあった。

世界の国々が頼ったものがワクチンだった。ワクチンにメーカーによる違いや、接種時に起きる副反応などが大きな話題にもなったが、多くの国が国民のワクチン接種を進めていった。それが自動的に旅の条件になっていった。「ワクチン接種証明」は、ときにパスポートより大切ではないか、と思われる時期すらあった。そこに「PCR検査の陰性証明」が加わった。新型コロナウイルスに感染していないことを証明する書類だ。

飛行機に乗るためにチェックインカウンターに向かう。そこでまずチェックを受けるのが、ワクチン接種証明とPCR検査の陰性証明だった。日本の場合ワクチン接種は無料だったが、PCR検査は2万円以上の費用がかかった。海外に出るたびに検査を受ける必要があり、「PCR貧乏」という言葉も生まれた。

そして多くの国が、渡航してくる外国人や帰国してくる国民に対して「隔離」を課した。到着した街に、隔離用のホテルが用意される。旅行者はその部屋から一歩も出ることができない日々を過ごす。その期間は長いと3週間に及んだ。

コロナ禍前、世界はグローバル化の真っ只中にいた。飛行機の便数は年を追って増え、空港は巨大化していく。ＬＣＣはバス並みに安い運賃を打ち出していた。ビザの取得要件も緩和されたり、不要になったりした。人々はパスポートだけを持参し、気軽に海外への旅に出た。それが当たり前になっていった。

そんな旅の環境が、プツンと閉じられてしまった。空港は湖の底のように静まりかえり、スタッフは防護服姿だった。

旅に制限はなくなったが……

そんな時期が2年以上も続いた。ようやく感染も収まり、２０２２年から多くの国が入国制限を緩和し、２０２３年に入るとほぼ撤廃。コロナ禍前の状況に戻っていった。

新型コロナウイルスが巻き起こした嵐はいったいなんだったのか。人々はその答えも得られないまま、おずおずと海外への旅を再開していく。スマホには、ワクチン接種証明やＰＣＲ検査の陰性証明のスクリーンショットが保存されているという旅行者もいる。もう使うこともないと思いながら、あの緊張の日々を思い返すとなかなか削除できないのだ。

ウイルスの感染を防ぐ規制は消えたが、旅を支えるインフラはなかなか戻らなかった。一気に減ってしまった飛行機の便数も増えない。航空会社はコロナ禍の間に、飛行機のリース契約を切ってしまったところが多かった。さて再開……となっても、再リースには資金がいる。そう簡単に機材を調達できないのだ。

航空会社はコロナ禍の間に多くのスタッフを解雇していた。仕事がないのだから雇い続けることが難しかったのだ。再開しようとしても、なかなかスタッフが戻ってこない。

外国人用のホテルも同様で、人手不足に悩むことになる。需要はあるのに、スタッフがいない。世界の観光関連の企業はスタッフ集めに奔走することになる。コロナ禍という嵐は多くの機能不全を航空会社やホテル業界に残してしまったのだ。すでにワクチン接種の必要はなく、ＰＣＲ検査の陰性証明もいらない。しかし旅がなかなか戻らない状況に悩むことになる。パンデミックが残した爪痕はまだ大きい。

なお２０２３年12月現在、渡航に際してなんらかのコロナ関連書類が必要だったり入国制限のある国がアフリカなどに残っている。外務省の海外安全ホームページでチェックできる。また長旅を予定しており、万が一の状況変化に備えて英文のワクチン接種証明を紙とＰＤＦとで持っていくという人もいる。

ホテル隔離中でもPCR検査が行われていた。バンコクにて

ガイドブックで基本を押さえ SNSやブログで深掘りする

異国を旅するにあたって、情報は道しるべであり松明のようなものだ。旅に出る前に、ざっくりとでも目的地の知識を仕入れておこう。

事前に調べておきたいこととは？

「出発前の情報収集」というけれど、そもそも何を調べたらいいのか。まずは目的国の概略だ。時差、為替レート、宿や食事の値段など物価水準、ビザの要不要、航空券の料金と所要時間……こうした情報は旅全体のプランニングに関わってくるので、すでに調べてあるという人もいるだろう。加えて、治安もチェックしておきたい。そして宗教や、食文化、人気のスポーツやエンタメ、日本との関係あたりも調べておくと、その国がよりくっきりと見えてくるし、現地でなにを見たいのかということにもつながる。

こうした一般的な情報はウィキペディアやウィキトラベルでざっくりつかめる。政府観光庁とか旅行会社といったオフィシャルなサイトにも載っている。

検索とSNSを駆使しよう

気になったことがあれば、その言葉をさらに検索していけば深掘りできる。日本語で情報がなくても英語で検索してそれを翻訳するという手もある。

そして、目的国の中で旅しようと思っている街のことをさらに調べてみよう。どんな宿がどこにあるのか、おいしいレストラン、交通アクセスといった、旅の基本となる3項目「移（衣ではない。移動のことだ）・食・住（泊まる）」について知っておくと現地に着いても困らない。

加えて、観光スポットや個人的に行ってみたい場所のアクセスや営業時間、定休日といったことだろう。

これらはグーグルマップと、そこから飛べるリンク先でかなりの情報が集まる。

また、ちょっとした面白スポットとか、穴場の食事どころ、まだ旅行者の少ない穴場なんて話はSNSや YouTube の出

POINT

❶ 移・食・住の3つが下調べの基本
❷ ガイドブックは必要な基礎情報の宝庫
❸ 集めた情報の整理と取捨選択が大事

番だ。ＳＮＳは旅行関連のインフルエンサーや、目的地をリアルタイムで旅している人、現地在住者などをフォローしていると面白い話が入ってくる。

また旅行関連のコミュニティでは、安い航空券やマイルの活用法といった節約ネタがよく話題になっているし、密かに人気の旅先なんかを知ることができるかもしれない。フォートラベルなど旅行記や口コミのサイト、それにnoteの旅行記事を参考にしている旅行者も多い。相当にマニアックな旅をしている人もいて驚く。書き手がＳＮＳをやっているならフォローしておこう。

こうして集めたネタは整理整頓しておかないと、あとあと現地で面倒だ。メモアプリを使うなどして自分にとってわかりやすくまとめておこう。ＰＣやタブレットも持っていくなら、メモはスマホのアプリと同期できるものが便利だ。

初心者ほど ガイドブックは頼りになる

ここまで述べたような情報を、プロが詳しく取材してきれいに編集したものがガイドブックである。宿とか交通とか緊急連絡先とか、気候や旅の服装なんてことまでひとつひとつ検索しなくても一冊にわかりやすくまとまっている。地図があるのも大きい。

ガイドブックの情報はもちろん自分の興味にピンポイントのものではないし、あくまで最大公約数的ではあるが、その国や地域を旅するにあたってのしっかりとした軸がある。ネット検索しているだけだと信憑性も含めていろいろな旅の話がばらばらと集まってきて散逸してしまいがちで、旅の経験がないと取捨選択が難しい。なのでまずはガイドブックを見たほうが、現地の様子がイメージしやすい。それに歴史や文化、言語などについても詳しい説明があるので、読みものとしても面白いし学びになる。

いまでは電子版もあるので荷物にはならない。必要なページだけコピーしたりスキャンしてデジタル化して持っていくという人もいる。最も有名かつバックパッカーでも使える情報が詰まっているガイドブックは『地球の歩き方』だ。

ただしガイドブックは情報のアップデートがリアルタイムではないので、例えば掲載時より宿の値段が上がっているとか、バス便が減ったとか（逆に増えたとか）そういうことが起こり得る。完璧ではないのだ。

これはネットで調べたことも同様で、「こういう情報もある」「実際に行ったら違うかも」くらいに構えていると、現地で本当に事前情報と異なっていたときに（これがよくあるのだ）うろたえずにすむ。何ごともあてにしすぎることなく、いろいろ調べたこともあくまで参考にすぎないと思っておこう。

それから旅をテーマにした小説やノンフィクション、映画や漫画も面白い。おすすめの旅本についてはＰ１４０を。

Travel your way

旅は先が見えないからこそ面白い バングラデシュ出たとこ勝負

文・室橋裕和

「さあて、どこに行こうか……」

僕はダッカの安宿でグーグルマップを見ていた。次の目的地は決めていない。バングラデシュについては、ビザや航空券などの一般的な情報のほかは、あえてなにひとつ調べていなかった。すべては現地に着いてから考えよう、できるだけ行き当たりばったりで旅したいと思っていたのだ。というのも、近頃の僕はネットの事前情報に溺れ、どこかで調べた話をなぞって旅をしているだけのようで、新鮮な驚きや発見が足りないと感じていたからだ。

そうしてダッカのボロ宿に泊まり、受付のおじさんに教えてもらったビリヤニ（スパイスを使った炊き込みご飯）を食べに行ったり、クルマとバイクとリキシャと荷馬車があふれかえりクラクションが豪雨のように響き渡るカオスな街にびびったりして数日を過ごし、そろそろ次の街に行こうかと地図を見ていたのだ。

目についたのは「クアカタ」という地名だ。ガンジス川の河口域、ベンガル湾に突き出したデルタ地帯の最南端のような場所にある。地形的に面白そうだ。拡大してみると、ホテルが意外に多い。バングラデシュ人にとっては知られた観光地なのかもしれない。行ってみよう。

受付のおじさんに聞いてみると、掃除の若い兄ちゃんとあれこれ話した結果、「サイダ・バスターミナルに行け。ここからリキシャで100タカ（約135円）くらいだ」と言う。さらにノートにベンガル語で何やら書いてくれた。

外に出るとすかさず自転車に荷台を付けたリキシャの運転手が手を上げてくる。ノートを見せてみると力強く頷き、さあ乗れと荷台をばんばん叩くのだ。なんだか面白くなってきた。

ダッカの混沌にまぎれて、リキシャで走るのはなかなかに気分がいい。とはいえ1時間近くも揺られていると排気ガスで顔がベトベトになってくる。本当にバスターミナルなんかあるのかよ、と不安になる頃、おんぼろのバスが無造作な感じで並んでいる場所に出た。

今度はバスの客引きが次々にやってくるのでこちらも負けじとリキシャを降りて「クアカタ！」と連呼する。するとゴミ山の隣にある掘っ立て小屋に案内されるではないか。

係員と思しきアニキに「700タカだな（約950円）」と言われてお金を払うと、チケットらしきものが渡される。こんな紙切れを持ってゴミ山の前に立って果たしてクアカタにたどり着くのだろうか……と思うが、2時間ほど待つと本当にバスが現れるから旅は面白い。ようし、いよいよ出発だ。

ノンエアコンのバスは客を満載してベンガルの大地を走る。何度も橋を渡り、川の国なんだと実感する。菜の花畑も美しかった。

7時間ほどの旅で到着したクアカタは、ちょうど日暮れどきだった。ビーチでくつろぐ家族連れを、夕陽が赤く染め上げる。ここの海岸線は東西にまっすぐ伸びていて、だから日の出も日の入りも同じ場所から眺められるのだとビーチにいたアイスクリーム売りのおじさんが片言の英語で教えてくれた。のどかでひなびた観光地といった風情だった。

そこらの宿に荷を解き、夜のクアカタを歩く。小さな商店街がある程度の静かな街だが、魚を出す食堂は多い。夕飯はアレだろう。

朝ダッカにいたときは考えもしなかった場所にいることがたまらなく愉快だった。旅はやはり、先が見えないから面白い。さあ、明日はどこに行こうか。

Explore The World

旅のインフルエンサーが教える、長期旅行に必要な準備とは？

27年ほどバックパッカー旅を続け、ＳＮＳで発信をする筆者。1年を超える長旅にはなにを用意すべきか、実体験をもとに解説する。

文・写真▼リュウサイ

▼楽天モバイルとIP電話は便利です

まず荷物ですが、大きな準備は必要ないと思います。数か月の旅でしたらいまの時代、パスポートとクレジットカード数枚、スマホのみで世界のどこでも旅できます。スマホがない時代に必要だった、辞書、コンパス、音楽、地図、カメラ、情報までもすべてスマホひとつで解決できる便利な時代。服も現地でも手に入りますし、無理にそろえる必要はないでしょう。それより皆さんがいちばん気になるのは、長期旅行をする場合の「身辺整理」なのではと思います。

もし1年以上継続して世界を放浪する場合、12月までに住民票を抜いて出国すれば、翌年分の住民税と国民年金を回避できます。しかし、前年度の収入がまったくなく、住民税などが激安の人は、住民票を抜かなくてもいいかもしれません。海外でも有効（帰国後に市役所で請求）な国民健康保険が失効してしまうからです。

通信面ですが、僕は日本の電話番号をキープしています。海外でも普通に通話できる楽天モバイルは非常に便利。というのも毎月２ＧＢほど海外でデータ通信できるので、トランジットで訪れる国や数泊しかしない国などでは空港でＳＩＭカードを購入する必要すらありません。そして電話番号をキープすることで、銀行や各種サイトのＳＭＳ認証を海外でも突破できます。

このほかにＳＭＳ認証には使えませんが、日本国内の通話料金で電話できる０５０番号アプリ（ＩＰ電話アプリ）もあると便利です。楽天モバイルが対応していない国で大活躍してくれます。いまの時代はＬＩＮＥやメッセンジャーなどのアプリがあるし、そもそも海外から日本へ電話する場面などないだろうと思われるかもですが、長い期間の旅行をしていると問題が起きることもあるのです。トラブルに巻き込まれて海外旅行保険の会社に入院先の手配などで通話する場合とか、クレジットカードの事故など、旅先から日本に電話しなくてはならないことが多発します。

なので、IP電話アプリも楽天モバイルも、日本にいるうちにしか契約できないので、出発前に必ず手続きしておくといいでしょう。

▼現地ATMは場所と時間を考えましょう

お金の管理ですが、僕は米ドルとユーロ以外の現金はほとんど持ち歩いていません。世界で通用する通貨はなんだかんだ言っても米ドルとユーロなのです。これは小額紙幣も用意しておくと良いでしょう。ビザの支払いで現金が必要なとき、西アフリカで多い入出国のときの賄賂トラブルなども小額紙幣で乗り切れます。僕はいつも、トータルで10万円分ぐらいの米ドルとユーロを持参しています。

それでは現地通貨はどうしているのかというと、クレジットカードで現地ATMから引き出しています（ただしイランなど、自国発行のカード以外ではATMで現金を引き出せない国もあります）。

このとき、訪れた国での予定滞在日数分ぐらいの額をまとめて引き出しておきましょう。なぜなら、どのATMも一度あたりの利用につき、引き出し手数料を取っているからです。

また、現地ATMによっては持参のクレジットカードが対応していない場合があるので、世界各国で使いやすいビザやマスターなど、ブランドを分けて複数枚を持っておくといいでしょう。

そして重要なのは、ガードマン常駐で銀行併設のATMを使うこと。世界ではスキミング被害が多発しています。カード情報を盗み出し、不正に使用するという犯罪です。そのため、不審な装置がATMに取り付けられていることがあります。ガードマン常駐のATMならそうした心配がいくらか少なくなるでしょう。

また、稀にですが機械の不具合などでカードが吸い込まれて戻ってこないというトラブルもあります。これは銀行併設のATMで、銀行が営業している時間帯なら、その場で回収できます。利用する時間帯を選ぶこともお勧めします。

僕はインドネシアのバリ島でATMにカードを飲み込まれたことがありました。たまたまその日は祝日で、ATMを管理する現地銀行は休み。クレジットカードを回収することができず、その場で日本に050アプリで電話してクレジットカードを止めたりと、たいへんな思いをしました。

▼プライオリティーパスつきのクレカはお勧め

世界各国のビザは現在オンライン申請が増えてきています。鉄道やバスのチケット、航空券の確保もオンライン、現地発ツアーもオンラインでの申し込みだったりと、クレジットカードは本当に必須です。

ほかに僕はPayPalも使っています。セキュリティの不安なサイトでチケットを購入する場合、安全性の高いPayPal経由で手続きすることで、トラブルを事前に防ぐことができます。PayPalはインドビザのオンライン申請や、世界各国のオンラインでの移動手段の確保などでも使えます。こちらも日本出国前にPayPalの口座を開設しておくといいでしょう。

もしひんぱんに飛行機を使うのであれば、プライオリティーパス付帯のクレジットカードがお勧めです。これは世界各地の空港ラウンジに入ることのできる魔法のカード。ラウンジではWi-Fiを確保したり現地料理を楽しんだり、リラックスできる環境を確保できるので、重宝しています。

例えばマレーシアのクアラルンプールで17時間のトランジットがあったとき。空港併設のホテルやショッピングモールにプライオリティーパスが使えるラウンジがいくつもあり、結局4つのラウンジを渡り歩き、一銭も使わずに料理やお酒を堪能したりくつろいだりと、トランジット時間が足りないぐらい満喫しました。

27年間ずっと旅を続けているリュウサイさん。旅の様子はSNSで発信している

▼カードを駆使して海外旅行保険をかける技

クレジットカードを駆使すれば無料で海外旅行保険も確保できます。まず日本を出国するときは、海外旅行保険が「自動付帯」になっているクレジットカードを持っていきましょう。保険が有効なのは90日間というカードがほとんどなので、期限が迫ってきたら今度は海外旅行保険が「利用付帯」になっているクレジットカードを使います。現地の公共交通機関に乗るなどすればいいでしょう。これでさらに保険に入ることができます。「利用付帯」のクレジットカードを持っている枚数分だけ、保険を延長することができます。

ただカード付帯保険はあくまで最低限レベルの補償内容。それにさまざまな制約があるので、内容をちゃんと確認することをおすすめします。

また「住民票を抜かない派」なら、国民健康保険も海外で有効。それに海外にいながら入ることのできる海外旅行保険もあります。「ワールドノマド」や「グローブパートナー」など。これらは旅行中でも入れるので、日本で加入されている保険が切れて旅先で困っている方におすすめです。

これから旅に出る人にとって有益な情報になったかどうかわからないですが、少しでもヒントになれば嬉しいです。僕は常に世界のどこかを旅をしているので、お会いすることがあれば声をかけてください。

Life is a journey

読まれるべき本は、いまの時代もちゃんと売れます

「旅の本屋のまど」店主が語る「おすすめの旅本」と、旅行記という文化

旅の本屋のまど店主
川田正和さん

ＪＲ中央線・西荻窪駅の北口を出て、徒歩５分。「旅の本屋のまど」は旅好きたちのコミュニティだ。自身も旅人である店主の川田さんに、最近読んだ旅本の中で面白かったものを訊いた。

旅好きだったらきっと、店内に一歩入っただけでわくわくするはずだ。旅に関する本や雑誌がびっしりと並ぶ。それも旅行記だけではなく、食文化や歴史や地理に関する本、語学や留学関連、音楽や社会情勢などなど、「旅」のエッセンスを感じるものが幅広く取り揃えられている。海外の本は世界の地域ごとに棚が分けられ、日本国内を扱った本も多い。店の中をひと巡りすれば、世界旅行の気分になれる。

面白いのは個人のＺＩＮＥもたくさん置かれていることだ。既存の出版社の枠組みにとらわれず、旅を発信しようという人たちの熱意にあふれたものが商業作品と肩を並べる。

さらに雑貨や服などもあるし、地球儀まで売られているほか、旅好きの心をくすぐるのは学校で社会科の教材として使われている地図帳が並んでいることだ。授業なんか聞かず、この地図帳を眺めて広い世界に思いを馳

「ニシオギ（西荻窪）って、旅行もですが、いろんなことへの興味の幅が広い生活をしている人が多い街なのかなって」川田さんは語る

せ、ついにはバックパッカーになってしまったという人は多い。

旅行者からすれば「かゆいところに手が届く」的なラインナップがおよそ5000点。まさに「旅の本屋」なわけだが、同時にここは旅好き同士がつながる場所でもある。本の著者を招いて、トークイベントを開催することも多い。地域の催しに「のまど」が出店することもあれば、店内にはチラシがいろいろと置かれていて、取材時には杉並区で行われる台湾と中央アジア関連のイベントのものがあった。こんな発見を楽しみに「のまど」に来る人もいる。

すっかり旅好きのコミュニティとして知られる存在となったわけだが、これも店主の川田正和さん自身が根っからの旅人だからだろう。

「大学3年のときにはじめて海外に行ったんです。友人とふたりで2か月かけて、アメリカを旅しました。ニューヨークにも行ったんですが、そこで旅行専門の本屋があって、面白いなと思って」

そもそも大学が地理学科だった。地図を見て世界を夢想することが好きな少年が、そのまま大きくなったのだ。そして大学卒業後は、地図関連の出版社勤務を経て大手書店へ。業界の勉強をしたのちに、当時は吉祥寺にあった「旅の本屋のまど」の店長となる。

そして閉店を機に独立することになり、屋号を受け継いで西荻窪に自らの城をオープンした。2007年のことだ。それからずっと旅好きのお客を出迎え、ときに自分も旅し、旅の本を読み続けてきた川田さんに「いまおすすめの旅本」を紹介していただいた。

▼パタゴニア

ブルース・チャトウィン著　芹沢真理子訳（河出文庫）

南米大陸最南端、アルゼンチンとチリにまたがるパタゴニア地方。もう目の前は南氷洋、氷河や高山が連なる、荒々しい不毛の大地をゆく旅の記録だ。

「紀行文では世界的名作と言われていますが、あまりにも有名で、だからいままで食わず嫌いだったというか。でも読んでみるとすごく面白かったんです。パタゴニアって、世の中から外れた人々がロシアやヨーロッパから流れ着く場所になっていて、もともと住んでいたインディオもいて、いろいろな人に出会いながら旅していくんです。かなり難解なんですが、最後まで読むと〝旅の名著〟と呼ばれ続けてきた意味がわかると思います」

▼今夜世界が終わったとしても、ここにはお知らせが来そうにない。

石澤義裕（WAVE出版）

2005年から妻とふたり、移住先を探して世界を旅している著者。リモートワークで仕事をこなしながら、2015

年からは軽自動車に乗り、ロシア↓中央アジア↓コーカサス↓ヨーロッパと走り、さらにアフリカ大陸を大縦断。はるか南アフリカを目指す。

「日本人でこういう旅をしている人はほとんどいないんじゃないでしょうか。海外をクルマで何年もなんて、そんなことできるんだって驚きと、真正面からではなく斜めから面白おかしく書いていくスタイルが印象的ですね。実は石澤さんが一時帰国された際に、うちでイベントを開催していただいたんです」

▼世界の食卓から社会が見える

岡根谷実里(大和書房)

ブルガリアでヨーグルトを食べながら、社会主義時代の政策とヨーグルトの関わりを知る、ボツワナで「未来のたんぱく源」と注目されている養殖ティラピアを食べる……。世界を旅して土地のものを食べながら、そこに見えてくる政治や環境、気候といった課題を考える。

「岡根谷さんの前作は、世界各地の台所に入って料理を教えてもらいながら文化や社会を学んでいくものでしたが(『世界の台所探検』青幻舎)、今回はもっと話を広げて、食卓から見えてくる各地の社会情勢を描いています。世界にどんな課題があるのかをしっかり提示していて学びがあり、純粋な旅行本ではないかもしれませんが、すごく売れています。うちでは今年のいちばんのヒットかもしれない。食と世界、食と旅を結びつけた作品は関心を持たれる印象です。

それと最近は、単に『どこかに行ってきた』だけではなくて、この本のようにポイントを絞って現地でなにかをしっかり調べてきたものが読まれる傾向です」

それは旅行者そのものにも言えるように思う。明確な目的やテーマを持って旅する人が増えてきた。昔のバックパッカーはあてのない放浪をする人が多かったし、旅行記も日本社会からの逃避やモラトリアムを描いた作品が目立った。しかし令和のいまを旅する若者たちは、もっとしっかりした目的意識を持って世界を歩いている。それが読むものにも表れていると川田さんは言う。

「若いお客さんを見ていても、真面目でちゃんとしているなと思います。内容が固めの本でも、値段がいくらか高くても、『これをちゃんと読むんだ』って心構えで買っていくという か。『若い人は本を読まない』という印象はあまりなくて、読まれるべきものはいまの時代もちゃんと売れます」

むしろ若い層に訴求できるものをつくってこなかった書き手側の責を感じるが、ところで歴代の『バックパッカーズ読本』は売れてきたのだろうか。1998年に初版が発刊されて以降リニューアルを重ねて、いちおう旅のバイブルなんて一部では呼ばれたりもした。

「ええ、売れてますよ。ときどきお客さんに聞かれるんですよ。旅に出たいけれど、どうやって行ったらいいのかわからない、なにか入門的なおすすめの本ないですかって。そんな人たちが買っていきますね。皆さんネットでも調べるんでしょうが、いろいろな情報が一冊にまとまっているのは便利だし、わかりやすいと思います」

それはよかった……。そしてバイブルといえば、バックパッカーにとって圧倒的な旅のバイブル、かの『深夜特急』（沢木耕太郎、新潮文庫）は時代を越えて売れているそうだ。

「すごいです、『深夜特急』は（笑）。これだけずっと読まれているものってないんじゃないでしょうか。最近はラジオで斎藤工さんが『深夜特急』の朗読をしているのですが、それを聴いて本を買いに来たってお客さんもいます」

▼ロバのスーコと旅をする

高田晃太郎（河出書房新社）

イランやトルコ、モロッコを、ロバとともに歩く。SNSで話題を集めた旅路が書籍化。

「動物と一緒に旅した旅行記ってあまりないと思うんです。ロバって自由でわがままで、なかなか手なづけられなくて、だからこそ愛着が湧くみたいです。勝手にどっか草を食べに行っちゃったり、そういうトラブルがたくさんあって楽しく読めます。それに著者はもともと旅好き、かつ新聞記者。だから文章がしっかりしていて読みやすいし、旅行の面白さや、旅好きが共感できるポイントをしっかり押さえているというか。うちでイベントやってほしいですね（笑）」

▼コーカサス日記

金子泰子・金子敦（Blood Tube Inc.）

「自費出版の本です。ウズベキスタン、イランに次いで3作目ですが、著者はご夫婦でデザイナーなので装丁やデザインが凝っていてクオリティが高い。ある程度のノウハウと経験があれば、これだけの本を自分たちで出せる環境がいまは整ってきているということです。もう自費出版という枠にとどまらない商品です。紙の本は売れないと言われる時代ですが、自分たちの旅を紙媒体で表現したいという人はたくさんいます。出版社で採算が取れないからと企画が通らなくなっているぶん、自費出版は増えているかもしれません」

旅行本も紙媒体もなかなかに厳しい時代だ。それでも「旅に興味を持ってきてくれる人がいる」と川田さんは言う。これからも「のまど」は旅人たちが本を楽しみ、情報の集まるコミュニティであってほしいと思う。

旅の本屋のまど

営業　月～土曜
13～20時（日・祝～19時）
https://nomad-books.stores.jp/

事前準備から出発まで　チェックポイント&フローチャート

旅に出よう！

目的地を決める
- ▶「はじめての旅」におすすめの地域は？　P38
- ▶バックパッカーに人気のルートを知りたい　P54
- ▶どうやってルートを組んだらいいの？　P48

旅の期間を決める
- ▶現地ではどんなペースで旅できるの？　P50
- ▶旅に適したシーズンっていつ？　P52

パスポートを取得する　P34

ビザが必要だって！
- ▶ビザってそもそもなに？　P44
- ▶ビザを取得する方法　P46

目的地と期間が決まった！

- ▶航空券を買う………………▶どこでどうやって買えばいいの？　P99
  - ▶どのくらいの値段なの？　P101
- ▶お金の準備をする………▶どのくらいの予算がかかるの？　P112
  - ▶事前に両替って必要？　P172
  - ▶クレジットカードは必須だ！　P118
  - ▶旅に出るお金がない……　P114
- ▶荷造りをしよう……………▶バックパックのほうがいいの？　P122
  - ▶どんな荷物を持っていくべき？　P124
- ▶現地でのネット接続を準備…………………P128
- ▶安全に旅するために……▶海外旅行保険もかけよう　P120
  - ▶医薬品と予防接種も　P130
  - ▶情報収集とガイドブックは？　P134

出発！

3章

現地でのリアル旅行術

空港からホテルまで。「最初の旅」をどう乗り越えるのか

個人旅行の最初の日。それは最もトラブルが起きやすい日かもしれない。空港から初日の宿に落ち着くまでには気を付けたいことがいろいろだ。

POINT

❶ 空港での仕事は「ネット」と「お金」
❷ 空港の外に出る前にはひと息ついて
❸ タクシーはなるべく交渉を避ける

空路入国の手順とは?

日本を飛び立ち、空の旅を終えて、いよいよ出発地点となる街へと着陸する。その前に、持ち物をチェックしてみよう。座席周りやシートポケットに忘れ物はないだろうか。

飛行機を降りて、ボーディングブリッジを歩くかバスに乗り、まず向かうのは入国審査のブースだ。日本を出るときは出国審査をパスしたが、今度は入国してもいい人物であるのか調べられるというわけだ。こうした外国人の出入国に関する役所全般を「イミグレーション」と呼ぶ。旅行者や海外暮らしの長い人は「イミグレ」なんて略していたりする。

なおアライバルビザを取得する場合は、このイミグレ近辺に専用のブースがあるはずだ。探してみよう。そしてビザを取得した後に入国審査の列に並ぶという流れになる。

審査はパスポート情報を調べて国際的危険人物ではないか、この国で過去に不法滞在などしていないか照合するもので、国によっては指紋採取や顔写真撮影がある。質問されることもあるが、英語で滞在目的を聞かれる程度。落ち着いていれば問題なく答えられるはずだ。またフレンドリーな係官が日本に興味を持って、審査とはぜんぜん関係ないことをあれこれ話しかけてくることもある。

無事にパスポートに入国スタンプをもらえたら(最近はこの〝儀式〟を略す国も多いので寂しいが)、次に荷物のピックアップだ。機内に預けているものがあるならターンテーブルに向かって受け取ろう。もし荷物が出てこない場合は、搭乗券に貼られたタグを係官に見せて対処してもらおう。なお一刻も早く旅を始めたいがため(そしてロストバゲージ=荷物の紛失のリスクを避けるため)に、機

内に荷物を預けない旅行者も多い。

現地通貨とネット回線を確保する

さて、荷物が揃ったら空港の外に出る間にやるべきことがふたつある。「お金」と「ネット」だ。

まずは現地通貨の確保だろう。両替の小さなブースに向かうか、ＡＴＭから引き出そう。両替する場合、往々にして空港はレートが悪いので、その日に使うくらいのお金を替えておけばいいだろう。またブースによってレートが違うことがあるので見ておこう。

次はネット回線の確保だ。ｅＳＩＭならスマホの設定を変えるだけですぐに現地の電波をキャッチできる。あらかじめＳＩＭカードを買ってあるならＳＩＭを入れ替えてアクティベートしよう。また空港内のWi-Fiに接続すれば、とりあえずの用件は足せるのでそれでＯＫという人もいるだろう（ただし接続状況の悪い空港もけっこうある）。

そのどれでもなければ、空港内にあるＳＩＭショップに行こう。ここで自分の旅程にあったプラン・データ量を選んでＳＩＭを購入する。スタッフは手慣れたもので、世界のどこ製であろうとスマホを出せばその場でアクティベートまですべてやってくれる。ただし早くても10分かそれ以上の時間はかかるので、旅行者が並んでいたらかなり待つことになる。

空港の外に出る前にちょっと休んで深呼吸

お金とネットを確保し、ついでにトイレにも行ったら、ついに旅の本格的なスタートだ。空港の外に出たら、もうひとりぼっちだ。助けてくれる人は誰もいない。とくに初めての海外旅行なら、ひとりで異国に立ったときの緊張感で恐怖さえ感じるかもしれない。そこを狙ってタクシーの客引きが馴れ馴れしく話しかけてきたりして、さらに不安を煽る。

まずはリラックスしよう。空港を軽く散歩してみるとか、カフェでコーヒーを飲んでみるとか、すぐに動き出さずに気持ちを入れ替えて緊張や昂ぶりを鎮めよう。そうすれば周りが見えてくる。

その上で、市内へ、初日の宿に向かうのだ。空港から電車はエアポートバスなど公共交通機関があるならそれが最も便利で安い。

タクシーは空港内にブースがあるプリペイドタイプや、Grabなど配車アプリを使えば安心だろう。そうでないならメーターを使うタクシーを選ぶこと。そのどれでもないタクシーしか見当たらなければ仕方ない、料金交渉だ。ガイドブックやＳＮＳなどで前もって相場を調べておいて「おかしいな」と感じたらはっきり伝えよう。

そして宿に到着して荷物を下ろして、ほっとひと息ついたら……とりあえず歩いてみてはどうだろう。宿のまわりになにがあるのか、雑貨屋や飯屋やカフェは……こうして街を知り、親しんでいくのだ。そしてなにか買ってみて、現地の価格やお札の色合いにも慣れていく。

「まずは歩くこと」。それがこの先もきっと、新しい街に着いたときのルーチンとなるはずだ。

❖ゲストハウスとはどんな宿なのか

決して安いだけじゃない 心も安らぐのが安宿なんである

旅行者がお世話になる安宿は、単に格安の宿泊施設というだけではない。そこには情報が集まる旅の拠点としての機能が備わっているのだ。

POINT

❶ 設備は値段相応だがそのうち慣れる
❷ 宿の人やほかの旅人に話しかけてみよう
❸ 節約重視の旅ならドミトリーに泊まりたい

安宿とはいかなる場所なのか

バックパッカーが泊まるのは「ゲストハウス」とか「ホステル」と呼ばれるような、いわゆる安宿だ。中華圏では「旅社」だろうか。

こうした宿は最低クラスの部屋になると、あるのはベッドだけだ。ほかには本当になにもない。窓もない。アメニティといえば小さな石鹸がポイとベッドの上に置かれているくらい。

そしてきわめて狭い。荷物を広げるスペースすらないし、ベッドもよく見ればシーツが汚れていたり、しっとりしていたり、ほんのり匂ったり。それでも扇風機とWi-Fiくらいはあるだろう。

値段が上がっていくと、部屋にはいろんなものが増え、広くなる。机や椅子、窓、そしてエアコン……。冷蔵庫とテレビは安宿ではなかなかお目にかかれない高級な調度品といえる。テレビはその国の文化を知るにはなかなか面白いのだが、ゲストハウスでは期待できない。

バス・トイレはこれも安い部屋は共同となる。あまり清潔でないこともあるのでサンダルは持っておいたほうがいいだろう。そしてバスタブは当然ながら、途上国の場合ホットシャワーもあまり期待できない設備だ。予約サイトや公式サイトではいちおう「ホットシャワー完備」なんて記載されてても、ぬるま湯がチロチロ出るだけ、なんてのはよくある。たまに、日本のように熱々のお湯が盛大に出るシャワーのある宿に出会うと、きっと感動すら覚えるだろう。

……なんてことを書くと尻込みしてしまうかもしれない。でも、そのぶん安いのだ。そして旅しているうちにだんだんと慣れてくるし、安宿を生活スペースとしてうまく活用できるようになってくる。居心地の良ささえ感じるはずだ。

▶バックパッカーの宿事情

宿は人との出会いの場でもある

日々の洗濯は自分でやるのだ。南アジアではバスルームにでかいバケツが置いてある。そうでなければシャワーを浴びながら一緒に洗うとか、うまく工夫しよう。部屋で服を乾かすための物干しロープは必須だろう。つまりアイロンが必要な服は持っていかないのも旅人の心得だろう。ランドリーならアイロンまできっちりやってくれるが毎回だとお金がかさむというものだ。

タイ南部タオ島のゲストハウスにあるドミトリー。1泊およそ1500円～

Wi-Fiはいまや世界のどんな安宿でも設置されているが、電波が微弱で部屋によってはぜんぜんつながらない、遅いというのは「あるある」だ。そんなときはルーターの設置してある場所（たいていレセプションだ）まで行けばいくらかは快適になるだろう。

飯はない。普通は素泊まりだ。簡単な朝食を出す宿もあって、共用ロビーや食堂でいただくときは、同じ旅行者同士でコミュニケーションするいい機会だろう。人気の観光地や、外国人の多い宿だったら、近隣へのツアーを募集している宿もある。欧米人、アジア系、日本人、さまざまなバックパッカーたちと知り合えるのもまた安宿のいいところだ。

スタッフはきわめてフランクで、友達感覚で接してくる人もいる。わからないことはなんでも聞こう。次の目的地へのチケット、地元の安くておいしい店、タクシーの相場……。家族経営の宿もあるから、子供たちが旅行者の格好の遊び相手になったりもする。

こうしたたくさんの出会いが、旅を彩り、豊かにしてくれるのだ。

快適なドミトリーが急増中

安宿の中でもとくに安いのがドミトリー、大部屋だ。長旅をするバックパッカーには欠かせない存在だが、近年はどんどん進化してきた。各ベッドには仕切りのカーテンがあって最低限のプライバシーは確保でき、個人用の鍵つきロッカーも完備。枕元にはコンセントや照明も用意され、ちゃんとエアコンも効く。共用ロビーでは冷蔵庫やキッチンがあり、ほかの旅行者とも交流できる。

こうしたドミトリーが世界的に増えている。昔はベッドを詰め込んだだけのまさに雑居房だったが、格段に快適になってきた。部屋はだいたい男女別だが、ごちゃ混ぜの「ミックスドミ」もある。またカプセルホテルも東南アジアなどで増加している。

なおホテル予約サイトではドミトリーの1ベッドから予約できるので便利だ。

❖安宿とはいったいどのくらい安いのか

世界的物価高で宿の値段も上昇中 ドミトリーで1泊1000円前後

旅費のかなりの部分を占めることになる宿泊費。なるべく安く抑えたい。となると、やはりドミトリーに泊まり歩く旅が一番だろう。

POINT

❶南アジアなら500円の宿も
❷大都市や観光地を避ければ少し安くなる
❸基本はドミで疲れたら個室に

ドミトリーは強い味方

「安宿」というが、いったいどれくらい安いのか。これは各国の経済状態によってまちまちで、当然ながら先進国ほど高い。しかし途上国でも経済発展してきているところが大半で、加えて世界的な物価高も影響し、どこも宿代はどんどん上がっている。

さらに日本人旅行者には円安という問題ものしかかる。2022年頃から、日本円の価値が下がっているのだ。同じ1万円でも、海外ではその額で買えるもの、受け取れるサービスが減ってきている。そして宿も、円高傾向にあった時代と比べるとずいぶん高くなったと感じてしまう。世界の経済の上昇についていけてない日本の現実を、かつては安宿扱いだったホテルのベッドの上で考えてしまうかもしれない。

それでも、まだまだリーズナブルな旅はできる。地域を選び、ドミトリーを泊まり歩けば、かなり安く上げることが可能だろう。物価高による世界的な宿代の値上がりをしんどいと感じているのは日本人だけではないようで、ドミトリー併設の宿はアジアやヨーロッパを中心に多くの地域で増えている。

P148で触れたように、快適である程度のプライバシーが確保されたドミ宿がいまの主流になっているし、こういうところではたいていキッチンが併設されている。ローカルな市場やスーパーマーケットで食材を買ってきて料理すれば安上がりだし、地元の生活を知るいい機会にもなる。同宿の旅行者とシェアすれば食費はさらに節約できるだろう。

昔はドミトリーといえば外国人バックパッカーばかりが泊まっていたものだが、最近ではその国の若者と出会うことも多い。経済発展のおかげで旅行を楽しむゆとりも出てきたが、まだ一般的なホテルに泊まるほどの余裕はない若者たちが、仲間同士でドミトリーに泊まっているというわけだ。そんな彼らとの交流もいい刺激になるだろう。

基本的にはドミトリーを駆使しつつ、ときどきはシングルルームに泊まって旅をしていく。長旅のバックパッカーたちはそんなスタイルを取る人が多いようだ。

安宿の地域別ざっくり料金

安宿の具体的な値段だが、まず日本人バックパッカーに人気の東南アジアから見てみよう。

とくに旅行者の多いタイやベトナムでは、ドミトリーが1ベッド1000円前後。安いところは700円くらいから見つかる。新しく設備の良い宿になるとドミトリーでも2000円くらいすることも。シングルは2000円以上。

大都市を離れたり、観光地以外に行けば、まだまだ安い宿はあるし、あるいは同じ値段でもずっと広い部屋に泊まれるなどコスパが良くなる。1500円からシングルが見つかるが、逆にドミトリーが少ないこともある。

カンボジアとラオスは、タイ・ベトナムに比べると1、2割ほど安い感じだ。とくにラオスは通貨安が日本より進んでいて、外国人はお得に旅できる。

シンガポールや台湾、韓国といったアジアの先進国ではドミトリーで1500～4000円ほど。シングルだと最低でも4000円はかかるだろう。シンガポールではドミトリーよりいくらか高めの値段のカプセルホテルも増えている。

インドやネパールなら、500円くらいのドミトリーも探せばまだある。シングルで1000円前後という物件も見つかるだろう。ただし時が止まったかのような年代モノのオンボロ宿もまた遺跡のように現存していて、安さと面白さはあるがアップデートがさかんな東南アジアよりも快適さは下がってしまう。

ヨーロッパはさすがに高い。パリを例にとってみるとドミトリーで4000円前後だ。設備はしっかりしていて清潔だし共用ロビーも広々としたところが多い。シングルは1万円前後だ。

同じヨーロッパでもポルトガルやギリシャなど南欧、ポーランドやハンガリーなど東欧だと、いくぶん安くなる。

アメリカはドミトリーでも5000円を超えてくる。ニューヨークなど大都市では1万円前後する場合も。

目的地を決めたらグーグルマップで目的の街の名前＋ホテルで検索し、日程や宿泊費でソートすると地図上に宿と値段が表示される。まずはこれでざっくりと相場感をつかんでみよう。

タイ南部のリゾート、プーケットにある安ホテル。1泊3000円ほど

❖ ホテル予約サイトを駆使する

値段や設備だけでなく、ロケーションをしっかりチェック

旅には欠かせないホテル予約サイトのチェックポイントや、お得な使い方、注意点などを探ってみよう。

POINT

❶ 自分にとって最優先の項目でソートする
❷ 街歩きしやすい場所を選ぶ
❸ 直前割引きなどセールをチェック

かつてのバックパッカー旅といえば、宿を予約せずに安宿街に向かい、そこで値段を訊きながら宿を決めていくというスタイルが主流だった。しかしいまや昔語り。ほとんどの旅行者がホテル予約サイトを使うようになった。

とはいえバックパッカー旅は予定が立たないというのは、昔からそう変わらない。今日は果たして。どこまで辿り着くか……そんな旅でもある。

予約サイトはそういう旅人にも対応している。泊まる街に着いたら、そこで初めて予約サイトを開き、ゲストハウスを探す。良さそうなところを見つけたら予約する。決断が早ければ、ものの1分ほどで宿が取れてしまう。極端な話、宿の前やフロント前でネット予約する旅行者もいるくらいだ（飛び込みで泊まろうとしたら宿のスタッフに「予約サイトを通したほうが安いよ」なんて言われて、その場で予約をすることだってある）。

数あるホテルからどう選ぶか

旅行者がよく使う予約サイトはAgoda、Booking.com、Hostelworld、Expedia、Hotels.com あたりだろう。いずれも日本語に対応している。

まず入力するのは宿泊する都市の名前、チェックイン・アウトの日、そして人数だ。都市名だけでなくその街の駅や観光名所、通りなどを入力できることもある。検索してみると無数のホテルが表示されるだろう。大きな街になると、数百、数千と、かなりの軒数になる。ここから絞り込んでいくわけだ。

まずは料金だろうか。安い順にソートする。街によって違いはあるが、1泊1000円を割り込むような安い宿もぞろぞろ出てくる。この大半はドミトリーで、ベッドひとつの値段。「安い！」と思って予約したら個室ではなく大部屋のベッ

タイ東部トラートのホテル。朝食つきで1泊3000円ほど

ドだった……なんて失敗談もある。

ほかにも部屋の設備の有無を選んでソートできる。エアコン、Wi-Fi、バルコニーなど。キッチン、洗濯機なんて設備があればバックパッカー向けのサービスが充実したドミ宿の可能性が高い。

宿泊施設のタイプもいろいろ選べるが、「ホテル」や「リゾート」ではなく「ゲストハウス」「ホステル」「イン」あたりが安宿だろう。

部屋などの写真も見ておきたい。清潔感があまりないとか、同じ写真ばかりでやる気を感じないとか、街の写真が並んでいて肝心の宿の写真がないなんてところは避けたほうがいいかも。

口コミをチェックする旅行者も多いが、これはどこまでアテにできるのだろう。たとえば「すぐそばが繁華街でうるさかった」という低評価でも、賑やかなのは気にならない人にとってはマイナス点ではない。口コミは泊まる上で自分が重視したいことをピンポイントに見ていくといいだろう。またＰ１６０も参考に。

立地はしっかりチェックを

とくに慎重に選びたいのはロケーションだ。安くて設備もよさそうな宿だと思って場所を考えずに決めてしまったら、治安の悪い地域だったり、あるいはネオン渦巻く歓楽街の、しかも連れ込み宿だったり……。

男ひとり旅であればそれでもいいかもしれないが、女性だとそういうわけにもいかない。こうしたマイナス要素は予約サイトでも（もちろんホテルの公式サイトでも）表記はされていない。立地は口コミやＳＮＳ、ガイドブックなどであらかじめ調べておこう。

また中心部から離れた郊外だと地価のぶんだけ安いのだが、どこに行くにもタクシーしかない、なんてことにもなりかねず、交通費がかかってしまう。

バックパッカー的には、下町の繁華街で公共交通機関の駅からも徒歩圏内のような場所にある宿が、移動にも食事や買い物にも便利だろう。

逆にロケーションからホテルを選ぶ方法もある。グーグルマップを見てみよう。上部の「ホテル」をタップすると、その地図内にある宿泊施設が、値段とともに表示される。やはり宿泊日と値段でソートできる。気になる宿を選ぶと、写真や口コミのほか、提携している各種予約サイト、公式サイトがあればそちらも表示されるので、予約に進んでいく。

この方法だと、駅とか空港などからの距離や、その街のどこに宿が固まっているのか＝便利な立地なのかがパッとわかる。街の姿を視覚的に捉えやすく、実際の街歩きにも役立つ。

なお旅行者たちが実際にどう予約サイトを使っているのか、P156のアンケートも参考にしてほしい。

少しでも安く泊まるためには？

各サイトともお客を囲いこむためにいろいろなサービスを打ち出している。複数回の利用で特別な会員になることができてプロモーション料金が適用されたりもする。長い旅ならひとつかふたつのサイトに絞っていくという旅行者も。

またサイトやホテルによっては、期間限定のセールもあるし、直前だと売れ残っている部屋を格安で予約できることもある。バックパッカーに縁のないようないいホテルに泊まるチャンスだ。明日どこに行くかわからない旅をしているバックパッカーには、直前割引狙いで宿や目的の街を定めるというのはある種マッチしているかもしれない。

また同じ宿でも予約サイトによって料金が微妙に違うことがある。いくつか見比べるといいだろう。それと、ホテルの公式サイトがあり、料金に大差がないなら、予約サイトを通さずに直接予約するという旅行者もいる。なにかトラブルがあった際、予約サイトを介さないほうが話が早いからだ。

予約サイトによって違いはある？

予約サイトによって個性はいろいろとある。Agoda はシンガポールの会社なのでアジアに強く、またプロモーションがさかんだ。ＡＮＡやＪＡＬのマイルも貯まる。Booking.com はドミ宿や、キャンプ場のテントひとつまで網羅しており辺境旅にも強く掲載数では群を抜いているが、サイト側から宿への料金未払い、クレカ情報の盗難、宿が実在しない(→P277)などのトラブルも相次いでいる。Hostelworld は掲載数は少ないがバックパッカー向けのゲストハウス、ホステルが充実している。Airbnb は民泊を多く扱っていて、物件によってはホストとのコミュニケーションを楽しめる。安い宿もけっこう見つかる。

Expedia はアメリカの会社で欧米に強く、Hotels.com も傘下に置く。中国の Trip.com は東アジアに強い。

またそれぞれの国のローカルな予約サイトもある。グーグルマップなどで横断的にいろいろなサイトを見ていると、引っかかってくることもあるだろう。現地発行のクレジットカードしか使えないこともあるが、とりあえず予約だけ入れて料金は宿泊時に現地払いができたりもする。しかし途上国のサイトだと、予約したはずなのに通っていない、なんてことも起こりがちだ。

現地で宿に着いたら

予約が完了するとメールが送られてくる。いちおう目を通しておこう。

現地では名前を告げるかパスポートを見せれば、予約を確認してすぐに泊まれる。チェックイン時間より早くても掃除が終わっていれば部屋を使えることもよくある。このあたりは安宿ほどフレキシブルだ。そうでなくても荷物だけ預かってもらうことはできる。なお有料でアーリーチェックインやレイトチェックアウトを受け付けているところも多い。

それから、予約内容と部屋の設備が違うなら、しっかり抗議を。場合によっては部屋を変えてもらおう。

また昨今は「フロントがない」安宿も増えている。入口がオートロックになっていて、その暗証番号がメールで送られてくる仕組みだ。スタッフがいるのは日中だけで夕方以降は誰もおらず、夜はゲストが部屋の鍵と宿の鍵を持って外出するという宿もある。

韓国や台湾ではチェックインの前にLINEをつなげて、チェックインの方法や鍵の開け方などやり取りすることも。先方は翻訳アプリを使っているので言葉がわからなくても大丈夫ではあるが、人件費を抑えるためにどの国もITを活用しているというわけだ。

なお世の中のすべてのホテルが予約サイトと提携しているわけではない。ネットでは見つからない宿、予約を受けつけていない宿もある。途上国の昔ながらの安宿や隊商宿、市場のまわりの商人宿などがそんな傾向だ。飛び込みでそういう宿を探す旅も楽しいものだ。

Expedia
▶アメリカが拠点。契約ホテルは59万軒。Hotels.comも傘下。オンライン予約会社としての取扱高は世界1位。

Hotel.com
▶Expediaグループのウェブサイト。30万軒以上のホテルを扱うが、安宿は少なめ。

Booking.com
▶オランダに本社があり、契約ホテルは2800万軒とオンライン旅行会社の中では最も多いがトラブルも多発。

Hostelworld
▶世界180か国、1万6500軒以上のホステルやゲストハウスを扱う。若い層の利用が多い。

Agoda
▶アジアを中心に200万軒以上のホテルを扱う。シンガポールに本社がある。プロモーションが充実。

Airbnb
▶民泊を中心とした宿泊の仲介サービス。通称エアビー。地元の生活に触れる体験も可能。

Traveller's Opinion

ホテルの予約はどうやっていますか?

Booking.comとagodaを使う旅行者が多いが、
宿を確保するにはほかにもさまざまな方法があるようだ。
そして宿を選ぶときのポイントも聞いてみた。

ドミトリー宿が多く載っているように思うのでBooking.comを使っています。あとはHostelworldもチェックします。
（20代・学生・男）

予約サイトで値段を調べても、取るのは公式サイトから。ホテルと直でやり取りするほうが融通が利くし、キャンセルポリシーがゆるいから。公式サイトがなくFacebookだけのときはメッセンジャーを使います。
（バンコク在住・宮城英二）

Agoda一択です。優柔不断なんで、あれこれ見ると決められなくなっちゃう。
（まさみ）

ヨーロッパではAirbnbでスーパーホスト（優良認定されたホスト）を訪ねて泊まっていました。料理を一緒にしてくれるスーパーホストが見つかると、ホームステイのような感じになって楽しかったです。なるべく安く、1泊4、5000円と値段で決めて泊まり歩いていたので、観光地でもなんでもない街をたどっていく旅になりました。Facebookの女性限定のホストを探すグループにも参加して、ここでも一緒に料理をしてくれる人を募集して、オランダやドイツを旅しました。
（きょうこ）

▶Traveller's Opinion❹

グーグルマップでホテルを検索すると日付や値段でソートできるし、地図にも値段が表記されてわかりやすいです。提携している予約サイトや、口コミもチェックできます。
（つむぎ）

可能ならその街に着いてから宿を予約したい。その街が気に入るかどうかわからないので。すぐ出たくなったらすぐ出たい。選ぶときのポイントは①ドミはカーテンがあるか、男女別かどうか。②個室は、窓があるか、眺望がいいか。ヨーロッパならキッチンがあるかどうか（外食高いし）。③できれば伝統的な建築物など、滞在がエンタメになるような宿に泊まりたい。（まえだなをこ）

時代遅れかもしれませんが、あまり予約はしません。予約に縛られたくないので。飛び込みのほうが写真ではなく部屋をちゃんと確認してから泊まれるから満足度は高いと思う。（40代・会社員・男性）

アプリが管理しやすく地図が見やすいのでAgodaかBooking.comですね。できれば評価8以上。トイレの真上にシャワーがあるようなところは避けたいですね。（稲村航平）

インドの場合はMakeMyTripの掲載数が多いので、Booking.comに候補が少ないときはこっちを使います。（ミサ・30代・女性）

街歩きに便利な場所を選びます。それと、旅先で仕事をすることもあるのでネット環境がしっかりしているかどうか。（岡井稔）

写真を見て、なるべく衛生的そうなところを選びます。
（森田聡）

予約が一般的になったが、飛び込みだけでも旅はできる

事前予約はすべきかどうか、客引きという存在、部屋の選び方の基準や、気にしておきたい点など、安宿のあれこれを考える。

POINT
- ❶最初の1泊目は予約したほうが安心
- ❷予約サイトではわからないポイントも
- ❸予約のないドキドキ感も旅の面白さのひとつ

予約は必要なのか？

自由気ままに、あてずっぽうに旅をするのがバックパッカーであると思うのだ。今日の宿は今日決めればいい。街に着いたら賑やかそうな方角へと歩き、宿を探して、部屋が空いていれば泊まる。もちろん料金の交渉は忘れない……。

そんなスタイルはしかし、過去のものになりつつある。ホテル予約サイトの世界的な普及によって、たとえドミトリーのベッドひとつだって、事前予約しておいて旅をすることが当たり前になってきた。むしろ予約ナシだと安宿でも困惑されるケースすら増えている。

とはいえ旅程をぜんぶカッチリ決めてしまっては旅の面白さも減ってしまう。急に予定を変更したり、行きたい場所が出てくることだってある。そこで、1～2日後の宿を予約しつつ旅を進めていくという旅行者が多いようだ。

そして予約ナシで歩いているバックパッカーもいるし、それでも旅は十分に可能だ。バスや列車で街に着き、それから「さあどこに泊まろう」と考える。その先が決まっていない不安定さと読めなさにこそ、旅人は自由を感じるのだ。

こんなとき、客引きに声をかけられることもある。南アジアに多いだろうか。「チープホテル」なんて言ってきて、けっこうしつこくつきまとってくるのだ。タクシーなどの運転手が宿の客引きを兼ねていることもある。彼らを果たして信用していいのだろうか。

見極めはなかなか難しいが、ホテルのスタッフや、家族経営の宿でその家族の誰かが客を引いているなら、まあ大丈夫だろう。タクシーなどはマージン欲しさに強引に迫ってくることがあるし、宿までのタクシー代も請求されたりする。怖さを感じたら無視すべきだ。

いずれにせよ、ついていく前に料金と施設の内容をしっかり確認すること。そして案内された宿もちゃんと観察し、怪しげだったり聞いていた話と違うならキッパリ断ろう。また、客引きを出すほど泊まり客がいないわけだから、料金交渉の余地は十分にある。

なお、予約をしていったほうがいいときもある。まず旅の初日の1泊目。なにかとバタバタするし、初海外や初ひとり旅であれば緊張もする。初日の宿は確保しておくといくらか安心だ。それから、その国のお祭りや長期休暇、年末年始も早めに予約しておいたほうがいい。

泊まる前にチェックしたい、安宿の設備のあれこれ

飛び込みのいい点は、泊まる前に設備をチェックできるということだ。

まずは立地だろうか。まわりに雑貨屋とか食堂、屋台街などがあること。庶民が行き交う下町的で賑やかな繁華街がバックパッカーが拠点とするには最も便利なロケーションである。反対に交通の乏しい郊外とか、繁華街と遠く離れた住宅地などはなにをするにも不便だ。

Wi-Fiの状態は重要だ。その場でスマホをつなげて調べてみるといい。レセプション周辺しかWi-Fiが届かず、部屋ではほとんど使えない……なんてことはきわめて多い。この場合レセプションに近い部屋に変えてもらう手もある。

コンセントがひとつしかないと充電などに困るかもしれない。複数のコンセントがあり、ひとつは枕元にも設置されているといろいろな作業をしつつ充電できるので高得点だ。

昼間は気づかないが、照明も気になるところ。間接照明だけでやたらに暗い宿もある。また窓がない部屋は総じて安いが、連泊していると気が滅入る、時間感覚が狂うと話す旅行者もいる。エアコンはあってもリモコンの電池が切れているというのも実によくある。交換を要求しよう。またひんぱんに洗濯するので洗濯紐をひっかけられる場所がある部屋を選ぶ、という旅行者もいる。

バスルームでは水がちゃんと出るのか。変なニオイはしないか。ホットシャワーという触れ込みなら、お湯の具合もチェックを。またお湯を出す難易度が高い物件もときどきある。まずタンクに水を貯め、それを電気で温める方式で、やたら時間がかかるタイプとか、やっと温まってもシャワーではなくバケツに出すしかなく、行水スタイルとなるタイプなどもあり、世界の広さを実感するだろう。

バス・トイレ共同ならそのスペースの快適さ、清潔さ。ドミトリーの場合はしっかり鍵のかかるロッカーがあるかどうか、女性の場合は女性専用ドミトリーがあるのかも大切だ。さらには同室となるメンツに怪しそうなやつが紛れ込んでいないか、体調が悪そうな人がいないか。

加えて、宿のスタッフの人柄だろうか。フレンドリーで英語が通じれば楽しい滞在になるだろう。

これらのチェックポイントは、細かいように見えて快適な旅のためには大事だったりする。そして予約サイトだとわかりづらい部分でもある。安宿はけっこう奥深いのである。

Explore The World

ネットにあふれる口コミをどう読み解くか？宿屋目線で見たホテルサイトの見分け方

京都の町家旅館でマネージャーを務める筆者が、自らの経験をもとにネットにあふれる情報から良いホテルの見分け方を伝授する。

文▼山田静

京都で宿屋稼業を始めて7年がたったいま、痛感しているのは口コミパワーのありがたさと怖さだ。

「レビューが良かったから来た」とはっきり口にする人も少なくないし、「高評価のレビューに期待しすぎた」という口コミもある。自分が旅をしていても、宿のご主人から「よければレビューを残してね」と頼まれることも少なくない。口コミがたくさん集まるのは喜ばしいことだし、褒められたらうれしい。逆にマイナスの評価でも、それが改善のきっかけになることは少なくない。実際わが宿でも、朝食やオペレーションの流れなどは口コミを参考に改良を重ねてきている。

宿屋にとっていちばん怖いのは、勘違いから来る低評価だ。わが宿の場合、たとえば「部屋に温泉がない」「夕食がついてなかった」「朝食にハムやソーセージがない」など。ちょっとでも自分でリサーチすればわかることなのだが、〝京都の旅館〟という言葉だけに惹かれて予約してくる人にとっては、「思ってたんと違う」だけで低評価の理由になる。

ちなみに日本人はおおむね評価が厳しく、海外のゲストは評価がゆるい。これには理由があって、日本人はサービスに対して減点方式、外国人は加点方式で評価する傾向が強い。日本人にとってはサービスは満点が当たり前で、ちょっとでも期待と違うと減点される。いっぽう外国人はそもそもサービスに期待しておらず、嬉しいことがあると加点していくため、最終的に満点でフィニッシュ、というパターンが多いように思う。どっちがいい悪いの話ではないが、これが世界に誇る日本のサービスを磨きあげてきたのかな、とも思う。

どんな内容にせよ、口コミの平均点数で評価が下される宿屋にとっては死活問題である。運営サイトは明確な証拠がないと口コミの削除はしてくれないので、返信欄でくどくどと説明を行うしかない。当方に落ち度があった場合はすみやかに謝罪と説明を行うが、なんにしてもなかなか労力を使う。

で、これを延々と日常で繰り返したり、宿のサイトをいじっているうちに、自分が旅をするときのホテルや予約サイトの見方もちょっとわかってきたのでシェアしていこう。

▼予約サイトで読み解くやばい宿

日本の予約サイト、たとえば「じゃらん」や「楽天トラベル」はホテル自身がアピールできる余地を多く残しているが、海外サイトの場合は世界基準で表現を統一しているため、使い慣れていないユーザーにとってはイメージが掴みにくいだろう。例えば大手B社の場合、有名観光地からの距離や設備の説明など世界均一の標準表記があり、それ以外の記載は一度本国に文章を送り英訳してもらい、それを日本語に訳すという手順を踏むため、どうしたって宿側の言いたいことは全部は伝わらない。このため各施設が力を入れるのが写真だ。実際この写真と、口コミのチェックポイントを解説したい。実際に宿を選ぶときの参考にしてほしい。

《写真の見方》

多くの施設が広角レンズで撮影しており、肉眼より広くきれいに見えている。これを念頭に置きつつ、以下を確認。

・部屋の写真でカーテンが全部閉まっている
↓眺望がゼロ、または隣のビルしか見えない可能性あり。
・浴室の写真がない
↓大事なポイントなので、ないのは不自然で、かなり貧相な可能性がある。ホットシャワーがあるのか、タオルなどの供給はあるかなど、部屋の説明をしっかりチェックすること。
・有名観光地の写真が施設写真より多い
↓部屋を見せたくない、あるいは建設中の可能性がある。
・表札やゲストとの交流、口コミ点数だけのアップ写真、花やインテリアのアップ、ロビーのイメージ写真などが多い
↓右に同じ。部屋の写真が少ないのはとにかく怪しい。説明に記載されているはずの部屋面積、眺望やWi-Fiなどの条件をしっかり確認しよう。

部屋のカーテンが全部閉めてある宿や、口コミで「うるさい」などと複数の人に書かれている宿については、グーグルマップのストリートビューで周囲の環境をチェックするのもひとつの方法だ。手ごろな宿だと思ったら歓楽街のど真ん中、いわゆる連れ込み宿やラブホテルという可能性もある。ちなみにこの写真の見方は、宿自体のウェブサイトにもあてはまるので、よーく眺めてみよう。

《口コミの見方》

次に口コミの見方である。はっきり言って、施設側がやらせを仕込むことは難しくない。グーグルマップのように誰でも書き込めるサイトはもちろん「宿泊者だけが口コミを書ける」はずの予約サイトでも、関係者に予約してもらい、泊まったことにすればいいのだ。予約サイトに払うコミッションは発生するが、広告宣伝費と割り切ればいい（……って、ウ

チはやったことないですよ)。

一概にはいえないが、「清潔でスタッフも親切」「素晴らしい滞在」など、一本調子で褒め称える口コミがずらっと並んでいるときは、ちょっと疑ってみよう。その高評価の口コミを書いているのが口コミ件数1、みたいなユーザーだったらさらに怪しい。

これに気がついたら、まず、口コミの並ぶ順序を「低評価」→「高評価」にしてみよう。あら不思議、たくさんの高評価にまぎれて見えなかった星1つ、2つの口コミがいっぱい出てくることがある。しかもこの1年くらいの低評価口コミが多かったとしたら、限りなくグレーに近い。さらに調べてみたい場合は、ほかのサイトも当たってみよう。

極端な低評価もまた、同業者の嫌がらせという疑惑もなきにしもあらず。前述の勘違いという可能性もある。だがひとつふたつならともかく、複数サイトで複数の人が同じ具体的なことを言っているのなら、(フロントスタッフが態度最悪とか、地図と違う場所に宿があるとか)かなり疑わしい。

が、ここまで調べるのはまあまあ面倒くさい。もっとちゃっと信用できる宿を見分けるにはどうすればいいか。
・少なくとも100以上の口コミが入っている
・いろんな国の人からの評価が入っている
この2点がクリアできていれば、まあ確実だろう。

やらせが可能だとはいえ、口コミの世界はそんなに甘くはない。自分たちが口コミを生産することはできても、世界じゅうから寄せられる口コミをブロックすることは不可能だ。口コミの件数が多くなればなるほど、信用度は上がる。口コミの点数が良かったとしても、その件数が1件や2件だったら、それはないも同然。民泊だとしたら、関係者が口コミを入れているだけの可能性が高い。

この2点がクリアできていたとしても、低評価の口コミはいちおうチェックしておこう。見ておきたいのは、その口コミに対する宿の反応だ。感情的に相手を攻撃するような反論をしていないか? きちんと説明をしているか? これらを見ていくと、その宿の人柄のようなものが見えてくるはずだ。

▼予約後のアクションでトラブル回避

予約完了してからも、念には念を。多くのホテルは予約成立後、自動返信でアクセスや支払い方法についてメッセージを送ってくる。大型ホテルだとあまり相手にしてもらえないが、バックパッカーが泊まるような小規模ホテルやB&B、民泊、ホステルだと質問に答えてくれることも多い。

施設に対する疑問はもちろん、ネットで調べてもわからない現地のバスの時刻や予約方法、旅行会社の紹介など、わからないことは聞いてみよう。小回りの効く宿なら予約代行もするだろうし、あるいは参考サイトのリンクを教えてくれたりする。英語が苦手なら翻訳アプリをフル活用だ。

こういったやりとりを行うことで予約確認にもなるし、相手の人柄もなんとなくわかってくる。逆に質問にいっさい回答がなく、予約確認メールも来ないような場合は、自分の予約が入っているのか再度確認したほうがいいかもしれない。観光シーズンだけ開けている民泊の場合、シーズンオフに入ってもうっかり予約受付停止するのを忘れてしまい、予約が入っていることに気がつかなった、なんて場合も（私がキルギスのイシククル湖に行ったときがそうだった）。宿泊のプロではない民泊の場合、現地に着いたら予約が通っていなかった、なにかの都合で宿泊拒否された、なんてケースも散見される。こうした予防策にも事前のやりとりが効果的だ。

▼チェックイン後も戦いは続く

到着してからも気は抜けない。

まずチェックインして、部屋に入ったときにあまりにも条件と違う（写真とぜんぜん違う、広さが違うなど）場合は抗議を。支払いについても、現地払いなのか事前払いなのか確認しておくこと。お互いの意思疎通のためにも、英語の予約確認書をダウンロードしておこう。条件と異なる場合はその場でキャンセル、または部屋変更を申し出るべし。揉めてしまった場合は予約サイトのカスタマーセンターに連絡だ。

ここで対応するホテルのスタッフは、あなたがその街で会話する最初の現地人、というケースが多いはず。なのでこのときに、相手の言動や態度を見極めたい。適当だったり横柄だったりするスタッフだった場合は、そのあと入る部屋のチェックもよりいっそうちゃんとしておきたい。

部屋に通されてからも、とくに女性は気をつけよう。ホテルマンが全員善良とは限らない。部屋案内に来たスタッフが立ち去らなかったりしたら、毅然とした態度で相手を出してドアを閉めよう。部屋の鍵が内側からかかるかどうか、避難経路なども確認しておきたい。あまりにも危険な空気だったら、部屋に入ったあともキャンセルを検討しよう。

部屋の清潔さは浴室とベッドを見ればだいたいわかる。古くても清潔に保たれた宿はいくらでもある。新しい宿だと一見きれいに見えるが、髪の毛が床に何本も落ちていたり、リネン類にシミがついていたりしたら警戒を。そんな宿で行うべきは、布団チェックだ。ベッドバグ（南京虫）などの虫の痕跡を探すべし。戸棚などもひととおり開けてみて、破損や妙な荷物がないかチェックしてみよう。

いろいろやってみて、どうにも落ち着かない、怪しい、ということであれば、思い切って宿を変えるべし。1泊ぶんの宿泊代金がムダになるかもしれないが、スタッフを警戒し続けたり、南京虫にやられるよりはマシだ。

宿探しは奥が深い。だが場数をこなすうち、自分の好みの宿のタイプ、というのが見えてくるはずだ。旅先でいちばん長時間を過ごす宿のチョイス、おろそかにすべきではない。

❖ユーラシア各地にある「安宿街」を歩く

「旅人の基地」と呼ばれた街はいま過渡期の真っ最中にある

ゲストハウスと旅行会社が並び、旅に必要なものはなんでも揃う安宿街。しかしいま、少しずつ「バックパッカーの安宿街離れ」が進んでいる。

旅の必要な機能が集まった街

世界のあちこちにはバックパッカーたちが集まってくる街がある。そこには格安のゲストハウスが軒を連ね、バスや列車のチケットや周辺国のビザを手配する旅行会社、両替屋、安食堂や屋台などがびっしりと密集する。夜になればバックパックを下ろした旅人たちがパブやレストランに集い、旅の話で盛り上がる。そしてこの街でしばらく羽を休めたら、またどこかへと旅立っていく……。

まさに旅のターミナルといえる存在で「安宿街」とも呼ばれている。タイ、インド、ベトナム、ネパール、香港などアジアを中心とした世界各地にあり、とりあえずここにやってくれば旅は何とかなる。そんな場所だ。

どこに泊まるかアテがなくても安宿街ならいくらでも宿があるし、混みあうシーズンでもどこかに空いている部屋が見つかる。安宿だけではなく中級どころのホテルも多い。

旅行会社では交通の便を確保できるだけでなく近隣への格安ツアーを扱っていることもあるし、旅行事情に詳しいのでいろいろなことを教えてもらえる。

旅のショップも充実している。外国人でも買えるSIMカードとか、カバンやリュックや充電器やモバイルバッテリーなど旅行用品の店、それに土産物屋も並ぶ。ファッションの店も多い。

共通語はブロークン・イングリッシュだ。カトコトの英語でだいたいの用は足せる。欧米人バックパッカーがたむろすレストランに行けば洋食もあるから、地元の食事に疲れたときにはいい。

こうした旅のインフラともいえる機能が詰め込まれた安宿街は、バックパッカーたちのベースキャンプとして愛されてきた。気の合う仲間が見つかったり、どこかで会った旅人とばったり再会したり、人と人をつなぐ場所でもあった。

インターネットが安宿街を変えていく

安宿街はヒッピーたちがユーラシア大陸を放浪していた1960〜70年代にその原型がつくられ、グローバル化が進んだ90年代から2000年代初頭にかけて大いに発展した。

しかしいまでは、その性格がずいぶんと変わりつつある。背景にあるのはインターネットとスマートフォンの爆発的な普及だ。特定の街にわざわざ集まらなくても、手元で旅の情報がいくらでも手に入るようになった。交通のチケットはスマホで買える。ビザが必要な国は減ったし、オンラインでの手続きも一般的になった。いまや安宿街の機能に頼らなくても旅ができる時代なのだ。

タイの安宿街カオサン通りにある旅行会社。旅人たちが世話になる存在だ

そしてホテル予約サイトを使えば、安宿街でなくてもいい宿はたくさんあることがわかる。安宿街よりも空港とか、旅の目的地に近いとか、自分にとって便利な場所を選べる。あえて安宿街に来なくてもいいのだ。

こうした理由で旅行者の分散化が進んでいる。とりわけ日本人旅行者は安宿街を選ばなくなっているように感じる。その流れを受けて、ゲストハウスやホステルの側も安宿街にこだわらず別の場所に展開するようにもなってきている。

そして安宿街はそれ自体が観光スポットとして開発される傾向にあり、クラブが立ち並ぶ夜遊びの街に変貌したところも多い。これも従来のストイックに旅をしたいバックパッカーが離れていく理由にもなった。

地価が上がり、そのぶんだけ宿代も上がり、かつてのように「安かろう、悪かろう」ではなく、おしゃれでいくらか値の張る宿が中心になりつつある。外国人旅行者よりもむしろ、各国の経済成長もあって地元の若者たちが楽しむ場所に変わっていく……。安宿街はまた、時代を映す鏡でもあったのだ。

それでも旅人の基地であり続ける

だいぶ様変わりしたとはいえ、「そこに行けばなんとかなる」という街であることに変わりはない。安宿も旅行会社もたくさんあるし、旅の拠点としての機能は健在だ。ドミトリー宿がたくさんあるので、宿探しをするときの選択肢にはやはり入ってくるだろう。

それに、いまでも歩いているだけでヒッピーやバックパッカーたちが築き上げてきた旅の文化のようなものを感じられる。歴史の古い老舗宿に泊まってみるのも楽しい。

観光地化はますます進んでいくだろうが、まだまだ旅人の街であり続けてほしいと思うのだ。

安宿街の代名詞、カオサン通り

「世界最大の安宿街」「バックパッカーの聖地」とも呼ばれ、親しまれてきたのがタイの首都バンコクにあるカオサン通りだ。都内西部、人気の観光スポットである王宮のそばに位置しており、３００メートルほどのカオサン通りを中心とした広い範囲にゲストハウスやレストラン、クラブなどが密集する。

旅行会社も数多く、大半のホテルやゲストハウスでも交通のチケットを確保できるし、カオサン発のツーリストバスもガンガン発着している。国境を越えてカンボジアのアンコールワットまで行くものなどルートも多彩だ。宿は格安ドミから日本人宿、プール付きのおしゃれホテルまで幅広い。アジアを旅していれば必ずこの街のことを聞くだろうし、また訪れることもあるだろう。

安宿街として一大発展を遂げた理由はいくつもある。まずバンコクはインドシナ半島のみならず東南アジアの中心に位置し、インド方面と中国方面の結節点でもあり、航空路線のハブだということ。だから世界各地への緊密な路線を持っていて、古くから格安航空券が出回る街だった。それに全方位外交を得意とするタイは首都に各国の大使館が置かれていて、ビザを取るのにも都合がいい。加えて物価が安く、また気さくなタイ人の国民性もあって、旅行者が集まってくるようになったのだ。

そんなカオサン通りも中心部はクラブが乱立するナイトスポットとなり、安宿街というイメージが薄れつつある。安宿も旅行者も、カオサン通りの周縁部に移りつつある。バンコクのほかの地域にもドミトリーのあるホステルがどんどん増えているので、地下鉄や高架鉄道の路線がないカオサン通りにあえて泊まる旅行者は減っていくだろう。

それでも、独特の無国籍な空気感が楽しくはあるので王宮観光のついでにでも立ち寄ってみてはどうだろう。

タイではバンコクのほか、北部の古都チェンマイの旧市街や、ミャンマー国境に近い山間部の村パーイ、南部のパンガン島がバックパッカーのたまり場だ。

夜になるとクラブの爆音が響くカオサン通りも昼間は静か

東南アジア各地の安宿街

インドシナ半島ではカオサン通りに次ぐ規模の安宿街が、ベトナム南部の商業都市ホーチミンのデタム地区だ。

発展著しいホーチミンの中心部へも徒歩圏内である9月23日公園の南側に広がりエリアで、もともとはファングーラオ通りという道に安宿や旅行会社が集まっていた。いまではその南を走るブイビエン通りと、ふたつの通りを結ぶデタム通りのほうにも安宿街は拡大している。

宿はカオサン通りよりもやや安く、コスパが良い印象だ。設備のしっかりした中級ホテルも多い。インドシナ半島をめぐる旅をしているバックパッカーたちが欧米人も日本人も集まってくる街になっていて、いまではカオサン通りよりも安宿街らしい安宿街といえるかもしれない。地元民の集まる安飯屋などもたくさんあり、下町の賑わいも楽しめる。

北部の首都ハノイではホアンキエム湖の周辺に安宿が固まっている。この街からラオスや中国へと抜ける、あるいはベトナムを縦断する旅人たちの拠点として賑わっている。

カンボジアはなんといっても世界遺産アンコールワット観光の基地となるシェムリアップの街全体に安宿が点在している。日本人宿もいくつかある。遺跡だけではなく、周囲に広がる農村ののどかな風情に惹かれて長逗留する旅行者も多いところだ。

マレーシアにも安宿街がある。ペナン島の中心都市ジョージタウンのチュリア通り周辺だ。イギリス統治時代に東西貿易で栄えた頃の建造物がたくさん残されていて街そのものが世界遺産になっているが、ここがまた安宿街でもあるのだ。というのも、かつてはペナン島からインドへと渡る船が出ており、それに乗るためにヒッピーが集まるようになったと言われている。いまはペナン島がリゾート開発されたこともあり、訪れるバックパッカーは減ったが、安宿はいまも多い。そしてさまざまな文化が入り混じってきただけに、美食の街でもある。

インドネシアの首都ジャカルタにはジャラン・ジャクサが安宿街だが、昔ほどの賑わいはない。

香港名物の雑居ビル&日本の安宿街

香港ではビルそのものが安宿街という物件がある。重慶大廈（チョンキンマンション）だ。全17階の老朽化した雑居ビルで、下層階では中東・アフリカ系の移民や商売人が集まるカレー屋や両替屋、雑貨屋などが立て込み、上階にはあやしげな工場や小さな会社、それに個人の住宅も混じり、加えて数多くの安宿も営業しているカオスさだ。

ドミトリー2500円、シングルだと4000円以上が相場だろうか。どの宿もきわめて狭いが立地は最高で、香港の中心地・尖沙咀（チムサーチョイ）のど真ん中。旅人のバイブル『深夜特急』にも登場するし、1994年公開の香港映画『恋する惑星』の舞台としても有名。

ちなみに日本にも安宿街がある。大阪の西成、東京の山谷だ。どちらも日雇い労働者が暮らす簡易宿泊所の街だったが、日本国内のインバウンド需要が大きくなるにつれて外国人旅行者も急増。外国語のわかるスタッフを配置し、Wi-Fiを完備するなど外国人対応を進め、街のあちこちに英語表記も見られるようになり、両替所や荷物預け所もできるなど、安宿街としての機能が備わりつつある。ドミトリー、シングルともに1500円〜と東南アジア並み。

ヒマラヤに抱かれた旅人の街

南アジアでもとくに旅人が行き交う安宿街が、ネパールの首都カトマンズにあるタメル地区だろう。ゲストハウスや安食堂、両替屋に荷物発送を請け負う店などがひしめきあうが、特徴的であるのはヒマラヤ・トレッキングを目的とする旅行者もたくさん歩いていることだ。そのため登山用品店や、防寒着やブランケットなどの店、トレッキングツアーを扱う旅行会社なども目立つ。インド亜大陸を旅してきたバックパッカーたちも、タメルに漂う「山の町」の風情にあてられ、ここで装備を整えてヒマラヤの山懐に出かけていったりもする。

タメルにも近年ではおしゃれなカフェなどが増え、いくらかハデになったものの、古き良き安宿街のたたずまいもまだたっぷり残っている。

そしてタメルから南に歩いていくと、石畳の狭い路地が縦横に伸びる迷路のような旧市街に出る。小さな間口の商店が立て込み、路上にも野菜や日用品や乾物を売る露店がびっしりと連なり、かと思ったら小さな寺院や祠が現れ、鐘の音が聞こえてきたりもする。ネパール人の生活の様子がよく伝わってくる界隈だ。さらに南へと進めば、かつての王宮や歴史ある寺院が立ち並ぶダルバール広場へと至る。中世に迷い込んだかのような錯覚すら覚える旧市街は、いくら歩いても飽きることがない。

ちなみに、ダルバール広場の南側には1960年代にヒッピーのたまり場だったというジョッチェン通りがある。いまでも安宿が点在している。

ネパールでは中部のポカラにもバックパッカーが多い。ペワ湖のほとりに広がるレイクサイドと呼ばれる一帯が、ツーリストエリアになっていて安宿にも事欠かない。乾季で晴れていれば中部ヒマラヤのアンナプルナ連峰がよく見えるだろう。ポカラはその山々へのトレッキングの拠点となっている。郊外のサランコットの丘に登れば、山歩きをしなくてもアンナプルナの雄大な絶景を見られる。

レイクサイドは観光開発がどんどん進んで賑やかさを増しているが、ペワ湖の南端にあるダムサイドというエリアのほうはまだまだ静か。90～00年代は日本人バックパッカーが多い場所だったことでも知られている。

バックパッカーとトレッカーで賑わうカトマンズのタメル地区

インドの3大安宿街

インドは各地にバックパッカーの基地となる街が点在しているが、代表的な場所がヒンドゥー教の聖地バラナシ旧市街のベンガリー・トラだろう。

聖なる大河ガンジスの西岸である。石造りの古びた建物や寺院が密集し、細い路地が複雑に入り組む。その小路のひと筋がベンガリー・トラで、安宿が無数にある。おんぼろのドミトリー宿から、伝説的な日本人宿として知られる「久美子ハウス」、日本人旅行者御用達の日本食レストラン「バニー・カフェ」（↓P188）なども並ぶ。また数多くの巡礼宿もあり、インド中から参拝者が集まってくる。彼らに混じり、バックパッカーもガンジス川と対面するのだ。

首都デリーではパハールガンジが有名な安宿街だ。メインバザールとも呼ばれるだけあって、下町的な商店街でオートリキシャやバイクや荷車がひっきりなしに行きかい、きわめて騒々しい。服や布地、靴や雑貨などなど小さな店が続いていて、その中に安宿もたくさんある。両替屋もよく見る。

インドらしい賑わいが楽しくはあるのだが、ここはまた要注意の街でもある。外国人旅行者狙いの連中がウジャウジャいるのである。パハールガンジはニューデリー駅前から東に伸びる路地で、だからこそ安宿街として発展したのだが、同時に「おのぼりさん」もいるし、インドに来たばかりの外国人もいる。不慣れな人が多いのだ。彼らがターゲットになる。

たとえば、デリー空港からエアポート・メトロに乗ってニューデリー駅に降り立ち、そこから歩いてパハールガンジを目指す、インドの空気に触れたばかりで右も左もわからない旅行者がサギ師につかまり、「パハールガンジはテロが起きて封鎖中だ」なんて言われて違う宿を法外な値段で泊まらされたり、押しに負けて高いツアーを組まされたり。

とにかくニューデリー駅周辺やパハールガンジで声をかけてくる人には応じないことだが、引っかかってしまう日本人は後を絶たない。

東部の大都市コルカタではサダル・ストリートという安宿街が有名だが、日本人バックパッカーの姿は少しずつ減っている。日本とコルカタを結ぶ直行便がなくなった影響が大きい。またサダルには老朽化した宿が多く、新しい宿を求める旅行者がコルカタの別の地域に移っていく流れもある。

サダルの南にはかのマザー・テレサが活動していたマザー・ハウスがあるが、このまわりの安宿に泊まる旅行者も増えている。その大半はマザー・ハウスでボランティアをする欧米人だ。

東西文明を分かつ街にも

西アジアを見渡してみると、トルコ・イスタンブールのスルタン・アフメット地区も安宿街として知られた存在だ。イスタンブールの象徴ブルーモスクを中心とした旧市街で、街自体が世界遺産となっている。アジアとヨーロッパの結節点、ユーラシア大陸横断の旅の途上で、旅行者はこの街に立ち寄るだろう。

そのほか世界各国、バックパッカーが集まる街でなくても、宿が固まる地域というのはあるものだ。駅やバスターミナルのそば、下町、バザールの周辺……まずはそんな場所を目指すといいだろう。

❖日本人宿ってなんだ?

そこは外国の中にある日本 居心地がいいか悪いかは旅行者次第

世界各地に点在し、日本人バックパッカーをサポートしてきた日本人宿。安らぎの場所だが、ひと休みしたら再び異文化の中に戻っていこう。

海外にありながら「泊まり客の全員が日本人」という宿がある。宿の主人も日本語が堪能だったり、あるいは現地在住の日本人経営だったりするが、どこも日本人バックパッカーたちの拠点となっている。日本人スタッフがいたり、日本食が食べられたり、日本語の本や漫画がたくさん置かれていたりもして、そこには懐かしい日本がある。「日本人宿」と呼ばれる存在だ。

異国をずっと孤独に旅してきてたどり着く日本人宿には、日本語が通じる安心感と頼もしさを感じることだろう。体調が悪かったり、なにか困ったことがあるときには力強い存在だ。ドミトリー併設だったり自炊ができる日本人宿も多いので、旅費の節約にもなる。

泊まっているのは同じような日本人旅行者ばかりだから、旅の話をするのも楽しいし、いろいろな情報を交換し合える。一緒にどこか出かけたり、その後の旅路をともにする仲間ができるかもしれない。日本人宿での出会いがきっかけで友人ができたり、結婚したり、なにかビジネスにつながったりすることもある。

しかし一方で「日本を出て、旅をしに来た」ということも忘れてはならないと思うのだ。異なる文化や価値観との衝突こそが旅であろう。日本人宿はそれを避けられるいわば安全地帯なのだが、そのぶん土地の文化と触れ合う機会は減ってしまう。あまり長居していると、再び現地に、旅の中に戻っていくのが億劫になりかねない。

また宿の中の人間関係が面倒だったり、すでに仲のいいメンバーが固まっていて、うまく輪に入れないと疎外感を覚えてしまったりもする。学生のサークルのような空気感も流れる。それが苦手な人や、ふだんから「ひとりでも居られる人」は、日本人宿に行くとむしろ居心地の悪さを感じるかもしれない。

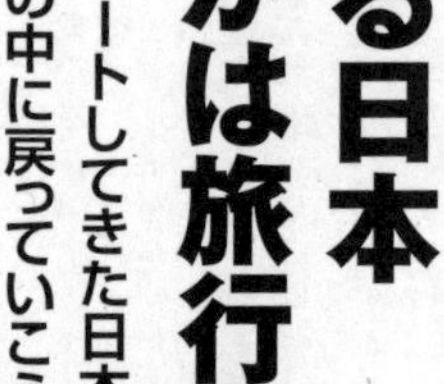

Travel your way

ヒッピーが開拓し、本や雑誌が流行をつくったバックパッカーの歴史

文・室橋裕和

バックパッカーの起源については諸説あるのだが、1950年代にイギリスの大学生たちがシルクロードを陸路でたどる冒険旅行に出たことがきっかけのひとつだともいわれる。

1960年代になると、そのルート上を多くのヒッピーが旅するようになる。カウンターカルチャーの一大ムーブメントになったヒッピー文化の一端として、自己の発見や解放を目的に旅する人が急増したのだ。ヨーロッパからトルコ、イランを経て、アフガニスタン、パキスタン、そしてヒッピーが傾倒したヨガの聖地インドへ。なるべくお金をかけず、ローカルな交通機関やヒッチハイクでユーラシアを横断した。1968年にビートルズがインドを旅行すると流行にはさらに拍車がかかった。

彼らが開拓した「ヒッピー・トレイル」の上に、数々の安宿街が形成されていく。とりわけ有名なのはネパール・カトマンズにあるジョッチェン通りだろう。ほかにも各地で外国人旅行者を受け入れる宿や機能が充実していく。

日本人も1964年に海外渡航が自由化されると、この波に乗り「ヒッピー・トレイル」を旅する人が出てきた。当時バイブルだったのは藤原新也の『印度放浪』や小田実の『何でも見てやろう』だった。欧米では1973年にイギリス人のトニー・ウィーラー夫妻が新婚旅行でユーラシアを旅したときの日記を「across ASIA on the cheap」として自費出版。これがガイドブックの世界的出版社「ロンリープラネット」初の作品となった。一方、日本で『地球の歩き方』が創刊されたのは1979年だ。まずヨーロッパ編とアメリカ編が刊行された。

1980年代に入るとアフガニスタンやイランの政情不安によって「ヒッピー・トレイル」は絶たれるが、代わりにまだ物価が安かった東南アジアを目指す旅行者が急増。とりわけ空路のハブであるタイ・バンコクがバックパッカーの聖地へと成長していく。また1986年には沢木耕太郎が『深夜特急』の第1便・第2便を刊行すると、一大ヒットとなる。1988年には蔵前仁一が雑誌『旅行人』の前身となる『遊星通信』を創刊。1990年には下川裕治が『12万円で世界を歩く』、雑誌『格安航空券ガイド』の前身『Flight Kit』を刊行し、この3者が日本におけるバックパッカー・ブームを生み出したといえるだろう。1990年代に入ると大学生を中心に世界を旅する日本人が急増した。

これを1996年放映のテレビ番組『進め！電波少年』の企画「ユーラシア大陸横断ヒッチハイク」がさらに盛り上げた。我が『バックパッカーズ読本』は1998年に初版が刊行され、ブームの一翼を担ったと自負している。2000年にはレオナルド・ディカプリオ主演、タイを舞台にしたバックパッカーたちの映画『ザ・ビーチ』が公開され、ムーブメントは頂点を迎えた。

しかし以降、日本人旅行者は不況により減る一方だ。紙媒体が読まれなくなり、ブームを引っ張ってきた雑誌も相次いで休刊。少子化や円安により旅に出る若者たちは減り続けている。また2020年からの新型コロナウイルスの大流行は、世界から旅行者そのものをいっときだが消し去り、旅の文化が失われるのではと危ぶまれた。

しかしパンデミックは終焉し、再び旅ができる時代が戻ってきた。旅行者が高速ネット端末（スマホ）を持ち、LCCの緊密化に象徴されるグローバル化の流れの中で、バックパッカーの旅も新しい時代を迎えている。

日本出発前か、現地到着後か 両替のタイミングは国によって決める

電子決済が普及しても、現地通貨は必ず必要になってくる。日本円から、いつ、どこで両替をするのか、お得な方法を考えてみよう。

POINT

❶ アジアに行くなら「現地の両替店」がベスト
❷ 米ドルとユーロは日本であらかじめ両替
❸ 両替時には細心の注意を

海外への旅は現地通貨への両替が必要になる。クレジットカードなどが普及し、現金への依存度は低くなってきているが、すべての支払いにクレカが使えるわけではない。国によっての違いはあるが、やはり現金は必要だ。途上国では、支払いのほとんどが現金ということもある。

ここでは円安のいま、どうしたらできるだけ得をするかを考慮しつつ、両替事情を考えてみる。

アジアなら現地で両替を

現金から現地通貨への両替は、訪ねる国によって使いわけたほうがいい。大原則は「現地で両替すること」。日本の空港などで両替するより、現地に着いてからのほうがレートがいいのだ。

台湾や韓国、タイやシンガポール、香港といった東アジア、東南アジアの国々は現地両替が鉄則だ。それも銀行ではなく市中のあちこちにある両替店を利用しよう。アジアでは日本→現地の銀行→現地の両替店の順で両替レートは良くなっていくからだ。

たとえばタイで1万円を両替した場合、日本と現地の両替店の差は200バーツ（約800円）を超える。現地の物価を

コルカタの旅行会社。両替のサービスもある

考えれば、それなりの差だ。

ただし空港にあるのは銀行のブースだけ。24時間対応している（国によってはその限りではないが……）のはありがたいが、ここでは少額の両替にとどめよう。その日の生活費くらいでいい。あとは市内に移動してホテルにチェックインし、ひと息ついてから街に出て、改めて両替店を探そう。

両替店のメリットは、夜でも店を開いているところが多いことだ。アジアの場合、銀行の営業時間は長くない。窓口で両替しようとすると手続きが煩雑で時間がかかることもある。それに比べると、両替店はシンプルでパスポートを見せてサインをする程度で済むことが多い。それに駅や繁華街など各所にある。

米ドル&ユーロへの両替は日本で

「現地で両替すること」という原則から外れるのが米ドルとユーロだ。このふたつの通貨は、日本で両替しても、現地で両替しても、レートはほぼ同じだ。米ドル・ユーロ圏に行くときは、言葉の心配がない日本の銀行で両替したほうがいいだろう。

また、中央アジアやアフリカ諸国、中南米など、日本円から現地通貨への両替ができないか、あるいはレートが悪い地域に行くときも米ドルかユーロを持っていくことになるが、やはり日本での両替がいいというわけだ。

出発当日に少し早めに空港に行って銀行のブースで両替してもいいが、東京や大阪など大都市の繁華街にある両替店を利用するとお得だ。金券ショップも両替に対応していることがある。銀行で両替するよりはレートはいい。とはいえその差は100米ドルあたり200円くらいなので、交通費を考えると微妙なところではある。高額の両替ならメリットが出てくるだろう。

ほかには外貨宅配サービスなんてものもある。オンラインで決済し、自宅などに外貨を郵送してもらうというもの。一定額以上の利用で手数料が無料になる会社もある。

両替するときは、米ドルのとくに100ドル紙幣は新札にしてもらうこと。アメリカでは旧札でも問題はないが、アジアやアフリカなどの現地の両替店で両替するとき、旧札だとレートが悪くなることがある。

また両替店では、同じ100ドルを両替するのでも、20ドル札5枚を出すより100ドル札1枚のほうがレートが良くなることもある。

一方、米ドルが現地通貨とともに流通しているラオスやカンボジアに行くなら、1ドル、5ドルといった少額紙幣をよく使うことになる。両替時にはこちらも混ぜてもらおう。

米ドルはやはり世界のどこに行っても強い基軸通貨だ。どうしても現金が必要になったとき、日本円を持っていても役に立たない国や地域もある。そんな場所でも米ドルは両替できるか、あるいはそのまま受け取ってもらえる。お守り代わりに100ドル札を荷物のどこかに忍ばせておくと、意外な場面で役に立ってくれるかもしれない。

少しでもお得に両替するには

すっかり安くなってしまった日本円を外貨に換える行為、両替。しかもその都度、手数料が発生する。だから両替はなるべく計画的に、少ないほうがいい。

日本にいるうちに米ドルやユーロを用意するなら、早めに準備して少しでも円高のタイミングで替えれば、額面にもよるがいくらかは得するだろう。

そしてクレジットカードを使う際に、「現地通貨」か「日本円」のどちらで決済するかを聞かれることがあるのだが、必ず「現地通貨」を選ぼう。いずれにせよ手数料がかかるのだが、現地通貨のほうが低く設定されている。しかも日本円を選んでしまうと、不利なレートで両替されてしまうケースがある。

両替の際の安全管理

両替店でも銀行でも、受け取ったお金はスタッフの前でしっかりと数えることだ。後ろに行列ができていようと、ゆっくり確実に。もし不備があればそのときに申し出よう。そして額が合っていてもすぐにその場を離れず、店内で財布や貴重品袋などにお金をキッチリ収納し、ひと息ついてから店を出る。

両替店を出たときも気をつけてほしい。まれにだが、窃盗犯が後をつけてきて両替したお金を奪うということがある。神経質になるほどの頻度ではないが、いちおう覚えておいたほうがいい。こうした安全管理は、旅行者として基本中の基本といえるだろう。

また街を歩いていると、外国人と見るや「チェンジマネー？」と声をかけてくる怪しいやつに遭遇することがある。闇両替である。その昔はミャンマーなどの国は、銀行での公定レートと闇でのレートにずいぶんと開きがあって、闇で替えるとだいぶ得をした。そんな時代、バックパッカーたちも闇両替を利用したし、闇レートのほうが経済の実情を反映していることから「市場レート」なんて呼ばれもした。しかしこうした現象もいまはずいぶんと減った。だから「チェンジマネー？」という誘いには応じるべきではないだろう。両替そのものより札を抜き取るようなヤカラの場合がある。

が、ときおり経済崩壊してガチの闇両替が活発になる国も出る。数年前のベネズエラや、現在ではアルゼンチンだ。

そして国境地帯でも、ときに闇両替の世話になることがある。両替屋もATMもない国境で、営業しているのは複数国の札束を握りしめた闇両替のおじさんだけ……という状況は珍しいものではない。利用はすべて自己責任だ。最新のレートをしっかり調べて（そのためにも国境を越えてすぐにネットに接続している必要がある）、さらに有利な額になるよう交渉をする、お札の破損やニセ札、枚数が少なくないかをしっかりチェックするのは常識といえる。

こうした辺鄙な国境で、闇両替すらない場合は、イミグレの役人でも近所の雑貨屋のおばちゃんでも、誰かに聞いてみよう。善意で両替に応じてくれるかもしれないし、抜けてきた国の通貨で買い物させてくれて、お釣りを現地通貨でくれたりするかもしれない。

ボロ札は受け取らないように

インドなどの南アジアでは、両替したお札の中に状態の悪いものが含まれていることが多い。切れていたり、破れかけていたり、穴が開いていたりするが、これを自分が使おうとしても店では受け取ってくれないことがある。だから自分も受け取ってはならない。

両替所ではしっかりお札をチェックして、おかしなものは突き返そう。店などでお釣りに紛れ込んでいたときも同様だ。こういうお札はババ抜きのババのような存在で、みんな誰かに押しつけたがっているのだ。ちなみに銀行ではボロ札をまともなお札に替えてくれるのだが、その紙幣が本物かどうかのチェックに時間がかかるともいわれる。

こうした問題は米ドル札が流通しているラオスやカンボジア、それにミャンマーでも同様で、ボロボロのやつがＡＴＭから吐き出されてきたりする。

余談だがインドでは２０１６年に、マネーロンダリングや偽造紙幣の撲滅を目的に、既存の５００ルピー札と１０００ルピー札がとつぜん使えなくなったことがある。旅行者たちも小額紙幣や、新札への両替のため銀行に並んだ。きわめてレアなケースだが、旅をしていればこんな出来事に遭遇することもある。

あまった外貨の使い方

ところで旅を終えた帰路、現地通貨があまったらどうすればいいだろうか。お土産を買う、思い出として取っておく、現地の空港などにある募金箱に寄付をする……いろいろな方法がある。米ドルや日本円に両替できればいいが、少額だとそうもいかないし、現地空港で現地通貨から両替するのは、レートが非常に悪いことがある。

出発地の空港内にある免税店では、あまった外貨＋足りないぶんはクレカを使う、という支払い方ができる場合がある。たくさんのコインをじゃらじゃら出すのは考えモノだが、きれいに使い切るにはちょうどいい。

帰国後、日本各地の空港やホテルなどに設置されている「ポケットチェンジ」というマシンを使う手もある。外貨を投入すると、Suicaやnanacoなどの電子マネー、Amazonギフト券などに替えられるというもの。対応通貨は米ドル・ユーロ・中国元・韓国ウォン。お札のみ対応は台湾ドル・シンガポールドル・香港ドル・タイバーツ・ベトナムドン。

だが、いちばんいいのは「次の旅に持っていく」ことかもしれない。

タイの空港内にある銀行の両替ブース。レートの一覧表をチェックするクセをつけたい

❖現地ATMを活用する

途上国では「使えるATM」を探すのに苦労することも

全世界的に普及したATMから現地通貨を引き出して、バックパッカーも旅をする。しかし、外国人は使えないものもかなり多いのだ。

POINT
❶自分のカードのロゴを見てみよう
❷カードの取り忘れはけっこう多い
❸使えないATMの多さを頭に入れておく

いまや途上国の小さな町でもATMを見るようになったが、これがなかなかやっかいな存在でもある。

まず「使えないATM」が多いという点。その国で発行されたカード限定のATMだ。外国人旅行者では現地のカードをつくるのは難しい（その国で就労しているなど居住していれば別だが）。

外国人でも使えるATMはまずVisaもしくはMasterCardの2種だ。機械やATMコーナーに対応ブランドのシールが貼ってあるので探そう。あるいは各カードが提携しているオンラインシステム「Cirrus」「PLUS」「Maestro」といったマークがあるもの。これは自分のカードにもロゴが入っているので見てみよう。

対応する機械があったらクレカやデビットカードを挿入して操作を開始。表記は現地語だが、たいてい英語への切り替えができる。またタイなど一部の国では日本語表記もある。暗証番号（PIN）を入力して取引に入ろう。

現地通貨の引き出しは「Withdrawal」だ。続いて口座を選ぶ。デビットカードは「Saving」（預金）、クレカでのキャッシングは「Credit」。さらに金額を入力すると現金が引き出せる。

注意したいのは日本と違い、先に現金が出てくる機械があること。カードが後なので取り忘れないように。またカードが飲まれたまま戻ってこない現象も稀に起こる。ATMには緊急連絡先の表記もあるが、万が一を考えて警備員がいるとか銀行内のATMを使うといい。

そして各ブランドのマークがあってもなぜか使えないATMはとくに途上国にやたらと多い。これはもう数を当たるしかない。なので「どこにでもATMがあるから」とタカをくくらず「使えるATMを見つけたら、ある程度まとめて下ろす」くらいの気持ちでいたい。ひんぱんに下ろすと手数料もかさむ。

Travel your way

旅人には楽天経済圏がお得？海外で使えるサービスが充実

文・布家敬貴

楽天は旅と親和性が高いサービスが多いことで知られているが、まず挙げられるのが楽天プレミアムカードだろう。年会費１万1000円は高額だが、入会後プライオリティーパスを申請すると世界各国のラウンジが回数の上限なしに利用できる（2025年からは年５回まで）。年３回使えば十分にもとが取れる。海外旅行保険も自動付帯だ（疾病および傷害治療費300万円、携行品損害30万円など）。カード発行会社によっては、出国前にそのクレジットカードで公共交通機関などの支払いをして初めて保険適用されるようになる「利用付帯」に改悪するところが増えてきたが、自動付帯で適用されるカードが１枚あると安心だ。保険適用期間は出国から３か月間なので、それを超過する旅行なら別途保険に加入しよう。フランス系の海外旅行障害保険グローブパートナーならカードの保険が切れる前に手続きすれば継ぎ足す形で加入できる。ただし携行品損害はカバーされない。

すでに楽天カードを持っている人が楽天プレミアムカードを申し込む場合は、既存カードの切り替えではなく２枚持ちを推奨する。普段使いは通常の楽天カード、海外旅行用はプレミアムカードと分けるのだ。とくに公共料金やサブスク関連の決済に楽天カードを使っているならぜひ２枚持ちにしたい。スキミング被害や盗難などでメインカードを再発行すると、支払い関係の設定をすべてやり直さなければならない。２枚持ちにしておけば万が一のときも楽天プレミアムカードだけを再発行すれば足りる。

楽天モバイルも海外旅行との相性は抜群だ。月額980円（税別）で、世界71の国と地域での国際ローミングが月２GBまで利用できるのだ。飛行機を降りてから現地のSIMを購入するまでの繋ぎとしては十分で、数日程度の旅行なら楽天モバイルのみでも足りるだろう。

陸路国境越えをする場合には、入国先が対象国ならSIMを入れ替えすることなくどちらの国でもインターネット接続ができてしまう。

ちなみに月２GBを超過すると通信制限がかかり、速度が128kbpsとなる。テキスト送受信程度なら使えなくはないし、割高ではあるがmy楽天モバイルアプリから１GBあたり500円で追加データ量を購入することもできる。

中国やロシアなど、日本で普及しているネットサービスやSNSへのアクセスに制限がかかる国でも、この場合は国際ローミング接続なのでLINEやGoogleなどへのアクセスが可能だ。

また旅行中に日本へ電話をかける場合も、楽天モバイルが強さを発揮する。楽天リンクアプリを使用しての通話なら、日本国内へ無料で電話をすることができる。

楽天モバイルのローミングが対象外のおもなな国は、パキスタン、ラオス、ネパール、ミャンマー、スリランカなど。旅行先が対象かどうか、公式サイトで事前に確認しておこう。楽天モバイルは事務契約手数料や契約解除料を取らないので、海外に行く月だけ契約してもよいだろう。

楽天リーベイツは旅の予約をする際に活用している。このサイトを経由して旅行関係の航空券や宿を予約するだけで１～10%の楽天ポイントが還元されるのだ。AgodaやTrip.com、Booking.comなどの海外系予約サイトは還元率が高いので、楽天リーベイツを介しての予約をおすすめする。ちなみに楽天トラベルは海外の宿には弱いため、前述したような海外系のサイトを使う方がよい。

現地の銀行口座がなくても送金を受け取れるサービスがある

旅の資金をすべて失ったときの最後の手段として使えるが、日本側で協力してくれる人と、パスポートは必要だ。

現地を旅行中に万が一、現金もカードもすべてなくしてしまったら、どう生きていけばいいのだろうか。絶望感に襲われるかもしれないが、いまの時代ならば「海外送金」という手段がある。日本にいる家族や友人にネット越しに泣きついて、お金を送ってもらうのだ（スマホもなくしているならホテルなどで回線を借りることになるだろう）。

駐在員や留学生など海外で暮らす日本人のために各銀行では送金サービスも行っているのだが、手数料が高い。それに日数がかかる上、現地での受け取り口座が必要だ。近年では海外送金に特化したサービスを展開する企業も出てきていてリーズナブルさと着金の速さを競っているが、現地口座が必要な点は一緒だ。

当然ながら一介の旅行者では海外に口座を持つことは難しい。そこで、世界中に代理店を持つ国際送金会社を利用することになる。代表的な企業がWestern Unionだ。黒地に黄色い文字のロゴを現地の安宿街でも目にするだろう。そこが受け取り窓口になる。

日本側でもたくさんの代理店があるほか、オンラインでも手続きができる。まずは個人情報を登録してアカウントを開設。入金すると送金管理番号が与えられるので、これを現地の困窮バックパッカーに伝える。この番号と氏名がいわば合言葉になって認証され、日本からの入金後ほぼ即時に現地でお金を受け取れる。

日本・現地ともに代理店の場所は公式サイトで確認を。Western Unionと提携しているセブンイレブンなどのコンビニからも送金できるが、これは事前登録に1～2週間かかる。

なお現地での受け取りにはパスポートが必要だ（国にも送金額にもよるが、原則としてID原本が求められる）。お金をすべて失う事態になっても、パスポートだけは死守しなくてはならない。

POINT

❶国際送金会社を調べてみよう
❷現地では代理店の窓口を探す
❸受け取りにはパスポートが必須

❖キャッシングするときの注意点

両替とキャッシングいったいどっちが得なのか?

使うATMや引き出す通貨、両替手数料などにもよるが、ここぞというときに現金を得るには便利な方法だ。

POINT
❶借金であることはキモに命じる
❷繰り上げ返済すれば利息を安くできる
❸両替と手数料はあまり変わらない?

現地のATMからクレジットカードを使って現金を引き出す。キャッシングである。これは預金を下ろすのではなく、一時的に借り入れるわけだから、要するに借金だ。つまり返済しなくてはならないし、そのお金には利息がかかる。年利18%という会社が多い。通常は1回払いで、翌月もしくは翌々月の返済となる。加えて海外ATM利用料もかかってくる(110~220円)。

それでも、キャッシングに使われる両替レートは、現金を両替するときよりも、対米ドル換算の場合は1ドルあたり2円ほどいいといわれる。

さらに、キャッシングしたお金を「事前返済」するという手を使う旅行者もいる。キャッシングの金利はあくまで年利だ。そこから日割り計算して元本に上乗せされて、返済日に請求が来る。なら、なるべく早く返済すればそのぶんだけ利息は安くなるというわけだ。

1か月以内の短期旅行であれば、返済日が翌月でも帰国してからすぐに支払えばいくらかは金利を抑えられる。またこの手続きをオンラインでできるカード会社なら、旅先からでも事前返済ができる。うまく使えば、両替するよりも安上がりかもしれない。

とはいえ、ひんぱんにキャッシングしている旅行者たちの、厳密な計算ではなくあくまで肌感覚なのだが、両替とキャッシングのどちらが得かといえば、そう大差はないのだという。国や通貨、カード会社、ATMなどたくさんの要素が加わってくるので正確な比較は難しい。

しかしキャッシングはトランジットで滞在するときに少額だけ現地通貨がほしいとか、陸路国境で両替店がなくATMのみなんて場面では役に立つ。いずれ返済する必要があり利息もかかってくるお金だということを忘れなければ、便利な手段だといえるだろう。

現地でのネット接続は空港で整えてから旅立ちたい

到着後すぐにネット回線を開通させるなら空港の通信会社へ。そして、あまりネット漬けにならないことも大事だ。

POINT
❶現地でのSIM購入は空港がいちばん
❷途上国の安宿のWi-Fiは信じないこと
❸ネット規制がある国はVPNを用意

到着した現地空港でSIMを買う

バックパッカーたちが旅先で最も使っているネット接続手段はSIMカードだろう。自分のスマホのSIMと現地SIMを入れ替える方法だ。日本であらかじめ現地SIMを手に入れるならP128を参照。また最近ニーズが高まっているeSIMを使う場合も日本で準備しておいたほうがいい。こちらはP184を。

現地でSIMカードを買うなら、到着した空港が便利だ。イミグレーションを通過し、ターンテーブルで荷物を受けとった先に、その国の通信会社がSIMカードのブースを出している。24時間オープンの空港であれば、SIMショップもやはり一日中ずっと営業していることが多い。そうでない空港もある)。

複数の通信会社がさまざまなプランを出していて、日数、ギガ数（unlimited＝無制限のものも多い）、データ通信のみか電話番号つきか、通信速度などによって、料金は分かれてくる。

日数はもちろんその国の滞在予定日数によるだろう。ギガ数の目安が難しいが、たとえば1GBでできることを上げてみると、YouTubeを高画質で見て90分、LINEのビデオ通話は3時間、ニュースサイト閲覧なら3000ページ超、Instagramはフィード閲覧1時間超、メール送受信なら2000件といった感じ。

電話番号は不要のように思うが、その国のアプリのアクティベートにSMS認証が必要なことがある。念のため電話番号もあったほうがいい。

タイの通信大手AISのブースをのぞいてみると、ツーリストSIM8日間が299バーツ（約1280円）、15GBで電話番号つき。30日間のものは899バーツ（約3850円）で50GB、電話番号つき。

プランを決めて、パスポートとスマホを渡せば、スタッフがすぐにアクティベートしてくれる。日本語表示のスマホだろうと、その国では売っていない機種だろうと、ものともせずに設定してくれるのが頼もしい。最後に自分のＳＩＭをセロテープでスマホの背面に貼りつけてくれたり、台紙に貼ってくれたりするので、なくさないように。日本に帰ったときにまた入れ替えるのだ。開通までほんの数分だが、ブースにほかの旅行者も並んでいて時間がかかることもある。

こうして日本と同じネット環境を整えたら、いよいよ空港を出て本格的に旅が始まる。

街にもＳＩＭショップはある

空港でＳＩＭを売っていないこともあるし、なにかの事情で店が閉まっていることもある。そんな場合は市内で手に入れよう。いまや途上国の小さな街でも、ＳＩＭが売られている時代だ。おんぼろの雑貨屋でも通信会社らしき旗やシールが貼られていて、代理店を兼ねていることがある。やはり手慣れた様子でＳＩＭを入れ替えてくれるだろう。ときに空港より安いこともある。

ただしＳＩＭの購入にはその国のＩＤカードが必要な場合がある。外国人は買えないのだ。空港だとか、大きな通信会社のショップなど外国人対応している店舗を教えてくれるだろう。

やたらと主張の激しいインドのSIMカードショップ

また、ギガが尽きてきた場合の追加チャージ（Top Upとも言う）や、日数の追加も、こうした市内のオフィスに出向いてみよう。もっとも、最近では各通信会社のアプリとＳＩＭを紐づけて、チャージすることも増えてきた。もちろん支払いはクレジットカードだ。

宿やカフェのWi-Fiも使える

ギガを節約するためにも、Wi-Fiを活用したい。いまや世界中のホテルやレストラン、カフェ、駅、公園などにもフリーWi-Fiが飛んでいる。ヒマラヤ山中の山小屋ですらつながっている。欧米ではショッピングモールや公共施設のWi-Fiが速く、そこで仕事をする人も多い。

もっとも途上国の安宿だと、やたらに切れたり遅かったり停電で止まったりは日常的だ。夜間は宿泊客がみんなしてWi-Fiを使うので、つながりにくくなる、なんてことも。

それでもメールやＳＮＳを軽くチェックするくらいならそう不自由はないし、Wi-Fiだけで十分という旅行者もいる。

VPNはつながらないことも多い

ネットにきつい規制がかかっている、中国、イラン、ロシア、ミャンマーなどに向かう人は、あらかじめVPNをスマホやPCにインストールしていることだろう（→Ｐ129）。

こうすることで検閲をかいくぐり、日本と同じネット環境を得られる……ということになってはいるのだが、実際のところそうでもなかったりする。ＶＰＮアプリやソフトが不安定ですぐに切れたりして、メールひとつ見るにも時間がかかることもある。根気と、そしてときには諦めも大切になってくる。

またロシアや中国、トルクメニスタン、ベラルーシなどの国ではＶＰＮ接続自体が違法だといわれる。軍の圧政が続くミャンマーでは、ＶＰＮアプリが入ったスマホを持っていたことで拘束された市民もいるという。ネット規制の厳しい国に行く場合は、それぞれの通信状況を確認してほしい。

ＶＰＮはまた、日本へのアクセスにも使える。日本ではおもに動画配信や書籍などのネットサービスのかなりの部分が、海外からは接続できないのだ。自分がアカウントを持っているサービスでも同様だ。そこで日本のサーバーにつながるＶＰＮを使うことで、利用できることになる……が、せっかく旅に出てきているのだ。いくらかネットから離れてもいいのではないか、とも思う。

旅先でなりがちなネット依存

ネット環境は旅をする上で確かに重要ではあるのだが、あまり振り回されないことだ。ゲストハウスのWi-Fiがノロいと、イライラしてしまいがちな昨今。

中国は世界でもとくに厳しくネットを管理している国だ

それでＳＮＳを少し見逃したところで、たいした問題はないとわかってはいるんだけど、つい気になる。さみしくて毎日のように誰かとＬＩＮＥで通話をしたり、ソシャゲにログインしたり（海外からのプレイに制限のあるゲームは多い）。

日本と深くつながりながら旅ができる。なんと便利で良い時代になったことかと思う。しかし、あまり日本を引きずりすぎていると、旅をしている実感が薄れてしまうのだ。身体は現地にあるのに、頭の中は日本のことばかりで、どちら側ともつかないふしぎな離脱感が面白くはあるが、旅先の印象は心に残りにくい。目の前の風景が鮮やかに見えてこない。

スマホは旅の大事なツールではあるけれど、それを使うことが目的になってしまっては本末転倒だ。ときどきはデジタルデトックスしつつ、適度につきあっていきたい。

Travel your way

タイ・バンコクでつなげてみた 初めての海外ローミング体験記

文・下川裕治

かつて海外ローミングは高かった。間違ってつないでしまうと、高額の請求が来るといった話をよく聞いた。しかしそれはもはや昔語り。格安の海外ローミングプランが次々に登場している。楽天モバイルは世界71の国と地域で海外ローミングが2GBまで無料というサービスを始めた。2GBの容量が終わってしまうと、1GBが500円でチャージできる。アメリカ、カナダ、ハワイ、アジアでは韓国、台湾、タイ、ベトナム、ヨーロッパではイギリス、フランスなどが含まれている。つまり日本人が訪ねることが多い国はほとんどフォローしている。

渡航前に手続きをすれば、日本で使っていたスマホがそのまま使える。SIMカードを挿れ替える必要もない。2GBという容量をどう考えるかということはあるが、たとえば空港でタクシーの配車アプリを使って乗る程度ならなんの問題もない。ホテルに着けばWi-Fiがあるから、スムーズに旅を始めることができる。

これはいいかも……と思ったが、僕は楽天モバイルを使っていない。ソフトバンクのワイモバイルである。こちらを調べると、似たようなサービスがあった。「海外あんしん定額」と「海外パケットし放題」というプランだ。前者は24時間3GBまで使えて980円。後者は1日2980円だった。やはり日本人の渡航先の大部分をカバーしている。

僕は「海外あんしん定額」を使って、タイを旅してみることにした。

▶SIMカードとローミング、どっちが安いのか

バンコクのスワンナプーム空港に着いた。スマホの設定画面からモバイルネットワークを選びローミングをオンに。機内モードを解除すると、さっそくSMSが届く。データ通信を開始するURLが示されている。タップしてみると、「24時間3GB980円」と「72時間9GB2940円」というふたつのプランが表示されるので、24時間のほうを選ぶ。そして「利用を開始する」をタップ。簡単に接続できた。

タイの空港でSIMカードを買った場合、AISという通信会社の最も安いサービスが8日間で299バーツ（約1300円）だ。ローミングのほうが300円近く安いことになる。もっともSIMカードは8日間だから比較はできない。

ローミングは24時間だけだが、空港から配車アプリのタクシーを呼んだり、日本やタイの知人に到着の連絡をするには問題はない。ホテルではWi-Fiと考えれば得をすることになる。24時間たって接続が切れてしまうと、また24時間980円の表示が現れ、タップするようになっていた。SIMカードか、ローミングか。滞在日数次第ということだろう。

しかし旅先ではなにがあるかわからない。日本から連絡があり、Wi-FiがないエリアでLINEでの通話を1時間ほどしなくてはならなくなった。

さらに980円を払う？　それともSIMカードを挿れる？　どちらが安いのだろう。市内にあるAISのオフィスに出向いてみた。そこにあるSIMカードのプランは空港の商品とは違っていた。制限はあるが電話もでき、容量は30GB。日数ではなく、容量を使い切ると終わるスタイルのようだった。料金は250バーツ、約1075円。

迷った。その差は95円。しかしSIMカードは30GBもある。使い方は人によって違うから単純比較はできない。しかしタイにしばらく滞在するならSIMカードのほうが得……。結局、SIMカードにした。

❖利用者が増えているeSIM

SIMを入れ替えることなくスマートに旅できる利点は大きい

少しずつ利用者が増えているeSIMは物理SIMより便利だが、現地電話番号がないプランが多いことを、どう捉えるか。

POINT

❶設定は日本であらかじめ行うとラク
❷現地では通信を切り替えるだけでOK
❸電話番号が必要なら物理SIMを選ぶ

SIMカードを入れ替える必要がない

eSIMとは、スマホ本体にあらかじめ内蔵されている小型チップのようなSIMのことで、一般的なSIMカードとはまた別モノ。このeSIMの情報を書き換えることで、現地の通信会社と契約し、海外でも使えるようになるという仕組みが、少しずつ普及しつつある。SIMカードを物理的に入れ替えるのではなく、機能そのものをスマホにインストールするイメージだろうか。

旅行者たちの注目を集めているのは、とにかく圧倒的にラクだからだ。SIMを入れ替えなくていいということは、つまり日本で使っている自分のSIMはそのまま入れっぱなし。貴重品として別途、管理しておく必要がないから紛失の心配がないというわけだ。

それに複数の国をまたぐ旅をする場合でも、いちいちSIMを交換しなくてもいい。国境を越える前に、次なる国のeSIMをインストールしておくだけ。

この身軽さが良いのだが、使えるのはSIMフリーのスマホのみ。機種によってもeSIMに対応していないことがあるので、自分のスマホが使えるかどうかをまず調べておこう。

料金とインストール方法は？

具体的にどうやって使うのか、さまざまなeSIMサービスの中でもいま旅行者に評判の「airalo」を例に取ってみよう。まずはアプリをダウンロード。もちろんiPhoneにもAndroidのどちらもあるし、日本語にも対応しているので便利だ。続いてアカウントの作成。いろいろと情報を入力しよう。

そしてどの国のeSIMが必要なのか、渡航先をチョイス。およそ200の国や地域対応で、ほぼ全世界の通信会社を網羅している。またリージョナルeSIMといって地域ごとの周遊プランも用意されている。アジア14か国とか、南米19か国といった具合だ。世界130か国に対応したグローバルeSIMもある。

仮にタイを選んでみよう。dtacという通信会社のプランがふたつある。10日間でデータ50GB、通話100分だと9・9米ドル（約1480円）。15日間でデータも通話も無制限のものが19・95米ドル（約3000円）だ。

この値段だが、物理SIMと比べるとどうなのだろうか。dtacの公式サイトおよびAmazonで調べてみると、eSIMも物理SIMもほとんど同額だった。これは国にも通信会社にもよる。ただ物理SIMのほうが現状ではさまざまなプランがあり、選択肢が豊富な印象だ。

どれにするかを決めたら購入しよう。支払いはクレカやApple Pay、PayPalなど。決済したら、いよいよeSIMをインストールしていく。モバイル通信プランに、日本でいつも使っている「主回線」のほか、新しくひとつ「副回線」としてeSIMが追加される。この回線名は変更できるので、覚えやすいように渡航先の国名などにしておこう。

国を越えるたびに回線を切り替える

現地に到着したら設定画面からモバイル通信をeSIMに切り替え、データローミングをオンにする。すぐ現地通信会社の回線を拾い、自動的にアクティベートされて、ネットにつながる。

データの現在使用量はアプリからチェックできる。足りなくなってきたら、チャージパッケージをやはりアプリから購入しよう。

国境を越えて次の国に行くなら、その前にまた渡航先のeSIMを購入し、インストールしておけばいい。モバイル通信にまたひとつ副回線が追加される。現地ではこちらをオンにすれば、すぐにネットが使える。陸路国境越えのときも、手元で回線の切り替えをするだけでOKなので実にラクだ。通過した国のeSIMはモバイル通信から削除すればいい。

現地の電話番号は要？ 不要？

なんとも快適なeSIMだが、ひとつ問題がある。「airalo」ではタイとグローバルeSIM以外のプランだと、現地の電話番号がついていないことが多いのだ。これは意外にネックとなる。配車アプリや交通の予約アプリなど現地のアプリのアクティベートには、現地の電話番号でのSMS認証が必要になる場合があるからだ。日本の電話番号でSMSを受け取ろうと国際ローミングと主回線をオンにしても、うまくいかなかったりする。

自分が現地でどんなアプリを使うのかあらかじめ調べておいて、日本にいるうちに設定が可能なものはあらかじめ済ませておこう。どうしても旅先で現地の電話番号が必要そうなら、物理SIMを選ぶという手もある。

また「Numero」など電話番号が付与されるeSIMも少ないながらあるので、検索してみるといいだろう。

Traveller's Opinion

旅先でインターネットを確保する方法は？

いまや旅の重要なインフラ、生命線ともいえるインターネット。SIM カードや、短期の海外ローミングプランを活用する人が多いが、eSIM を使う人も増えてきており、今後は主流になるかもしれない。

到着した現地の空港で SIM を買って、スタッフにアクティベートしてもらいます。自分では設定がわからないので助かるし、この手続きが「旅に出てきた感」があって。途上国の国境でも、小さな雑貨屋とかで SIM を売っていて、おばちゃんがアクティベートしてくれたり。（りく）

airalo という eSIM を使っています。世界200か国以上に対応していて、物理 SIM と違って入れ替えなくていいので便利。追加容量の購入などもアプリで管理できます。（稲村航平）

楽天モバイルは月に2GB、ahamo は月額2970円で20GB の範囲内なら15日まで、海外ローミングが無料です。はじめの数日間はこれでしのぎ、あとは現地 SIM に入れかえるといいと思います。楽天モバイルは契約手数料や解約が無料なので旅の期間だけ契約するという手も。（20代・ミナト・男性）

いまだに私は、SIM を使わずカフェやホテルの Wi-Fi のみで旅しています。それがない場合はあきらめます。（比呂啓・50代・男）

はじめて eSIM を使ってタイ、バングラデシュ、インドと旅しましたが接続はスムーズで快適でした。陸路国境越えもまったく問題なし。ただ、物理 SIM より少し値段が高いかな。（40代・自営業・男性）

▶Traveller's Opinion❺

タイとマレーシアのSIMをキープして、公式アプリと紐づけています。これをローミングすると周辺国も含めて安く済みます。たとえばタイのtrueという会社なら、近隣諸国プラン（カンボジア、マレーシア、ラオス）が15日間99バーツ2GBとか。
（バンコク在住・宮城英二）

バンコクのMBKで、DTACという会社の海外ローミングできるSIMを買いました。アジアパッケージが10日間3GB、アジア各地で使えて便利です。（布家敬貴）

日本を出発する前にAmazonでSIMを買って、設定も済ませておきます。現地に着いてからすぐに使いたいので。（サリ・女性・20代）

基本的には現地のSIMを空港で購入します。空港のプランは高いことが多いので、ミニマムのオプションを買い、その後アプリから追加のGBを購入しています。僻地などでは通信状況が悪かったり停電してネットワークが使えなくなることもあるので、必要な場合はお願いして誰かのホットスポットを借ります。（ミサ・30代・女性）

中国やイランではGoogleなどがつながらないのでVPNをかましますが、安定しないですね。（匿名）

インドのザンスカールはAirtelなどの大手通信会社のSIMは圏外になってしまい、久々にネットのない旅でした。（三矢英人）

バングラデシュでは、外国人は空港や大きな通信ショップなどでしかSIMを買えないと言われました。街のどこでも売っているSIMはバングラデシュのIDが必要だとか。空港のSIMはどの国もだいたい高いので市内で買おうと思って失敗しました。そういう国はほかにもあるそうです。（匿名）

Life is a journey

絶対うまくいかんもん。でもそれが楽しい！

旅人カフェの女将が語る、インドの魅力

Bunny Cafe Varanasi 店主

青森真優さん

インド最大の聖地バラナシでカフェを開き、行き交うバックパッカーたちを見つめてきた青山さん。旅の途中でこの街に引き寄せられ、定住することになった彼女に、インドと旅への思いを訊いた。

「はじめての旅は、タイのチェンマイでした」

旅のエッセイを読んで、旅をしているような気分に浸るのが好きだったという青森さんが、思い切って旅立ったのは25歳のとき。

「タイの空港に降りたとき、足が地についている感じがしなかった。ほんとにタイに来たのかな、いま外国にひとりでいるのかなって。めっちゃ緊張してる私、って思った。でも、それが気持ちよかったんです」

チェンマイではローカルな食堂をのぞいてみたり、おばちゃんたちの井戸端会議を眺めてみたり、コロンビア人の旅行者に誘われて一緒にお寺に行ったり。

「日本にいると、たまにだけど、この世界からドロップアウトしたいとか、いないものとして扱ってもらいたいとか、そう思うときがあるんです。でも海外では本当に、私のことを誰も知らない。これすごいかもって思った」

ただのひとりになれる感覚に捉われ、青森さんはその後も短い旅を繰り返した。そしてとうとう仕事を辞めて、長期の旅に出ることを決める。

「行ったり来たりじゃなくて、長い時間、自分と遊びたいなと思った。ゴールは決めずに、帰りたくなったら帰る。風が

バラナシ名物の日本食カフェを営む青森さんご夫妻

吹いたら帰るよって」

▼導かれるようにバラナシへ

世界を旅するはずだった。ところがインドにどっぷりとのめり込んでしまう。

「人に魅了されたんです。とくにインド人の、目力に」

たしかにインド人のらんらんと燃えるようなまなこには、惹きつけられるものがある。そして、さらに深くインドに向き合わざるを得ない出来事が起きる。リシケーシュの街で、ガンジス川にスマホを落としてしまうのだ。

「それからは昔の旅みたいに、スマホなしで。だからどんどん話して、人に聞かないと旅が進まない。でも、それが良かったのかもしれません」

結果として、よりインドを近く感じながら旅をすることになる。なかなか思い通りにいかない、トラブルだらけの国ではあるけれど、それすら楽しめるようになってくる。

「今日、列車に乗れなかったのはきっと意味があるんだ。なにか別の景色を見ろってことなんだ、なんて。起こったことをどう捉えるか、ですよね。インドは絶対うまくいかんもん。でも、私はそれが楽しい」

そして流れ着いたバラナシで、伝説的な日本人宿「久美子ハウス」に投宿すると、となりでレストランを開いていたインド人男性と声をかけあうようになる。彼は子供の頃から、バラナシを行き交う日本人バックパッカーを相手に絵葉書や服を売って生きてきた。日本語も堪能だ。いつしかふたりはお互いを理解し合い、パートナーとなった。

そして2017にオープンした「Bunny Cafe Varansi」は、いまではすっかり日本人旅行者たちの居場所だ。

「私のように流浪する旅行者って、いまは減ったかな。なにか目的を持って旅する人が多いように思います。だからうちのカフェに来る旅行者とも、それぞれの将来とか働き方とか日本のこの先とか、そういうことを話すことが増えましたね。いろんな人の人生に触れられるから面白いですよね」

時代を経ても、旅人たちはインドを訪れる。そしてインド人の眼力や、この国の混沌に圧倒される。

「それでも、心にスペースを持って流れていけば、きっといい旅になるんじゃないかって思います」

「Bunny Cafe Varansi」はもしかしたら、そんなスペースをつくってくれる場所かもしれない。

自分の足で街を歩くうちに身体の中にできる「地図」とは？

観光地ではなく、生活感に満ちたふつうの下町を歩き、見て、話し、感じる。そこに旅の面白さが詰まっているのだ。

POINT

❶宿についたらとりあえずまわりを歩こう
❷人が集まる市場や繁華街は歩くのが楽しい
❸あまり歩かない旅は心に残らない

目的の街が見えてくると、心が浮き立つ。列車やバスの車窓に広がるなじみのない景色にうずうずする。早くこの街を歩いてみたい。そう感じるのは旅人の習性のようなものかもしれない。

だから宿に着いてチェックインを済ますと、すぐさま取って返してまずは歩いてみる。我が宿のまわりにはなにがあるのか。手頃な食堂や雑貨屋を見つけると、これで居心地の良い滞在になりそうだと嬉しくなる。賑やかな商店街が広がっていれば、夜も楽しそうだぞと考える。

こうやって宿の近辺から少しずつ街の様子をつかんでいく。なので、できれば新しい街には明るいうちに着いておきたい。安全面のこともあるけれど、あまり遅いと店が閉まっていたり人が少なかったりして、歩きがいがないからだ。

明くる日はコシを据えて、さらにしっかり歩く。有名な観光スポットを目標にしてみたり、あるいはあてもなく適当にさまよってみたり。ときにはグーグルマップをチェックして、密集感がありそうな場所へと行ってみる。興味の向くままに路地を右へ左へ。

どこへ行ったって、見えてくるのは日本とずいぶん違う生活の風景だ。スパイスの香り漂う屋台、どこからか聞こえる異国の音楽、タクシー代わりに走り回るバイク、見たこともない果物を売る露店、祈りの声が響く寺院、路上の床屋。ときには嵐のようなクラクションだとか、もうもうたる排気ガスに巻かれて辟易するかもしれない。それもまた経験だ。

旅の面白いところは未知との出会いや発見だと思うし、それをもっとも体感できるのが何気ない街角なのだ。観光地もいいけれど、それより人々の雑踏の中にこそ見るべきものがある。

となれば、ゆったりとした徒歩のペースがなによりなのだ。写真も撮りやすい。ときには誰かが話しかけてくることもあるだろう。タクシーで目的地に走っていくだけでは、このすべてを素通りしてしまう。旅のいちばん面白い部分は、歩くことの中に詰まっているのだ。

　とりわけ興味をそそられるのは市場だろう。目にも鮮やかな色とりどりの野菜や、服や雑貨や乾物や香辛料が所せましと並び、買い物客と荷車が行きかい、売り子の呼び声が響き、とにかく活気がある。目の前で魚や鶏がどんどんさばかれ、血の匂いが立ち込める場所もあるが、その生々しさが人間本来の生活だと考えたりもする。とくに仕入れどきの朝は市場がいちばん元気な時間帯だ。どこかに「市場メシ」が食べられる食堂もあって、朝食にはぴったりだ。

　国が発展し成熟してくると、こうした市場の代わりにスーパーマーケットやショッピングモールが目立つようになる。これまた興味深い。コンビニだって十分な旅のエンタメスポットだ。どんな商品が並んでいるのか見るだけでも関心を引かれるし、お菓子やジュースなんかを買ってみるのも楽しい。

　住宅街に迷い込めば、洗濯物を干している人や軒先でくつろいでいる人、学校帰りの子供たちの姿に、根っこのところは日本と同じだな、と感じる。そんな人々の暮らしぶりを垣間見ながら、旅人は歩いていく。

「バックパッカーとはなんぞや?」なんて問いに明確な答えや定義なんてないのだが、あえて言うなら「街を歩くこと」だろうと思う。観光地とホテルをバスで行き来するだけのツアー旅行とは、そこが決定的に違う。

身体の中に「地図」ができるとき

　何日間か、宿を基点に歩いて回っているうちに、自分自身がだんだんと街になじんでいく感覚を覚えるだろう。歩き慣れた道、何度か通った食堂、ときどき買い物をするので顔なじみになった雑貨屋のおっちゃん、見分けられるようになった近所の子供たち。

　さまざまな人と接しながら自分も生活するように旅していると、いつしか身体の中にその街の地図のようなものができていることに気がつく。距離感や位置関係や、よく見る顔やいつも食べている屋台の匂いまで包み込んだ、生きた地図だ。

　その「地図」に大きく刻まれているのは立派な遺跡や観光施設よりも、道端でのちょっとした出会いや、路地裏の屋台で食べたささやかな食事だったりする。

　苦労して歩いた結果「地図」を得られた街というのはとても思い出に残るものだ。何年たっても忘れることはない。逆に歩かなかった街は「地図」ができず、何日滞在しても印象に残りにくい。

人々の生活臭の真っ只中こそ旅する場所だ。ミャンマー・バゴーの市場

❖ 街をさまよい歩くためのポイント

迷子になったっていいのだ 興味のままに歩き回ってみよう

歩くのが楽しいのは、たくさんの人が集まる場所だ。それはどこにあるのか。そしてもし道に迷ったとしても、抜け出す方法はいくらでもある。どんどん迷おう。

POINT

❶ 交通機関と組み合わせて歩こう
❷ 歩きやすい靴と服装、軽い荷物で
❸ 万が一のためにモバイルバッテリーを

どこを目指して歩くのか

闇雲にあてもなく歩いていったっていいのだが、やっぱり目標があると張り合いがあるというものだ。

たとえば観光スポットのそばを通る電車をひとつかふたつ手前の駅で降りて、歩いて向かってみるとか。駅やバスターミナルにチケットを買いに行きがてら、あるいは移動当日に迷わないよう下見がてら、のんびり歩いてみるとか。

石畳の続く旧市街とか、城壁に囲まれた歴史ある街なんてのは歩くのが楽しい。「街全体が世界遺産」という場所もある。イタリアのヴェネチア、クロアチアのドゥブロヴニク、スペインのコルドバ、ネパールのバクタプルやパタン、ラオスのルアンパバーンなど、いずれも往時のたたずまいを残した古都で、タイムリープしたような感覚に包まれる。

ただこうした人気の世界的観光地は混み合い、オーバーツーリズムに悩む。それよりごく普通の商店街や市場、あるいはオフィス街でもいい。要は人の営みの息吹があるならば、そこを歩いているだけでいろいろな発見があるものだ。

グーグルマップを見てみると、ベージュでカバーされたエリアが繁華街だ。拡大してみて、やたら細かい建物が密集していたりレストランや宿がたくさんあれば、賑わっている地域だろう。行ってみる価値があるかもしれない。大きな建物が並ぶ官庁街よりは、路地が入り組む下町のほうがきっと面白いはず……なんて考えてグーグルマップの中をうろうろして、歩く場所を探してみるのも楽しい。

歩いてみたい場所のそばに宿を取るというのもいいだろう。旅人が興味をかき立てられる下町や繁華街ならたいてい安宿も集まっていて、便利なエリアに広がっているものだ。

逆に、歩くのがしんどい街というのもある。たとえば車社会で歩くことを前提としていない地域だ。アメリカや日本にも多いが、幹線道路上に大型店舗が点々とあるようなところを歩くのはちょっと無理がある。やはり駅やバスターミナルを中心に市街地が広がる都市部が、歩くことには適しているといえる。

「地図を読む力」が備わってくる

当然のことではあるが、歩くだけでなくさまざまな交通機関と組み合わせて街を探索しよう。ずっと歩きっぱなしでは疲れてしまうし、気候によっては熱中症の危険もある。地下鉄やバスなどの公共交通、タクシーやオートリキシャなど、乗り物はいろいろで、これらに乗ってみるのもいい経験だ（→Ｐ１９８）。

そして足元はしっかりとした靴で。スニーカーでもウォーキングシューズでもなんでもいいが、履き慣れたものがいい。途上国の場合、道に段差や水たまりやごみや、そのほかいろいろなものがあるのでサンダルだと足を傷つけたり、そこから雑菌が入ったりする可能性がある。

見知らぬ街をうろうろするのは実に楽しいものだけど、だいたい道に迷う。ガイドブックや地図アプリを見ていたって迷う。ごちゃごちゃした複雑な路地裏では方向感覚を失いがちだし、世界にはグーグルマップでもカバーしきれていない細い道なんかいくらでもある。

だからといって、迷子になることをあまり恐れなくてもいいと思う。道がわからなくなったらそのへんの人に聞けばいい。言葉が通じなければ翻訳アプリを使おう。ホテルやゲストハウスのカードを見てもらうという手もある。大通りに出てバスを探す、そして運転手に聞いてみるとか、配車アプリでタクシーを呼ぶ、バイクタクシーを拾う……迷子から抜け出す方法はいくらでもある。もう一度、冷静になってガイドブックや地図アプリをよく見て、もと来た方向に戻る、電車の駅を探すのもいい。そのためにもスマホと、念のためのモバイルバッテリーは荷物に入れておこう。

こうしてときに迷いながら異国を歩いて、旅を続けていくうちに「地図を読む力」とでもいうものが自分の中に備わってくる。ガイドブックでもアプリでも地図をざっくり見ただけで、安宿が集まっているのはどのあたりか、庶民的な界隈や人で賑わうエリアは……といったことが、なんとなくわかるようになる。初見の街でも人の流れから繁華街の方向を推測できたりする。「この路地はちょっと危ないかも」と危険を察することもある。

旅行者としてちょっと成長したかも、と思わせてくれる感覚なのだ。

商店街と寺町が渾然一体となったカトマンズの旧市街を迷い歩く

Explore The World

グーグルマップとのつきあい方

街歩きに必須のグーグルマップを使ってもなお、道に迷うのはなぜか。どうすれば目的地にうまく着けるようになるのだろうか。

文▼**下川裕治**

街歩きに使える地図アプリにはさまざまなものがある。一時、オフラインでも使えるMAPS.MEを使っていたこともある。しかし最近、海外で旅行者に訊いてみると、ほとんどの人がグーグルマップを使っていた（ただし韓国はKakao Map、中国は百度や高徳と、政治的な理由からグーグルマップよりローカルな地図アプリが一般的になっている）。日本でもホテルを予約したり、店を探すときもグーグルマップにつなげることが多い。海外に出てもそのままグーグルマップというわけだ。

かつては知らない街に着くと、まず地図を探した。大きな街ならツーリストインフォメーションに出向く。そこにはだいたい無料の地図が置かれていた。小さな街では、頼りは泊まる宿だった。フロントに簡単な地図が置かれていることがあった。正確さはなく、距離もアバウトなものが多かったが、だいたいの街の構造を把握することができた。

しかしいまはグーグルマップを頼りに歩き始める。その賢い使い方を考えてみようと思う。

僕の場合、最も重宝するのは、指定された場所に向かうときだ。待ち合わせの店やネットで予約した宿……。しかしこのとき、いちばんイライラするのもグーグルマップ。重宝すると言いながら、イラつく感覚がある。これはグーグルマップが悪いのではない。地図というものが備えている要素と実際の街歩きが、あるところから乖離していってしまうのだ。

たとえば知らない街に着く。宿はネットで予約してある。宿のサイトからもグーグルマップを開くことができることが多い。それを頼りに歩き始める。このとき、慎重にならなくてはならない。グーグルマップには自分が立っている場所が示される。そして歩き始めると、自分の位置が移動していく。このとき、自分がどちらの方向に進んでいるのかが、ときどき曖昧になる。ネット回線の問題もある。接続速度が遅いと、自分の位置表示と進む方向に時差が出る。「この方向だな……」と思って歩き始めても、なにか雰囲気が違う。スマホから視線を上げ、周囲を見渡す。違う気がする。それは勘にすぎないのだが、改めてグーグルマップを見ると、まったく逆の方向に歩いていたことがわかる。

グーグルマップに振りまわされ、行きつ戻りつの街歩きを続け、宿のあたりまで辿り着く。しかし見当たらない。宿がビルの3階や4階にあったり、看板が出ていないと、そこで立ち尽くすことになる。こんなとき、いくらグーグルマップに視線を落としても宿は見つからない。ストリートビューのような機能がある地域もあるが、自分の立っている位置が正確にわからないから、なんとなくピンとこない。ここまで来ているのに……と思いながら、少しイラつく。

こんなときはグーグルマップを離れ、周囲を歩いてみることになる。視線を上げ、ゆっくりと周囲を見ると、「あったッ」といった感じで宿が見つかることが多い。

▼大事なのはグーグルマップを見ないこと？

こんなことを繰り返していくうちに、グーグルマップとのつきあい方がわかってくる。結論めいたことを言うと、グーグルマップをできるだけ見ないようにして歩くと迷わない。いや、それは正確ではない。街全体の中で訪ねる場所の位置を把握するには、グーグルマップは優れている。大きな道を曲がるときなども信頼感がある。しかしその先になると、地図と実際の街が乖離していってしまう。

かつて紙の地図を手に入れ、街を歩いたときは、この乖離が少なかった。なぜだろう、と思う。おそらくそれは、地図に視線を落とす頻度のような気がする。紙の地図は自分が歩いている位置が表示されない。頭の中で、この方向だな、とコースを定めて歩く。そのときは地図を見ていない。街の風景を見ている。

しかしグーグルマップは、自分の位置が表示される。つい、それに見入る。だから画面を見ながら歩いてしまう。

おそらくこの違いのような気がする。

そんな試行錯誤を何回か繰り返し、僕はグーグルマップをできるだけ見ないようにして歩くようになった。見るのは基本的に歩き始めるとき。地図に視線を落とし、「ここをまっすぐ行って、交差点を左に曲がり……」といったルートを頭に入れる。そしてスマホをしまい、街を歩いていく。どうしてもわからなくなったときはスマホを見るが、この方法のほうが迷わないというか、イラつくことがない。

そう考えてみると、グーグルマップの使い方は、かつてツーリストインフォメーションで手に入れた地図と同じ役割を担っているのにすぎないことがわかってくる。

それが地図と街歩きの関係なのだろう。僕はこのアプリを紙の地図のように使って街を歩いている。

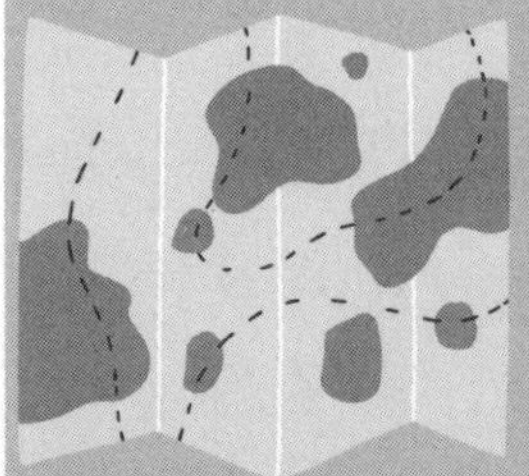

Travellerʼs Opinion

旅先で使っているアプリ、教えてください

誰もが使うのはグーグルマップや各種予約サイト、配車アプリ。
ほかにも自分の趣味や、旅する場所によって、
いろいろなアプリを活用して旅しているようだ。

宿泊はTripAdvisor、Booking.com、Agoda、MakeMyTrip、Airbnb。移動はSkyscanner、Uber、Grab、Gojek（インドネシア）、redBus（インド）、BlaBlaCar（インド）、PickMe（スリランカ）、BusMap（ベトナム）。（ミサ・30代・女性）

写真を撮るのでフィルムの露出計アプリ。（30代・会社員・男性）

GPSアプリで移動のスピードや標高を見たり、バス旅の途中であと何時間で着くとか考えたりします。（布家敬貴）

為替アプリ。複数の通貨が計算できるものが周遊旅には便利。（匿名）

旧ソ連圏版のUber、ヤンデックスタクシー。（稲村航平）

アフリカなどでは地図アプリに載ってない店も多いですが、自分で登録することもあります。（ぱんスキュ）

グーグル翻訳を使う人が多いでしょうが、deepLのほうが精度が高いように思います。（タマチ）

複数の配車アプリが競合してるところでは安いほうを使う。タイならUberよりBoltが安い。地図は韓国はKakao Map、中国は百度や高徳といった地場のアプリを使う（政治的な理由でグーグルマップが使えない）。（バンコク在住・宮城英二）

Travel your way

旅人は待ちながら何を思う
とにかく多い「待ち時間」をいかに使うか

文・室橋裕和

旅とはやっぱり「待つこと」だよなあ……僕はしみじみと、そしてぐったりと考えていた。

バングラデシュとインドの国境である。イミグレーションは大混雑し、行列は遅々として進まない。陸路国境もあちこちで越えてきたけれど、これほどに並ぶのははじめてだ。2時間ほど耐えてようやくバングラデシュを出国したと思ったら、インド側の建物までやっぱり大行列が続いていて、絶望的な気分になる。炎天下にバックパックを背負い、両国の旗が翻るまさに国と国との境い目で、現実逃避をするようにあれやこれやと考えを巡らせる。コルカタについたら何を食べようか、バラナシまではどうやって移動しよう、連絡をしておきたい人……そうだ、Kindleに積んどいた本でも読むか。

こんな場面が、旅をしていると本当に多いな、と思う。ディレイ（遅延）した飛行機を待つ空港のロビー。いつ着くともしれないバスに何時間も揺られる日。激しいスコールに見舞われて雨宿りをすることだってよくある。ときにはビザを取るのに何日もかかったりする。旅とは、待つことでもあるのだ。

だから僕は、ヒマをつぶせるものをいろいろと用意しておく。まずは読むもの。ガイドブックはガイド部分に加えて文化とか歴史などを知るのが好きなのでたいてい持っていく。それから旅先に関連した本。今回はインドの経済成長に関するものだ。その国が舞台になった小説やノンフィクションを選ぶこともある。

加えて、旅とはぜんぜん関係ない本。たとえば日本の歴史小説とか、ミステリーとか。これは旅漬けになったアタマを癒す効果があるというか、一時的に旅を中断して休憩している気分になれるというか、ともかくちょっとリラックスできるのだ。

本は荷物になるので電子書籍を買う。もちろんあらかじめダウンロードして、オフラインでも読めるようにしておく。日本出発時に時間があるときは、空港の書店で文庫本を「ジャケ買い」「タイトルだけチラ見買い」してみることもある。この際に読書の新しい分野を開拓するのもけっこう楽しいものなのだ。

それから簡単な日記を書くのもいい暇つぶしになる。あとから見返すとなかなかに面白い。その日に買ったものと値段。印象的だった出来事や、考えたこと。箇条書き程度でも十分だ。僕はメモ帳のアプリを使ったり、常にノートを持ち歩いているのでネットがつながっていないところではそちらに書き込む。

動画をダウンロードしてバスや列車の移動時間に見たり、スマホのゲーム（海外からの接続に制限がある場合も）で遊ぶという旅行者も多いようだが、なんとなく旅から遊離しすぎてしまう感じがして僕はあまりやらない。

気合を入れてあれこれ本を用意したはいいけど結局あんまり読まなかった、なんてこともあるが、それは待ち時間で「考える」ことが多いからだろうと思う。帰ったら仕事をどう進めていくのか、懸念だったことをいかに解決するか、生活をより良くしていくには……。

旅とは人生の中のちょっとした節目だ。日常をいったん止めて、人は旅に出る。そして非日常の中で、自分のこれまでを振り返り、頭の中も整理して、これからの行く先をじっくりと考える。僕にとって旅とはそんな時間でもある。気持ちをさっぱりと入れ替える効能があると思うのだ……なんてことを考えれば、イミグレの列もあと少し。さあて、インド入国だ。

❖ さまざまな交通機関を試してみよう

人々の「生活の足」を使って街を自由に移動していく

どの国にも特色豊かな、そして庶民的な交通機関がたくさんある。これらを活用すれば、その街の一員になった気がしてくる。

POINT
❶ 急いでいるときはバイクタクシーが便利
❷ 時間が読めるのはなんといっても電車
❸ もっと自由になりたいならバイクや自転車も

「庶民の足」が氾濫する街

たとえば、インド・コルカタだ。なんともさまざまな交通がある街だと実感する。大通りを我が物顔で走るおんぼろの路線バスが、タラップからあふれそうなほど乗客を満載して走っていく。そのわきを黄色いレトロなアンバサダー・タクシーが激しいクラクションとともに通り抜ける。セダンタイプのタクシーもやっぱりけたたましくクラクションを鳴らしていて、なんとも騒々しい。

三輪タクシーのオートリキシャは乗り合いで使われているようだ。自転車に荷台をつなげたサイクルリキシャもエンジンを持つ乗り物に負けじと渋滞の車列に突っ込んでいく。さらには人間が走って引っ張る人力車もまだ健在で、夫婦連れか男女ふたりの客を乗せ、素足で駆けていく。かと思ったら、荷物を満載した牛車が現れ、タクシーやリキシャに邪魔だと怒鳴られカオス度はさらに増す。御者はそ知らぬ顔だ。

大混乱する巷をかき分けるように、ベルを鳴らしながら路面電車が突っ込んでくる。スピードがゆるんだところに飛び乗っていく客もいる。なんでもこれ、現役で運行されているものとしてはアジア最古の路面電車なんだとか。

さらに、近くには地下鉄の入口が見える。どんどん郊外へと路線が伸び、便利になっている。格安かつ渋滞知らずで移動できる。

躍動感すら感じるこんな乗り物群を活用しながらバックパッカーは街を歩き、旅していく。なかなか勝手がわからないかもしれないが、まわりの人にどんどん聞いてみよう。きっと親切に教えてくれる。彼ら土地の人たちに混じって、そのひとりになったかのような気分で街を走っていくのはなんとも気分がいいものだ。

近年ではタクシーやそれにバイクタクシーまで、配車アプリで呼べる国が増えてきた。この活用法はＰ２００を。

アプリを使わない場合は料金交渉をする必要がある。詳しくはＰ２１６を見てほしいが、あらかじめ宿などで料金の相場を聞いておくといいだろう。

バイクタクシーはちょっとした距離の移動に使えるので便利だ。渋滞のときも車の間をすり抜けて走れる。バックパックなど大きな荷物があるときはバランスに注意を。後部のリアスポイラーを持って安全を確保しよう。運転手に後ろから抱きついてしまう女性もいるが、あらぬ誤解をされるので避けたほうがいい。現地の女性は横座りかつリアスポイラーを手でキープして乗っている。

地下鉄などの都市交通網は途上国でも整備が進み、路線も拡大してきている。バングラデシュのダッカやインドネシアのジャカルタでも地下鉄が開通し市民の足として定着しつつある。チケットの買い方や自動改札などは日本のものとそう変わりはないので使いやすい。かつ安い都市が多いので移動のときには強い味方になってくれるだろう。それに時間が読めるというのも大きい。

水上から眺める街の美しさ

水上交通を持つ街も多い。運河や川をバス代わりのフェリーや乗り合いボートで行くのはなかなかに風情がある。タイ・バンコクならチャオプラヤー川を走るボートは乗ってみたい。香港では大陸側の尖沙咀（チムサーチョイ）と、香港島を結ぶ天星小輪（スターフェリー）が有名だ。１８８８年から運航されているこの船に乗ると、香港島沿岸の摩天楼が間近に迫り素晴らしい景色。

ヴィクトリア・ハーバーをゆく香港名物スターフェリー

バイクや自転車も楽しい

東南アジアを中心に外国人旅行者でもバイクを借りられるサービスも普及している。タイではとくに人気だ。北部の古都チェンマイを基点にバイクに乗って少数民族の村や山岳地帯をツーリングしたり、南部のリゾートアイランドで日々の足として使ったり（Ｐ２４６）。借りるときにはデポジットとしてパスポートを預ける。国際運転免許証も必要ということになってはいるが、なおざりだ。

レンタサイクルは世界的に拡大している。観光案内所やホテルで貸し出している。欧米では公共のレンタサイクルも普及している。イギリス・ロンドンの「Santander Cycles」や、フランス・パリの「Velib'」が有名だ。

タクシー配車アプリは必須 市内バスも乗りこなせば安く旅できる

ボッタクリや言葉の壁が心配だったタクシーもアプリ利用で気楽になった。トゥクトゥクやバイクタクシーもアプリで呼べる時代だ。

POINT
❶タクシーはアプリが便利で安全だ
❷アプリで相場を調べて交渉にも役立てよう
❸新しい街ではまずバスアプリがあるか検索

電車はアプリをインストールしなくても乗りこなせるだろう。駅には路線図や時刻表がある。英語表記も添えられている。むしろ駅がどこにあるかを知るアプリが必要かもしれない。グーグルマップということだろうか。

タクシーは配車アプリが一気に広まった。代表的なものがUberとGrabだ。エリアや国によって色分けされていて、アジアではGrabが優勢、欧米に行くとUberが多くなる。旧ソ連圏ではYandexTaxiなど、ほかにもさまざまな配車アプリが参入している。出発前に検索してインストールしておこう。

なお現地でアクティベートするときには、現地の電話番号によるSMS認証が必要になることがある。番号つきのSIMカードを買えば入手できる。

配車アプリの使い方はどれも似ている。アプリを立ちあげ、目的地をアルファベット表記で入力すると、近くにいるタクシーが反応する。料金や到着時間、車のナンバーが表示されるので、OKすればやがてタクシーがやってくる。

料金が決まっているので、交渉の必要はない。運転手は行き先もわかっているから言葉に自信がなくても問題はない（ただ、こちらの位置がはっきりわからないなど運転手から電話がかかってくることもある。そのときは英語でやりとりすることになる）。基本はカード払いなのでボラれる心配もない。欧米ではタクシーを降りた後、運賃のほかチップの支払い内容も送信されてくる。

これは運賃交渉でも使える。アプリを立ち上げ料金を見れば、おおよその相場がわかる。アプリに対応していない運転手と交渉になったときに役立つ。

国によっては配車アプリでバイクタクシーも利用できる。インドネシアのGojekなど。バンコクにはトゥクトゥク専用の配車アプリMuvMiもある。

市内バスもアプリですいすい

　安く上げたいバックパッカーの味方は路線バスだが、乗りこなすのはなかなかたいへん。しかし便利なバスアプリがある街も増えてきた。料金はバス車内で払うタイプが多いから、路線検索アプリといったらいいだろうか。路線バスの番号やルート、バス停の位置も地図上に表示されて視覚的に捉えやすい。乗車後も現在位置がリアルタイムでわかるので降りるバス停を間違えることもない。

　My Transport Singapore（シンガポール）、ViaBus（バンコク）、BusTracker Taipei（台北）、2GIS（中央アジア）など、世界各地にバスアプリがある。訪ねる街の名前と「バス」「アプリ」で検索してみよう。このバスを探す機能も、グーグルマップがカバーしつつある。現在地から目的地を設定して経路を検索すると、そこに市内バスも交えて表示されることがある。どんどんグーグルマップが便利になってきている。

Uber

▶世界最大の配車アプリで、70か国以上で展開、1万以上の都市で使える。とくにアメリカとカナダで強い。

Yandex Taxi

▶ジョージアやアルメニア、ウズベキスタンなど旧ソ連圏や、セルビア、モルドバなど東欧で普及している配車アプリ。

Grab

▶シンガポール拠点の配車アプリで東南アジアで高いシェアを持つ。Booking.comのアプリからも利用できる。

MuvMi

▶バンコクのトゥクトゥク配車アプリ。指定された停留所での乗り降りになる。

Gojek

▶インドネシアのアプリで、バイクタクシーとタクシー配車からフードデリバリー、買い物までカバー。

BusMap

▶ベトナム9都市をカバーする市内バスアプリで、PCのブラウザ版もある。

❖バックパッカーはなにを食べているのか

大衆食堂や庶民的な飲み屋ローカルな店の暖簾をくぐってみよう

予算的にも雰囲気的にもバックパッカーがなじみやすいのは地元民御用達の店。安くて美味しいだけでなく、きっと土地の人との出会いもある。

POINT

❶人が集まるところに美味い飯屋もある
❷ネット検索も駆使して名物を探そう
❸酒場は楽しいが飲みすぎないように

路上でもうもうと湯気を上げている麺料理の屋台。道端に簡素な炭火焼きの台を立て、スパイスをたっぷりまぶしたマトンを焼いているおじさん。早朝、焼きたての香りを漂わせている下町のパン屋。バス旅の合間に立ち寄った食堂で、乗客たちとともに食べる一杯の粥。地元のおっちゃんたちで賑わう飲み屋……。

そんな場所に立ち寄りながら、バックパッカーは旅をする。高級レストランに入る機会はなかなかないかもしれないが、その代わり庶民たちがふだん口にしている、いわば「大衆食」を食べ歩く。地域の気候や風土に根ざしたローカルフードだ。きっと食文化なるものがよく見えてくる。予算が少ない旅でも、豊かな食事を楽しむことはできるのだ。

見知らぬ街で美味しい食事と出会うには

安くて美味しい食事処はどこにあるのか。まずは自分の足で探すのが楽しい。人の集まる場所なら食堂も屋台も出ているはずだ。賑やかな商店街とか、駅やバスターミナルのまわり、街のメインストリートといったあたりを歩いてみれば、たいてい良さげな店が見つかる。混んでいて活気ある店なら味に期待できる。

市場のまわりも狙い目だ。市場の中に関係者やお客が通う食堂が併設されていることも。万国共通、「市場メシ」はいける。関係者以外にも開放されているところが多い。

街の人に聞けば、きっといい店を教えてくれるだろう。「外国人向けではない、地元の人に人気の店」「あなたが好きな店」という聞き方がいい。宿のスタッフとか、雑貨屋で買い物したついでとか、タクシーの運転手とか、知り合った人にたずねてみよう。

その地域で名高いメニューや名物がわからないときはネット検索も使える。

ウズベキスタンの歴史都市サマルカンドの名物プロフ（炊き込みご飯）の専門店

「いま滞在している街や州、県の名前」+「Traditional(伝統的な) food」「Local menu」なんて言葉で調べてみると、いろいろと見つかる。もちろん現地の言語で検索するのがいちばんだが、英語でも情報が出てくる。「Regional specialties」は郷土料理。「Street Food」で調べるとバックパッカー向けの屋台飯を紹介するページが引っかかる。

　たとえばインドのコルカタにいるとしよう。「Kolkata Traditional food」でググッてみると、実にたくさんの料理がヒットする。いろんなサイトがあるが、どこでも推されているのは「Macher Jhol」なるフィッシュカレーだ。イリッシュというニシンの一種の魚を、ターメリックや生姜、ニンニクに玉ねぎ、トマトなどでつくったソースで煮込んだもの、とある。ご飯と一緒に食べるのだとか。なんとも旨そうだ。

　そこで次に「Macher Jhol restaurant kolkata」で調べると、市内にあるレストランがいくつも出てくる。公式サイトがあればそれを見たり、レビューをチェックすれば、おおまかな予算感がつかめる。ちょっと高めだけどたまには奮発しよう、店があるあたりはまだ行ったことのないエリアだからついでに歩いてみようか……と宿を出る。

　こういうのが楽しいんである。ただし、ネットの情報がすべてではないし、途上国ほどその傾向が強い。屋台はもちろん大衆食堂となるとネットに載っていない物件もたくさんあって、それは足を使って人に聞かないとわからない。ネットと足、どちらも駆使して店を探そう。

異国の酒場で飲む幸せ

　お酒がいけるなら、夜は地元民で賑わう飲み屋に行ってみてはどうだろう。雰囲気のいいバーでもいい。現地の人々に紛れて、土地の食材を使ったつまみで一杯やる。これほどに気分のいい時間もなかなかない。

　ときには外国人が珍しがられて、隣のお客から声がかかることもあるだろう。一杯ごちそうになるかもしれない。いい機会だ。日本がどんな国か話してみよう。相手のことも聞いてみよう。飲みの席でなくても、食堂や屋台でも隣り合ったテーブルの人とか店員に料理のことでもその街のことでも訪ねてみるといい。「食」は会話のきっかけになるものだ。

　異国の酒場であまりガッツリ飲むと宿に帰れなくなる。ほどほどにして切り上げよう。そして朝もしっかり、その国の特色ある朝メシをいただきたい。

❖ローカル食の中を旅するコツ

土地の人々の中に飛び込めばきっと美味しいものに出会える

言葉の壁や慣れない食材、体調など不安はいろいろあるかもしれないが、好奇心と少しの注意を胸に、豊かな食文化を楽しもう。

POINT

❶飯が食いたいと態度で伝える心意気
❷外国人観光客向けの店はあまりおすすめしない
❸野菜は積極的に食べることを心がけよう

言葉がわからないときの注文法

外国に行って、地元の人々がわいわいやってる店に入っていくのはなかなか勇気がいるものだ。英語のメニューがあればいいがそんな店はわずかだし、店の人もなんだか忙しそうで、翻訳アプリを差し出して見てもらえる雰囲気でもないよな……なんてためらってしまうかもしれないが、思い切って入ってみればどうにかなるものだ。

メニューがないならジェスチャーだ。腹を減らして飯屋に来ているのだから、それを仕草で伝えれば、なにかしら食べるものは出てくる。

軒先や店内に料理が並べられているなら、うまそうなやつを指でさせばいい。ちょっと失礼して、ほかのお客が食べているものを指さすという方法もある。

店員が気を使って厨房まで連れてってくれて、食材をなんやかやと見せてくれることもあるだろう。そこでたとえば鶏肉を指さして親指でも立てれば、きっとなにかチキンの料理が出てくる。また、お客の中から英語のわかる人が現れたり、俺の食ってるこいつがおすすめだと声をかけてくる人がいたり、誰かが世話を焼いてくれるものだ。そこに感謝し、ありがたくいただこう。

とはいえ毎食これだとけっこうたいへんなので、その国の代表的な料理名とか、基本的な食材の名前、あるいは「おすすめをください」「これが食べたいです」「いくらですか」など簡単な現地語のフレーズをいくつか覚えるだけでもグッと楽になる。

また、メニューがあるなら翻訳アプリを通してスマホのカメラをかざせば、日本語訳が表示される。「?」と思うような謎ワードも混じるが、料理の内容はなんとなくわかるだろう。

海外旅行中に日本食はアリかナシか

食費を安く上げようとか、簡単にサッと済まそうと思うと、欧米風のファストフードになりがちだ。イランにいるのにハンバーガーとか、インドの路上で売っているチキンロールとか、世界のどこにでもあるフライドポテトとか。

それはそれで現地の気安い食事情がわかるし面白いのだけど、もうちょっと地域に根差したものを食べてみたい。ちょっと探してみれば、ファストフードとそう変わらない値段で、郷土料理を出す食堂が見つかるはずだ。安さ重視にならざるを得ないフトコロ事情の人もいるだろうが、ときにはその土地本来の食文化を味わってほしいと思う。

また安宿街をはじめ外国人、おもに欧米人観光客が集まる場所にたくさん並ぶレストランは洋食やローカルフードを出しているが、値段が張る割に味はイマイチということが多い。英語が通じるというだけだ（中には現地在住の欧米人が経営するガチな店もあるが）。

ただ、現地の味に疲れたときは逃げ道になるだろう。また日本食はいまや世界のかなりの地域で食べられる。東南アジアや東アジアの大都市なら日本とほとんど変わらない食生活を送れる。中華料理は日本食以上に世界各地に浸透している。ローカル飯がしんどくなったら、こういう食べ慣れた味を休憩がてらときどき挟むのもいいだろう。

体調にも少しは気を使って旅したい

旅行中はどうしても栄養のバランスが悪くなる。生野菜を摂りにくいし外食がほとんどになるだろうから、ビタミンやミネラル、食物繊維が不足する。サプリを持参して補う旅行者もいる。できるだけ野菜も入ったものをオーダーして、ときには果物も食べよう。

また近年では欧米を中心にベジタリアン、ヴィーガン対応のレストランも増えている。ときどきこうした店で野菜をたくさん食べるのもいい。菜食文化が根づいているインドあたりだと、肉モノよりも胃にやさしいのでベジ食メインにしているという旅行者もいる。

体調が悪いとき、食欲がないときは果物＋ヨーグルトがおすすめ。東アジアや東南アジアならお粥＋卵が鉄板。油っこいものやスパイスは避けて、しばらく胃腸を休めつつ、それでもしっかり食べて回復を待とう。

インド・オールドデリーのスイーツ店。とっても甘いがクセになる

Explore The World

「食」と「人」との偶然の出会いが面白い とにかく食べまくる「食旅」のススメ

純粋に「食べること」だけが目的の「食旅」が大好きな筆者。美食の国として知られるジョージアとセルビアを訪れた。

文・写真▼比呂啓

▼おいちゃんたちと飲み交わしたトビリシの朝

ジョージアの料理を初めて食べたのは2001年のニューヨークだった。「バドリジャーニ」など胡桃を多用する料理、東アジアを思わせる小籠包のような「ヒンカリ」、インスタ映えするチーズのたっぷり入ったパン「ハチャプーリ」など、多彩な料理の数々や、スパイスやパクチーの独特な使い方に魅了された。さらにワインが安価で最高に美味いのだから言うことなしだ。

ジョージア料理はいまでこそ、あの松屋が「シュクメルリ」（鶏肉とニンニクをホワイトソースで煮込んだ料理）を発売したり、日本に駐在するジョージア大使がSNSでユニークな発信をすることで話題にもなったが、私が訪れた2015年頃はあまり知る人もいなかったと思う。

こうした知られざる国へ「食旅」するときは、まずはある程度ネットで調べておく。日本語の情報は少なくても、英語で検索すると「その国で食べておきたい料理10選」のようなサイトが見つかる。ここでどういう食文化の国なのかが確認できるだろう。

しかし「食旅」の面白さは、事前情報を抜きにした現地でのとつぜんの出会いにある。私が実際に訪れたときも、こんなことがあった。

首都トビリシの市場をブラブラしていたときだ。大衆食堂で朝食を食べているおいちゃんたちに出会った。彼らに誘われて店に入ると、紅茶と一緒に「シーラ」というリゾットのようなお粥を食べている。ネットでも見たことがなかったし見た目もバエないが、日本では食べられないだろう。なによりジョージア人の日常に触れるチャンスだ。

そう思って彼らと一緒の料理と飲み物を注文したのだが、紅茶に見えたものはなんとコニャック！　おいちゃんたちの

朝からコニャックを飲みまくるおいちゃんたち

「ガーマルジョス（乾杯）！」の声が響く。みんなイッキでガンガン飲むので、ボトル1本がものの10分くらいで空いていく。こんな体験なかなかないと、私もおいちゃんたちと杯を重ねるのだった。

　ジョージアの旅で美味しい料理はいくつも出会ったけれど、「いちばんの思い出は？」と聞かれたら、間違いなくこの朝の出来事だといえる。

　ちなみにシーラは素朴な味ながらも八角をスパイスに使うなど、ジョージアらしい工夫がなされ味わい深かった。日本にはまだジョージア料理の専門店がないのが残念だ。

▼セルビアで肉の祭典！

セルビアを訪れた目的は、毎年8月下旬に南部のレスコヴァツで行われる肉祭り「ロシュティリヤダ」だ。スパイスを多用せず、とにかく肉をたくさん食べるというお国柄ならではの祭りで、日本のハンバーグのような国民食「プレスカビッツァ」や、ケバブのような「チェバプチチ」など屋台が集まり、あちこちから肉を焼く煙がたなびく。

　驚いたのは豚の丸焼きがズラリと並んでいたこと。食べてみると、この世のものとは思えないほどのトロけ具合。それに祭りの会場では音楽が流れ、パーティーのような盛り上がりだったこともあり、目と舌だけでなく身体全体で食べた感じにさせられた。その場の雰囲気を丸ごと味わう。「食旅」とは五感で感じる体験なのかなと思うのだ。

セルビア人は豚の丸焼きにする技に長けているのか、とにかく絶品だった

Traveller's Opinion

食事が美味しかった国と、印象的なメニューを教えてください

食は旅の楽しみ。それは節約旅行でも変わらない。
たとえ高級な料理ではなくても、
その土地の気候風土や文化を感じられる一皿にきっと出会える。

アルゼンチンは牛肉をすごく食べますね。ふたりで店に入って４、５人分かというくらいの量が出てきて驚きました。しかも安かった。チリはシーフードが多いのですが、サンチアゴの魚市場ではウニも見かけました。現地の人はレモンを絞って生で食べていて、真似てみたら本当においしかった。でも日本人と見ると、醤油と箸を出してくれました。（森田聡）

アジアでは朝食が楽しみ。台湾や中国ではお粥、麺、豆乳と揚げパン。タイやカンボジアやラオスではよく米麺を食べていました。（坂内光希）

トルコのベイラン（羊と米をスパイスで煮込んだスープ）、イラクのマスグーフ（鯉の丸焼き）、チャドのラクダ焼肉。イエメンのサルタ（肉と米をトマトベースのスープで煮込んだ国民食）に良い意味で衝撃を受け、チェコのホイップクリームの使い方に悪い意味で衝撃を受けた。
（比呂啓・50代・男）

イサーンと呼ばれているタイ東北部の定番セット、ガイヤーン（鶏の炭火焼き）、ソムタム（パパイヤサラダ）、カオニャオ（もち米）は忘れられません。毎日のように食べてました。（メグ）

西アフリカのセネガルは美味しいものが多かったですね。魚の炊き込みご飯チョブジェン、ピーナツ風味のカレーなど。（稲村航平）

▶Traveller's Opinion❼

グルジアはワインが安く、酒飲みにはたまらないです。（匿名）

東欧からバルカン半島を旅しましたが、東に行くほど料理がトルコっぽく、アジア人好みになり、かつ安くなっていくのが印象的でした。建築様式もオスマン風に変わっていきます。北マケドニアの料理がとくに美味しくて、セルスコメソという豚肉、にんにく、きのこのスープが500円くらい。アルバニアもトマトの煮込み系の料理などが美味しかったです。（バンコク在住・宮城英二）

インドのバラナシで食べたバッティ・チョーカ。牛糞を燃やした炭火の中に、全粒粉で作った団子状の主食を入れて焼いていく。（ミサ・30代・女性）

ウズベキスタンはなにを食べても美味しかったですが、ショールバという絶品の肉団子スープがどこに行ってもあって、冬の旅だったので身体を温められた。（リツキ）

マレーシアのペナンとマラッカ。ニョニャ料理（中華系移民とマレー半島の食文化が混じり合ったもの）を食べて、こんな繊細で美味しく美しい料理があるのかと思った。半分ハーブの混じったご飯ナシウラム、かわいい帽子のような入れ物の中に素朴な野菜を詰めたパイティー、わざわざ長時間水に漬けて毒抜きをして食べる実ブア・クルアを使った煮込み料理アヤム・ブアクルアなど、とにかく手間がかかっている。（まえだなをこ）

フランスと中国の影響かベトナム料理は旨い。ビアホイという庶民の居酒屋でビールと一緒にいろいろなつまみを食べるのが楽しい。（マカン）

中東料理が好きですが、とくにシリアやレバノンの地中海沿いはオリーブオイルとレモン汁で食べるものが多く、ヘルシーで野菜もたっぷり。身体が軽い。メゼというたくさんの種類がある前菜がおすすめ。（ぱんスキュ）

❖旅人は毎日なにをして過ごしてるのか

観光ではない「旅に必要な仕事」をゆるゆるとこなしていく日々

洗濯や買い物、調べもの……旅はそんなことの繰り返しだ。旅の中に日常生活があるようなこの感覚が、快いのだ。

POINT
❶ 毎日の雑事は意外にいろいろある
❷ 観光ではなく生活の時間こそ楽しい
❸ 一日中なにもしないという自由も僕たちは持っている

「旅」と「生活」の合間を漂う

「そんなに長く旅をして、現地ではなにをやっているの?」

バックパッカーはときにこんなことを問われる。人によっては1か月とか半年とかあるいはそれ以上の期間を旅するのだが、向こうでいったいどんな日々を送っているのか。

海外旅行といえば普通、観光と食事、ショッピング、あとはホテルでの滞在。そんなイメージを持つ人も多いだろう。しかしそれだけではない旅行者もたくさんいるのだ。

朝、起きたらなじみになったゲストハウスの人たちと会話を交わし、たまっていた洗濯物を部屋のバスルームで一気に片づける。洗い終わったものをゲストハウスの屋上に持っていって干し、街を眺めてひと休み。

それから昼食がてら買い物に出かけると、何度か顔を合わせた旅行者とすれ違い、声をかけて少し雑談をする。

旅行者と別れてバスで向かうのはローカルな市場だ。さきほど使ったぶんで洗剤がなくなってしまったので補充せねばならない。乾物や雑貨を売っている一角を眺めて歩き、少量パックの洗剤を見つけて買い込んだ。さらに肉や野菜がところ狭しと並ぶ生鮮コーナーの活気の中を通り過ぎると、麺料理を出している食堂があった。市場の中だし食材が新鮮で美味しいに違いない。値段を聞いてみれば手頃なので、野菜とハーブがたっぷり入った温かい米麺を一杯する。

それから市場のまわりの商店街をしばらく散歩し、またバスで宿に帰ると、もう夕方だ。次に行こうと考えている街の様子や、宿のことをスマホで調べているうちに、気がつけば夜になる。また一日が過ぎていく……。

旅先ではこんな感じの日がよくある。旅というよりもむしろ「生活」に近いように思う。雑事をこなし、知り合いたちと声をかけ合い、近所をめぐってゆるりとその日を送る。

観光では決してない、まるで現地で暮らしているかのような何気ないこの時間が、あとから思うと名所旧跡を見ているときよりも愛おしかったりする。

買い物ひとつとっても、土産物ではなく、旅を続けるために必要な、たとえば歯磨き粉とか爪切りとか石鹸とかを探してみるのが楽しい。市場で買ってきた食材で、宿の人たちとキッチンでなにか料理をつくることがあるかもしれない。

映画館に行ってみたり、旅が長くなってきたら床屋で髪を切ってみたり、土地の人たちの暮らしの一端に触れて、自分もまた生活感にまみれていくことが旅の面白さだろうと思う。

観光に駆け回るのもいいけれど、その合間の時間にこそ大事ななにかがある。だからあまり急がず、日程には余裕を持ってほしい。

現地のスローペースを見習いたい

日本の慌ただしさにちょっと疲れて、海外に出てきたという人もきっといるだろう。せっかくなんだから、ゆっくりと心を休めてほしい。そのためにもバックパッカーの旅はちょうどいいペースだ。のんびりした毎日の中でも、洗濯とか買い物とか次の目的地へのチケットや宿の手配といった「仕事」がほどよい頻度であり、忙しすぎることもヒマすぎることもないのが心地よい。

そしてもちろん、何もしない日があってもいいのだ。一日中ずっと寝ていようが本を読んでいようが自由だ。

80～90年代は、あまりにのんびりしすぎて前進を忘れ、ある街ある宿に長逗留する旅行者もけっこういて、その姿は「沈没」なんて呼ばれたものだ。居心地が良くて当時は物価が格安だったネパールやインドやラオスで「沈没」して、無為な日々を過ごすバックパッカーが多かったが、それに比べると現代の旅行者はとても勤勉だ。

料理を学ぶ、人と会う、歴史を学ぶ、卒論のテーマを取材する……明確な目的を持って、計画的に旅をしている。志がしっかりとある。昔の旅行者はなんと怠惰だったのだろうかと思わされる。

それでもときどきは、スローダウンしてもいいのではないだろうか。どの国の人々も日本ほどハイペースで生きてはいない。異文化を吸収することが旅であるなら、現地のスタイルを見習って少しゆっくりしてみるのも、きっといい体験になるだろう。

タイ東北部ノンカイにて、メコン川と対岸のラオスを望む。こんな場所でボーッとしてるだけで時間がたっていく

❖旅の節約術

円安に負けずに旅する方法を「移」「食」「住」から考える

海外を旅する日本人にとって、円安は大打撃だ。それでも旅する人々に、海外での実践的な節約方法を聞いた。

POINT

❶ドミに泊まって、キッチンで自炊する
❷タクシーを使わず公共交通か歩き
❸ネット検索で無料の体験を探す

ドミトリー宿は強い味方

世界的なインフレ傾向だ。どの国も物価は上昇している。加えて、日本はちっとも給料が上がらないのにほかの国は経済成長していく。そして昨今の円安である。日本円を持って旅するなら、途上国でも昔ほどの安さは感じられないし、欧米ではあまりの物価の高さに驚く。

それでも、バックパッカーたちは創意工夫して出費を抑え、かといって貧しさや悲惨さをそう感じることもなく、それなりに楽しく旅をしている。

まず、旅の予算のかなりの部分を占める宿について。これはもうドミトリーに泊まるのが手っ取り早い。大部屋とはいえ最近のドミはカーテンやロッカー、個人用のコンセントや照明つきのところもあって、ある程度のプライバシーと安全を確保できるようになっている。

欧米やオセアニアではドミに頼る旅になるだろう。アジアではドミに泊まりつつ、ときどきは個室でゆっくりするという旅行者が多いようだ。

次に食事だが、キッチンつきの宿に泊まるといいだろう。欧米でもアジアでも、新しめのドミ宿だったらキッチン完備のところが多い。日本人宿もこの傾向だ。ガスや冷蔵庫、電子レンジ、ポット、食器などが用意されている。

地元のスーパーマーケットや市場で安い食材を買いこんで調理するのだが、当然ながら人数が多いほど安く上がる。つまり同宿の旅行者たちと仲良くするコミュニケーション能力が求められるのだ。いろいろな国の旅行者たちと、それぞれの得意料理をつくるなんてこともあるかもしれない。

しっかりとした料理まで行かずとも「大きなパンとチーズとトマトを買ってきて、サンドイッチをつくる」なんて人もいれば「カップラーメンも国によって違いがあって面白い」と食べ比べつつ節約旅をする人も……。

外食の場合、アジアなら屋台、欧米では「移民街に行くと安くて美味しいものが食べられる」なんて意見もある。

また「ヨーロッパでは朝食ビュッフェつきのホテルに泊まって、お腹いっぱい食べる。それで朝食と昼食代わりにすれば、結果としてドミ宿に泊まるよりも安上がり」と語る旅行者も。

市内ではとにかく歩く！長距離移動は夜行を使おう

移動についてはタクシーを使わず、できるだけ公共交通機関で。ローカルな市内バスはなかなか行き先やルートがわからないのだが、地元の人に聞いて乗ってみよう。市内バスも最近はグーグルマップで調べられる国が増えてきた。

どうしてもタクシーに乗る必要があるときは配車アプリを使おう。アプリがなく交渉制の国なら、あらかじめ宿の人など地元民に相場を聞いておくといい。

そしてなにより歩くこと、と語る旅行者は多い。バックパッカーの旅は街歩きを楽しむことでもあるのだから、節約にもつながってちょうどいい。

長距離移動は、夜行のバスや列車を使うと1泊分の宿代が浮く（でも車窓を眺める楽しみは減る）。ヨーロッパではフリックスバスという格安の長距離バスが人気になっているほか、鉄道も「早割」があるので早めに予約するといい。

また、ルーティングを工夫し、なるべくひと筆書きになるような行程で旅をし、ムダな動きをなくすという人も。

無料で楽しめることを探してみよう

欧米の旅行者はよく「free things to do」というワードで検索している。「無料でできること」といった意味だ。例えば「free things to do in Bangkok」で調べてみると、ウィークエンドマーケットを歩く、無料の博物館や寺院の紹介、のんびりできる公園、無料のムエタイショー、寺院で開催されている無料の瞑想クラスなんかがたくさん出てくる。

パリだとやはり無料の寺院や展望台のほか、ストリートアートやストリートマーケット、またボランティアによる無料のウォーキングツアーなども紹介されている。なかなかの充実度だ。

「free things to do」に加えて「this weekend」「today」といった日取りを加えれば、無料のイベントやフェス、ライトアップのショーなどが見つかる。

市場は歩いているだけで楽しいし無料だ。タイ・サムイ島にて

❖旅に語学力は必須なのか？

現地のあいさつを覚えること、笑顔で話しかけることが大切

語学力に自信がなくても、気持ちを伝えたいという意志があれば旅はできる。その意思を、翻訳アプリが助けてくれるだろう。

POINT

❶翻訳アプリは必ずインストールを
❷あいさつだけでも地元の言葉を覚えよう
❸旅はコミュ力を鍛える、いい機会だと考えたい

大きく進化した翻訳アプリ

言葉がわからないから、と海外旅行に行くことを躊躇しているという人もいるだろう。現地でなんでもこなさなくてはならない個人旅行とくれば、なおさら語学力が必要だと思うかもしれない。

しかしバックパッカーの大半はとくに語学力堪能というわけではないように思う。中学・高校程度の英語をどうにかこうにか使って旅をしている、という人が多いのではないだろうか。流暢に話せるわけではなく、知っている単語を並べるくらいのものだ。それでも、宿に泊まる、飯を食う、バスのチケットを買うくらいの用は足せるし、旅は可能だ。

英語圏でない国も世界にはたくさんあるが、観光地や安宿街など外国人が行き交う地域で旅行者を相手に商売をしている人なら、かなりの割合で英語が通じるだろう。

それにいまでは、翻訳アプリが広く普及してきた。たとえばグーグル翻訳の場合は130以上の言語に対応しており、世界のかなりの地域をカバーしている。インドを見てみると話者の多いヒンディー語だけでなく、グジャラート語やタミル語などさまざまな州・民族の言語まで訳せるほどだ。

精度はまだまだ荒いともいわれるが、意思の疎通は十分にできる。混んでいる食堂などバタバタした場面では使いにくいが、それでも強い武器になってくれるだろう。現地でも、若い人はこちらが外国人とみると翻訳アプリを使ってくれることが増えてきた。

また街角の看板とか、レストランのメニュー、駅などの案内表示などもアプリで翻訳ができる。言語を選択し、スマホのカメラを文字列に向ければ翻訳される仕組みだ。

地元の言葉を覚えてみよう

技術が進歩したとはいえ、アプリを介さず自分で話したほうがずっと早いし、気持ちが伝わりやすい。そして英語が通じる場所のほうが世界ではずっと少ないのだから、土地のカンタンな言葉をいくつか覚えておくといい。「こんにちは」「ありがとう」「おいしい」「楽しい」「私は日本人です」「あなたの名前はなんですか」……その程度の言葉でも、笑顔で投げかけてみると、相手からも笑顔が返ってくるだろう。

そして、距離がいくらか縮まるものだ。親近感を覚えてもらえる。もう少し踏み込んでいろいろ話してみよう。仕事や学校、家族のこと、その街のこと。片言の英語でやりとりできればそれでいいし、そうでないなら翻訳アプリの出番だ。

日本と違って外国の多くの文化圏では、見知らぬ人に話しかけて会話をするのはごく普通のことだ。日本と異なるものと出会うために旅に出てきたなら、ときどきは地元の人たちと話して、なにを思い、暮らしているのか聞いてみよう。もしかしたら勇気がいるかもしれないが、思い切ってあいさつしてみると気さくに応じてくれる人ばかりだ。

それと現地の言葉で「いくらですか」と数字の数え方を覚えると、買い物がグッとスムーズになる。

なにより大切なのは語学以上に「気持ちを伝えたい」という意志だ。言葉がまったく通じないところでホテルを探しているなら、両手を枕にして横になるジェスチャーを示す。どのバスに乗ればいいかわからなければ、目的地やその周辺のランドマークの名前だけでいいから運転手や乗客に言って回る。食堂で飯をかき込むポーズをとれば、なにか食べるものが出てくる。言葉がわかるならそれがいちばんだが、語学力がなくても旅はなんとかできるのだ。

笑顔は最も大事で、万国共通のコミュニケーション手段だ。フィリピン、シキホール島にて

土地の文化を学ぶ

言葉だけでなく、コミュニケーションにおいて大切なことは相手への礼儀だろう。異なる文化の中にお邪魔するのだから、地元の人たちの習慣や、大切にしているものには敬意を払おう。

だから旅先の文化についてあらかじめ調べておくといい。ウィキペディアを紐解く程度でも理解は深まる。

そして知り合った人たちとはSNSでつながっておくと、さらに世界は広がっていく。

❖値段交渉の実際

交渉もまたコミュニケーション楽しむくらいの気持ちで挑みたい

途上国でも配車アプリやコンビニ、スーパーが普及し、交渉の機会は減ったが、それでもときには地元民と料金をめぐってバトルを繰り広げることがあるだろう。

POINT

❶ 市内交通は配車アプリを使おう
❷ 数字の数え方などは現地語で覚えておく
❸ 安宿は飛び込みなら交渉の余地あり

モノやサービスに明確な値段がない。そういう文化圏がけっこうある、おもに南アジアや中近東だろうか。値段は売り手と買い手の需給のバランスを見た話し合い、つまり交渉によって決まる。これに外国人だろうと、事情のわからない観光客だろうと、問答無用で巻き込まれる。そこが面白さでもあるし、やっかいなところでもある。

交渉の場面をアプリが減らした

旅行者が日常的に接する値段交渉の相手といえば、市内交通の運転手たちだろう。タクシーや、インドだったらリキシャ、東南アジアならトゥクトゥクやバイクタクシーといった庶民の足だが、メーターはない。あっても使ってくれないケースが多い（とりわけ言葉と相場のわからない外国人とみるや）。

そこで交渉となるのだが、いまや途上国でも配車アプリが普及した。バイクタクシーでも呼べるほどだ。アプリなら事前に料金がわかるし、クレジットカード払いだから揉めることもない。運転手やクルマの情報が明示されているので安全性が高い。言葉がわからなくても利用できる。できるだけアプリを使いたい。

しかし、近くに配車アプリのクルマがぜんぜんおらず時間がかかりそうとか、バスターミナルに着いた直後すぐ運転手たちに取り囲まれるとか、直接交渉する場面はやっぱり出てくるだろう。

まずは料金を決める前に乗り込んで走りださないことだ。目的地に着いた後、つまりサービスを受けた後では交渉するにもなにかと分が悪い。それから、なんとなく態度が悪いやつだな……と思ったら、そもそも交渉しないほうがいい。別の人を当たろう。駅前や安宿街、観光地で客待ちしている運転手（たいてい簡単な英語が通じるが）ではなく、流しの運転手のほうが良心的な傾向がある。

目的地を告げると相手は料金を言ってくるだろうが、その額が果たして適正なのかどうか。これは事前に情報を仕入れておかないとわからない。ガイドブックやブログ、ＳＮＳなどで調べておく、宿の人に相場を聞いておくなどすれば、なんとなくつかめるだろう。向こうの言い値が相場とあまりにかけ離れているなら交渉の余地なしだ。これまた別の人に当たろう。妥協できそうな値段だったら、そこからが話し合いだ。調べておいた相場を参考に、料金を提示してみよう。

この額は「ちょっと安すぎるかな」と感じるくらいでいい。向こうは「そんな値段じゃ行けない」「遠いんだよ」とかあれこれ言ってくるだろうが、お互いに提示額を上げたり下げたりしつつ、妥結点を見つけるのである。

このとき「いくらですか」と「数字の数え方」を現地語で言えると、外国人でも観光客ではなく相場を知る在住者だと思われ、地元民と同じ価格を言ってくることがある。

また降車時に、運転手が交渉と違う料金を主張してきたり、チップをくれと言ってきても、相手にしなくていい。

アプリのほうが確かに便利で楽ではあるのだが、ときにはこうした「戦い」も経験していくと相場を肌で知ることができるし、なにより旅行者としてタフになれるだろう。

交渉を楽しむ余裕を持ちたい

予約サイトであらかじめ宿を取りつつ旅を進めていく人が多いが、予約をせず飛び込みの場合、交渉の余地がある。とくに雨期などオフシーズンで宿泊客が少ないときは狙い目だ。また、「連泊するから1泊いくらにしてくれ」なんて持ちかけるのもいい。

昔ながらのバザールや市場では基本的に交渉で値段を決めることになる。インドや中東ではお茶が振る舞われたりもするので、会話を楽しみながら腰を据えて交渉をするのが文化だ。

こうした場面ではどれだけ値切ったと思っても、結局のところ地元の商人はきっちり利益を取っているものだ。外国人が交渉に勝つのは難しい。それでもしっかりと話し合い、相手の言い値をそのまま飲むようなことはやめよう。日本人は交渉もできないと甘く見られ、後続の日本人旅行者がさらにひどくふっかけられることになるからだ。

交渉のときは「いくらなら買うんだ」とこちらに下駄を預けてくることがあるが、そうではなく相手に料金を言わせること。その額が最高値というわけだ。あとはそこからどれだけ負けさせるかが勝負。相場を知らないこちらが値段のラインを決めるのは危険だ。うっかりすごく高い額を言ってしまって、「ＯＫ交渉成立、売りましょう！」なんて即決されてしまうと損をする。また電卓アプリとか、為替アプリもあれば役に立つ。

リアルの会話と、ネットの情報 どちらも旅には必要だ

現地でいろいろな方法で情報を集めて、次なる地へ。臨機応変に、その場その場の判断で旅を組み立てていこう。

POINT
- ❶ 現地の人たちの意見を聞いてみよう
- ❷ 日本語以外のソースも面白い
- ❸ SNSは頼りすぎず節度を守って

次の目的地について調べ、チケットを確保する

旅先で調べることといえば、まずは「次の街のこと」だろうか。

スマホでもガイドブックでもいいので、街の地図を見てだいたいの位置関係を把握しておくと現地で動きやすい。中心となる駅やバスターミナルはどこにあるのか、繁華街はどのあたりか、行ってみたい観光スポットの場所……。

宿を決めていないなら、地図を見ながら便利そうな場所を選んで探してみよう。宿の設備も大事だが、街歩きの拠点にできるような立地であることも重視したい。P152も参考に。もちろん、ホテルが固まっている場所の目星をつけておいて、飛び込みで当たって良さげな宿を探すというスタイルでもいい。

次に、いまいる街からどうやって行けばいいのか、バスや列車などの便を調べて、チケットを確保するのは旅の中のルーチンのひとつだ。駅やバスターミナルから、宿までの行き方も合わせてチェックしておこう。

最低限必要な下調べはそのくらいだろうか。これが「次の街」ではなく「次の国」であれば、ビザの取得方法や、時差や為替、両替など現地通貨の入手について、陸路で行くならアクセスや国境越えについても調べておきたい。

地元の人やほかの旅行者 いろいろな人と話してみよう

こうした情報は検索してもいいし、有名どころの街ならガイドブックに載っている。そして現地の人たちにも聞いてみよう。宿のスタッフやバスターミナル、駅の係員などに話しかけてみれば、わかる範囲でいろいろと教えてくれる（ときどき、ぜんぜんわかっていないのに教えてくれる人もいる）。

また、自分と同じような旅行者に聞いてみてもいい。これから向かおうとしている街から、逆にこちらに旅してきたという人もいるだろう。おすすめの宿とか食事とか、なにか耳寄りな話を知っているかもしれない。リアリティーや実感がこもっていて面白いはずだ。こうしてバックパッカー同士、旅の話をするのは楽しい時間だ。

ときには同宿の欧米人や韓国人など外国人バックパッカーと話す機会があるかもしれない。彼らは日本人とは違った情報ソースで旅をしている。

たとえば欧米では『ロンリープラネット』というガイドブックが広く読まれているが、これは日本のガイドブックよりもはるかに細かく、僻地、辺境までカバーしている。タイ南部の島々にしても、『ロンプラ』は代表的なところだけでなく、まだ旅行者の少ない島や、自然保護区なども網羅している。選択の幅がきわめて広いのだ。

『ロンプラ』では詳しく解説されているけれど日本のガイドブックにはまったく記述がないような場所もけっこうあって、だから『ロンプラ』を使って旅をすると日本人旅行者とぜんぜん会わなかったりする。こうした英語のソースもチェックしていくと、日本人とはだいぶ違った旅のルートが見えてくる。

外国人バックパッカーたちと会話することは英語のいいレッスンになるし、彼らの考え方、日本への視点などを知る機会でもある。

また英字新聞が売られている国も多い。州で発行されているようなローカルなものが面白い。やはり英語の勉強になるし、地元ネタが満載だ。

SNSで最新情報を得る

現地のニュースやリアルタイムな情報を得るなら、SNSが早い。X（ツイッター）などで現在地について英語や現地語で検索してみよう。とくに治安に問題がある地域なら、デモやストライキ、選挙の話題などが引っかかってくるかもしれない（ストで交通網がマヒするなんてケースも地域によっては稀にある。地元の人にも聞いてみよう）。

日本語でSNSを当たってみると、いまその街にいる日本人旅行者が見つかることもある。なにか楽しい話を発信しているかもしれない。

ただ、相手にDMを送るなどして一方的に質問し、ガイドブック代わりに使うなんて人もけっこういる。お礼もない。宿が見つからないとか、だまされてお金をなくして困っているとかで、インフルエンサーに泣きつく旅行者もいる。それはやはり誤ったSNSの使い方だろうと思う。いろいろな人とつながれて、オフで会う楽しさもあるけれど、節度と常識を持って接するのはリアルと同じだ。

こうしていろいろな話を聞いてみて、「やっぱり違う街に行こう」「こっちの国にしよう」なんて方向転換することだってある。そういうのが旅の醍醐味でもあるので、「しっかり調べてそれに沿った旅を」なんて思わなくてもいい。帰りの飛行機が出る日までに空港にたどり着ければ、それでいいのだ。

❖ふれあいの危険性

無理にふれあおうとしなくても自然な出会いがきっとある

現地の人々とのコミュニケーションは旅の醍醐味のひとつだ。しかしそこには、測るべき距離感というものがある。

POINT

❶ ふれあいはあるが、見極めが大事
❷ 異国での日本語はまず警戒を
❸ 相手の世界に踏み込みすぎない

「現地の人を笑顔にしたい！」

「旅のテーマはズバリ『出会い』！」

SNSやYouTubeで見かける旅人の意気込みだ。だがイメージと現実は違う。

バックパッカーの旅は出会いの宝庫だ。切符を買う、乗る車両を探す、料理を注文する、値切る、文句を言う、お礼を言う。これすべて自分でなにか言わないと始まらないし、会話の相手が存在する。

毎日毎日、現地の人との接触が生じ、ときには笑顔、ときには面倒臭そうな顔、ときには無関心で迎えられる。親切な人に当たるとこっちも笑顔になるが、意地悪な対応がたまたま続いたら、その土地まで嫌いになってしまいそうだ。

こんなはずじゃなかった。

みんながやっているみたいに、現地の人とセルフィーを撮ったり、酒を酌み交わしたりしたいのに、そんな機会もない。そんなとき、「ニホンジン？　ワタシ、ナゴヤデハタライテイマシタ」なんて現地の人に日本語で話しかけられると寂しさも手伝って、一緒にお茶に行く流れに。

想像がつくだろうが、この話のゴールはけっこうな確率で詐欺、変なナンパ、土産物屋の店内などにたどりついてしまう。具体的な損失がなくても、あなたの心に「こんなはずじゃなかった」というさらなるモヤモヤを芽生えさせてしまうかもしれない。期待値が大きいほど、そのガッカリも大きくなるだろう。

ふれあいたくない相手とは

当たり前だが、現地の人にも生活がある。仕事に家事に勉強にと、みんなそれなりに忙しく、たまたま目の前に現れた旅人に親切にする義理はない。だが好奇心はあるので、どこから来たの？　この国はどう？　何日滞在するの？　みたいなことは聞いてみたかったりもする。覚えたての英語や日本語を試してみたいだけの人もいるだろう。ここに温かいふれあいが存在する余裕はないし、むしろ妙なヤカラがよこしまな心でふれあおうと近づいてくるケースも珍しくない。

まず、こんなヤカラを避けるために覚えておきたいひとつのコツは、向こうから笑顔で話しかけてくる人は、いったん疑うべし、ということ。それが日本語ならもっと怪しい。あなたをなんらかのターゲットとみなしている可能性がある。

逆に言えば、あなたからなにかを聞いたとき、声をかけたときにとっさに笑顔が返ってきたり、無言で必要なことだけに対応してくれるような人は、そのまま会話を続けても大丈夫な可能性が高い。

コミュニケーションの線引き

ここを乗り越えて、実際に相手とのコミュニケーションが生まれたときに気をつけたいのは、自分の偏見や思い込みだ。

この国は遅れていて子どもたちはお腹を空かせている。では、私たちがお菓子をあげて笑顔にしてみよう……。

そんな企画をネットで見かけることがある。子どもならモノをもらえば嬉しいから笑うだろうが、それは本当に彼らのためになるだろうか。次の旅人が来たときに、お菓子をねだる子どもを育てたことにならないだろうか。彼らも尊厳、プライドのあるひとりの人間なのだ。

いっぽう、大人との会話では、相手のデリケートな部分に踏み込みすぎないよう気をつけたい。とくに政治と宗教に関する話題は要注意。近年に民族紛争があった地域では、相手が何人なのか質問するのも好ましくないし、論争をふっかけるなんてもってのほかだ。通り過ぎるだけの旅人は、背景が異なる人々の生活に気軽に踏み込める立場ではない。

一方で相手がどんどん質問してくるような話題は、その場ではタブーではないと考えていい。旅先では日本と違い、年齢や職業、婚姻状況といったプライベートなことをよく聞かれる。ただ女性の場合は、安全対策として既婚・未婚はぼかしたほうがいいだろう。しつこく聞き出そうとする男性はナンパ目的なので無視していい。これに限らず、失礼だな、と思う質問に無限に答える必要はない。わからないフリをしてその場を去ろう。

「あの国は親日だから」というのも鵜呑みにしないこと。よく挙げられるのは台湾だが、年配者の中には必ずしも日本の統治時代を快く思っていない人もいる。日本人だと言うとクルマやアニメを例に褒めてくれる人も多いが、それは日本のコンテンツが愛されているだけで、日本人が愛されているわけではない。むしろ人種差別的な扱いを受けることもある。これも、基本は無視することだ。

たくさんの出会いを繰り返すうち、あなたはきっと、世の中にはいい人もいやな人もいる、というのに気がつくはず。

多くの旅人は、そんな中から生まれた旅のふれあいがいかに素晴らしいものかを知っている。ボッタクリにあった夜、宿の人が気の毒がって果物をくれたこと。列車で居合わせた女の子に髪の毛の結び方を教えてあげたらヘアゴムをくれたこと。そんな忘れ難い出会いこそ、旅の醍醐味であることをみんなが知っている。

❖SNSの使い方

「旅先で炎上」しないためにもひと呼吸を置いてからの投稿を

いまや誰もが旅先でもSNSを活用する時代になったが、投稿する前に考えておきたいこともたくさんある。

POINT

❶その場のノリで投稿せずちょっと考える
❷個人情報には注意したい
❸安全管理目的で上手に使いたい

旅人というのは〝やらかす〟生き物だ。ちょっとでも節約しながら効率よく動きたい。現地の人とふれあいたい。おいしいものを安く食べたい……いろんな欲が混じりあい、旅が長くなると現地の価値観にも染まってくる。さらに旅先でのテンションも手伝って、要するに自分自身の感覚が知らずに日本とはズレてくる。

そんなズレた感覚でSNSに投稿したらどうなるか。たとえば。

「現地の子どもとじゃんけん大会して1ドルを配ってみました！」「お金が足りなくて地元の人にねだってゴチに！」

即、炎上である。

日本でふつうに生活してふつうにSNSを使っている人の感覚からすると、海外ではそんなに珍しくないことでもNGに見えることがある。旅仲間や友人たちなら理解してくれるだろうが、突っ込みどころの多い旅の世界をそのままネットの海に放流してしまったが最後、それは餌をばらまいているようなものである。

動画投稿も含め、SNSは諸刃の剣。どう付き合っていけばいいだろう？

SNSを使いこなすポイント6選

①その場で投稿しない

「いまデリーの駅前、やばい人ごみ！」

気持ちはわかるが、これを現場で投稿してはいけない。近くにいる誰かが投稿を見ているかもしれないし、その誰かが悪いヤツだったら、あなたの前後の投稿を見て旅慣れていないことを悟り、そのまま追尾されるかもしれない。実際、カンボジアのバス停でSNS投稿をきっかけにマークされ、バスの車内で詐欺にあったという日本人女性がいた。

投稿はその場を去ってから、が原則だ。「今夜の＊＊ホテル見て！」などと、宿名を発表するのはいちばんのNGだ。ホテルスタッフがエゴサであなたの投稿をマークしているかもしれない。

②個人情報に注意

日本でならある程度気を使うだろうが、海外だと気が緩んでしまい「子どもたちかわいすぎ」なんて写真を気軽に載せがち。だがその写真掲載、相手の許可を得ているだろうか。まず撮るときには相手の同意が必要だし、SNSに載せたいときもひと言いうのがマナーだ。

相手が路上パフォーマーや軍人など、載せることが肖像権、あるいは現地の規則に違反する可能性がある場合はとくに気を付けたい。人ごみの写真も、できるだけ背後からが原則だ。

③できればひと晩置いてから

冒頭でお話ししたとおり、自分のテンションと日本にいる投稿を目にする人たちのテンション、そして置かれている社会の状況はぜんぜん違うことを忘れずに。旅が長くなるほどにそのズレは大きくなっているはずだ。訪問国の社会状況に関する話や現地の人への感情的な感想など、ちょっと微妙だな、と思うネガティブな話題はひと晩寝かせてみるか、友人限定での公開にすべし。

とくに愚痴や悪口は投稿前にもう一度考えよう。軽い愚痴なら自分の日記に、単なる悪口は自分の後味も悪いので、事実を書き連ねているのでなければ控えたほうがいい。

④むやみにアカウントを教えない

とくに女性は旅先でSNSのアカウントを聞かれることがある。友達を増やしたい、という人のほうが多いが、悪用するやつもいるかも。あるいは、後日つきまとってきて厄介なことになるかもしれない。「なにもやっていない」と断るか、用心しつつ地元の人との交流を深めたい、ということなら、旅先用のアカウントをひとつ用意しておくといいだろう。

⑤現地の文化・思想・生活を尊重する

キッチンに突撃してみましたー！　現地の女の子たちをお茶に誘ってみましたー！　＊＊を現地の人に食べさせたらどうなるかやってみましたー！

日本でもよく見るような動画企画だ。一見、無邪気だが、ちょっと待って。それは彼らの生活を邪魔していないか。タブーに触れていないか。異性の身体に触れたり、異邦人が台所に入ることをよしとしない地域は少なくない。

SNSを駆使しながら旅をしていると、ついウケを狙ってより強めの企画に走りがちだ。自分たちは現地に短期間お邪魔しているヨソモノであることを忘れてはいけない。深い文化の理解には及ばないし、彼らがよしとしないことはやるべきではないし、立ち入ってはいけない。やらかした場合、下手するとあなたの身に危険が及ぶことになる。

⑥安全確保のためのSNS活用

いっぽうで、家族や友人など、自身の旅先での安全を報告したい相手とはSNSのグループを作っておこう。投稿範囲を限定してもいい。公開限定の相手ならば、「いまここ」を投稿しても安心だし、旅先のあなたを心配する相手にとっても安心材料となる。

また、どこかでデモやテロがあった、などの情報をキャッチしたらSNSで生の声を検索だ。自分がこれから越える国境の最新情報などもSNSが頼りになる。

Explore The World

旅で「良い写真」を撮るために、心に留めておきたいこと

心に残った一瞬をうまく切り取るには、どうしたらいいのか。海外を撮り歩いているプロカメラマンが伝授する。

文・写真▼山本高樹

旅に、カメラは欠かせない。高性能なデジタル一眼を選ぶ人もいれば、コンパクトで手軽なスマートフォンを選ぶ人もいるだろう。カメラの性能が高ければ、対応できる撮影条件の幅も広がるが、写真そのものの良し悪しは、実は性能とは関係のないところで決まることが多い。

たとえば、旅先で感動的な風景に出会ったとき。多くの人は興奮して、横位置にカメラを構え、ガーッと勢いよく連写してしまいがちだ。でもそれだけだと、あとに残るのは同じような写真ばかりになってしまう。横位置だけでなく縦位置にも構えてみたり、二、三歩近づいてみたり、レンズの焦点距離を少しずつ変えたりして、いろいろな条件の写真を撮っておこう。名所旧跡などの建物を撮るなら、立った姿勢からその場でしゃがむだけでも、印象は大きく変わる。変化をつけることを心がけていると、目の前の風景を少し冷静な目で見られるようになるし、最初は見落としていたその風景の魅力に、新たに気づけることもある。

旅先で出会った現地の人の写真を、交渉して撮らせてもらえることになったとき。カメラを向けたとたん、相手の表情や姿勢がぎこちなくこわばってしまった経験はないだろうか。そういう場合は焦って撮り急がずに、いったんカメラから顔を外して、「ちょっと緊張しすぎじゃない？」と相手に笑って話しかけてみよう。複数の人を撮るときは、「肩を寄せてくっつきあってみて！」と伝えると、表情や姿勢がほぐれることが多い。現地語が話せるに越したことはないが、表情と身振り手振りのコミュニケーションだけでも、結果はぜんぜん違ってくる。そうした現地の人とのカメラ越しのやりとりの雰囲気は、写真にも必ず写り込む。

多くのシャッターチャンスが生まれる時間帯は、朝と夕方だ。強い日射しが真上から照りつける昼間と違って、柔らかで傾いた光が射す朝と夕方の風景は、同じ場所でも、昼間と

はまったく違う表情になる。朝と夕方、それぞれの時刻ならではの現地の生活風景も見られるのだから、これらの時間帯に街を歩き回らない手はない。また、曇りや雨の日でも、撮るのをあきらめる必要はない。そうした天気だからこそ感じ取れる風情もあるし、ふとした折に雲間から光が差し込んで、ドラマチックな瞬間が現れるときもある。

フィルムカメラと違って、デジタルカメラやスマートフォンは、メモリ容量が許すかぎり、何枚でも写真を撮ることができる。旅先で、ほんのちょっとでも心が動いたこと、気になったものなどがあれば、枚数を気にせず、積極的に写真を撮っておくといい。たとえば、ある場所に至るまでの道程で目についた看板や路地、道端の草花、昼寝中の猫など……。それらもすべて、旅の一部だ。あまり深く考えずに反射的に撮った一枚が、あとで見返すと、とても良い写真だったということはよくある。現地の人々に迷惑をかけないようにＴＰＯに気を配る必要はあるが、目についたものは何でも撮っておこうという気構えでいれば、思いがけないシャッターチャンスが到来したときも、逃さず捉えられるようになる。

……と、ここまで書いてきたようなことを、とりあえず心に留めておいていただくとして、そもそも……旅における「良い写真」とは、どういった写真なのだろうか。ほかの旅行者が行っているのと同じ場所に行き、同じ風景を、同じように切り取った写真だろうか。

そうした写真をＳＮＳにアップして、「いいね」を集めればそれで満足という人も、世の中には多いのかもしれない。でも個人的には、それらがどれほど絵的に「映える」写真でも、その人ならではの思いや行動が伝わってこなければ、あまり魅力を感じない。

旅先で、余計な先入観を持たず、まっさらな気持でその土地の空気を感じながら歩き、ふとした場面で、心が揺れ動いたとき。そうした瞬間に切り取られた写真は、その人自身の素直な心の揺らぎが写り込んだ、唯一無二のものになる。構図の上手下手や「いいね」の数に関係なく、撮り手自身の「旅」がじわりと伝わってくる写真。そうしたオンリーワンの写真を見たいし、自分でも撮りたいと思っている。

インド北部のスピティ地方、標高4200メートルの高地にあるコミック村で出会った、村人と男の子

❖旅で得る「学び」

世界に触れ、外から日本を見る旅はフィールドワークでもあるのだ

楽しいことだけでなく、世界の現実を目の当たりにして、なにかを考える。そんな時間もまた、旅の中では多くなることだろう。

POINT

❶ 旅先の国の社会を少しでも調べてみよう
❷ 国際ニュースを見ると旅はより面白くなる
❸ 海外から故郷のことを考えてみる

「ニュースの現場」が目の前に

タイを旅しているときのことだ。南部のリゾート地タオ島の食堂に入ると、愛想のいい青年が笑顔で出迎えてくれた。さすが微笑みの国タイ……と思ったのだが、顔立ちがタイ人とはなんとなく違うような気がして聞いてみると、ミャンマー人だという。

まだまだ開発途上のミャンマーから、中進国へと発展してきた隣国タイに出稼ぎをする人がたくさんいるのだとか。タオ島でもホテルやレストラン、ダイブショップ、土産物屋などでたくさんのミャンマー人が働いているそうだ。さらに2021年からは、国を出る人がどんどん増えていると話す。

「クーデターの後は自由がなくなって、国にいてもなにも希望がないから」

そんなニュースが流れていたことを思い出す。軍が強引に権力を握り、反対する国民を弾圧していると聞いた。経済的な格差に加えて政治の問題もあり、人々が国外に流出しているのだ。彼もまたそんなひとりだった。

旅をしていると、こんな場面がときどきある。遠い世界の話だと思っていた出来事が、ふいに目の前に現れるのだ。

たとえばバックパッカーの中でも一大勢力となっているイスラエル人から、ガザの紛争についてどう思うか尋ねられるかもしれない。アラブ諸国を旅していると、そのガザについてパレスチナ人に同調する声を聞くこともあるだろう。急発展しているといわれるインドで、疲れ切った子供の物乞いに手を差し伸べられて考え込んだりもする。ラオスやカンボジアのあちこちで見る漢字の看板に、中国の「一帯一路」政策の勢いを感じる。ベトナムやインドネシアでは街全体に発散するかのようなエネルギーに「これが経

済成長というものか」と驚く……。

そしてどこに行っても、痛いほど円安を実感するのが悲しいところではあるが、旅は世界を身近にしてくれる格好の機会だと思う。感心することも辛いこともひっくるめて、きっとたくさんの刺激をもらってくるだろう。

旅というものが人を惹きつけるのは、単なるレジャーではないからだ。楽しいことに加えて、しんどいこと、怒りを覚えること、世界への共感や反感、喜びや悲しみ、そしていっぱいの学びが詰まった濃密な時間だから、旅は面白いのだ。

できるだけいろいろなものを見て、生身で異文化に触れ、ほんのわずかでもなにかを考えてもらえたら、と思う。

日本人であることを強く実感する

遠く海外に出て、あらためて感じるのは自らのルーツだ。本書の読者の場合、日本人という人が多いだろう。

旅先で会う人たちに自分が日本人であることを伝えると、実にいろいろな反応が返ってくる。アニメが大好きなんだと好きな作品をばんばん言ってくる若い人。「トヨタ、ホンダ！」なんて親指を立ててくるおじさん。日本に観光に行ったことがある、日本食をときどき食べるよ、なんて人もいる。何十年も経ったいまでも「広島と長崎」から復興したことを称えられたり、日本人自身はもう自信を持てないが、それでも「アジアで最も進んだ国」だと褒められることもある。

おおむね好意的なのだ。日本人というだけで歓迎されることも少なくない。それは日本と政治的にセンシティブな問題を抱えた国でもあまり変わらず、不安だったが実際に行ってみたら思いのほか親切にされたという旅行者は多い。

ときには、いまの日本について鋭い疑問を投げかけられることもある。どうして結婚しない人が増えているのか。もっとアジアのリーダーとして振る舞うべきではないのか。コロナが終わったのに日本人旅行者が戻ってこないのはどうしてなんだろう。

明確に答えるのはなかなか難しいけれど、自分の生まれ育った故郷はどういう国なのかを改めて考える機会を、旅はくれるのだ。

それに途上国のきつい環境に日本での快適な暮らしが恋しくなるかもしれない。あるいは仕事よりも家族や友人との時間を大事にゆったりと過ごす人たちを見て、日本での暮らしを省みるかもしれない。

いろんな場面で母国を思い出し、比べ、考える。海外を歩くうちに日本という国がくっきりと見えてくる。それもまた旅の大きな収穫なのだ。

世界遺産でもあるイラン・タブリーズのバザール。イランでは日本で働いていた人から日本語で声をかけられ、親切にされることがある

Explore
The World

本当に参考になる旅サイトからは、しっかり「現地感」が伝わってくる

31歳にして１０９か国を訪れ、旅ブログ『El Mundo』を運営する筆者が、世に氾濫する「おかしな旅サイト」の見分け方を教える。

文・写真▼**稲村航平**

▼旅をアウトプットする楽しさ

僕は小学生の頃から自分でルートを作成して、電車やバスを乗り歩くような子供だったが、本格的に旅に目覚めたのは高校2年生の修学旅行がきっかけだった。シンガポールに行ったのだ。初めての海外、ドキドキとワクワクでいっぱいだった。基本的には団体行動だが、ツアーバスの中から「この街を歩いてみたい」と感じていた。

ひとりになる機会があったのはマーライオンでの自由時間だ。同級生が土産物屋やスタバに行く間、僕は街を歩き回った。新しい発見だらけだった。バスに乗るときに手を挙げないといけない、日本車ではない車が走っている、多様な民族が入り交じっている……そして、もっといろいろな世界を見てみたいと思った。

そこからの行動は早かった。高校3年生になると韓国と台湾をひとりで訪れ、大学生のときには休学して一年かけて世界一周をした。その時代、旅の情報を仕入れる先はいまのようにSNSではなく、ガイドブックか現地、そして旅行ブログだった。中でも『世界一周ブログ村』では、個性あふれる旅行者たちが旅の様子を綴っていた。

こうしたブログを読むことで安全に旅行できたし、お世話になったという気持ちが大きかった。だから今度は、僕が次の旅人に情報を残したい。そんな思いで、世界一周の旅の終わりに旅ブログ『El Mundo』をスタートした。

２０１４年3月のことだったが、それから足かけ9年で、１１００ほどの記事を書いてきた。旅人から「参考にしています」と声をかけてもらうことがなによりの励みだ。セネガルでは、現地でお会いした長期旅行中のご夫婦がたまたま『El Mundo』を読んでくれていて、管理人が僕だとわかって驚かれたことがある。心から嬉しい経験だった。

▼ダメな旅サイトの特徴とは?

近年は、旅行ブログや記事の質が低下しているように思える。「収益」を意識したものが多い。ブログで稼ぐことは悪くないし、収益を得ることも必要だと思う。しかしPV数を伸ばすためにウソの情報や大げさな内容を書いたり、写真を加工し過ぎているなど「これは違うだろ……」と思うようなサイトが増えてきたのだ。

検索すると、似たようなまとめサイト、きれいな写真だけで情報の薄いブログ、AIが作成したのかと思うような無機質な記事と、見るに値しないものばかりがヒットする。他人の記事や写真だけを参考に書いていて、自分の足で現地を訪れていないのがよくわかる。

こうしたサイトを参考にしてもいい旅はできないのだが、ある程度の旅行の経験と知識がないと、その判断ができないものだ。そこで僕が思う「このサイトはダメ」というポイントを挙げてみよう。

①主語がない（人の記事の流用なので第三者的視点なのだ）
②現地の情景が感じられない
③きれいな写真ばかりが並ぶ
④プラスな情報しかない

検索上位に出てくるこうしたサイトは、だいたいアフィリエイト広告に誘導することを目的としている。

反対に、管理人の顔が出ていたり、現地発のリアルで躍動感のある情報が書かれたブログは信用できることが多い。こうしたきちんとしたブログは検索して3、4ページ目くらいに出てくることもある。

旅の情報を得るには、以前は限られたサイトをチェックしていればそれでよかった。しかしいまは情報があふれ、おかしなサイトも無数にあり、必要な情報を絞るのが逆に難しくなっている。

そこを解決するために、僕はこれからも旅を続けて、本当に必要な情報を『El Mundo』を通じてアウトプットして、旅行者の参考になり続けていきたい。

実際に現地を歩いて得た情報が満載の『El Mundo』

❖あらゆるローカル交通を乗りこなせ

バス、鉄道、飛行機、船……すべてを駆使して世界を駆ける

いざ、次なる街へ。旅情をかみしめて、旅人はバスや列車に揺られる。長距離移動には旅の醍醐味がたっぷりと詰まっている。

POINT

❶車窓の景色はバスがなによりも楽しい
❷夜行の移動なら列車のほうが楽
❸時間を節約するときは飛行機も選択肢に

地元の人たちの生活が見えるバスの旅

4時間ほど乗ったバスは、いかにも峠の茶屋といった感じの小さな店の前に停まった。乗客たちがどやどやと下りていく。運転手の兄ちゃんが僕のほうを見て、飯を食う仕草をした。ようやくの昼休憩だ。バスの外に出て、思い切り身体を伸ばす。緑深い山中だ。空気はひんやりと冷たい。ラオスの北部、中国国境に近いルアンナムターから、世界遺産の古都ルアンパバーンに向かう、ちょうど中間地点だろうか。

トイレを済ませて食堂に入ると、乗客の誰もが汁そばをすすっていた。たしかカオピアックという米の麺だ。湯気を立てていて、いかにも温まりそうだ。熱帯とはいえ山岳地帯のラオスの乾季はそこそこ涼しいのだ。食堂のおばちゃんに注文して、ひと息つく。

思えば昨日のことだ。バスを予約しようとルアンナムターのターミナルに行ってみたが、「あんまし客がいないから、予約なしでも大丈夫。明日来い」と言われて、やや不安を覚えたのだ。だから今朝は早めに宿をチェックアウトしてバスターミナルに行ってみた。おんぼろの小さなバスは確かに席は空いていて、景色を楽しめる窓際をバッチリ確保できたのだが、ぜんぜん出発しないんである。乗客が集まるまで待つ。田舎に行くほどそんなバスが多くなるが、ここも同様のようだった。それでも1時間ほどすると少しずつ人がやってくる。なにやら大きな段ボールをいくつも詰め込んだり、ニワトリの入った籠を荷台に押し込んだり、屋根の上にも荷物を満載して、地方のバスは貨物便も兼ねているのだと実感する。

そしてようやく出発となったのだが、積み込んだ荷物を宅配便のように各所で降ろしたり、小さな村でも乗客の乗り降

りがあったりと、のんびりしたものだ。さらに山道でタイヤがパンクしてしまい、修理に時間を取られるというアクシデントもあり、もはやルアンパバーン到着はいつになるのかサッパリわからない状況となっていた。

　それでも乗客たちとカオピアックをすすっていると「なんとかなるもんだ」という気分になってくる。バス旅は先が読めないけれど、現地の人たちのペースに巻き込まれ、ともに旅しているような楽しさがある。きっと、いつかは着くだろう……。

バス旅で注意したいポイントは？

　途上国のバスはだいたいこんなノリだ。オンラインでの予約ができる国も増えているが（→P236）、そうでない国、路線もまだまだある。いずれにせよ移動日が決まったらチケットを買っておこう。予約できないこともあるが、その場合は直接バスターミナルに行けばまあ大丈夫だろう。大きな街を結ぶ路線ならバンバン発着している。

　出発前にはミネラルウォーターと、クッキーやキャンディなどちょっとした食料を買っておくといい（等級の高いバスは車内で配られることもある）。

　トイレは夜行など長距離路線ではついているが（ただしトイレのそばは匂いがやや気になる）、そうでなければ数時間に一度は休憩があるのでこのときに済まそう。食事も同様だ。ローカルなドライブインに寄ることが多く、なかなかに面白い。荷物はトランクルームに入れたり屋根の上に載せたり。なくなるということはまずないだろう。貴重品の入ったサブバッグは常に手元で管理しよう。エアコンバスはときに冷えすぎるので軽い上着があるといいかもしれない。

　ときにはボロボロの車体で悪路を走るハードな旅路になることもあるが、バスの路線は生活の道でもある。車窓からは土地の暮らしぶりがよく見えて楽しい。またバスは山間部の小さな村まで走っていて（乗り合いジープやトラックということも）、辺境に行くほどバスの世話になることだろう。

　公営バスのほか、私営のバスが走っている国も多い。たいてい私営のほうが値段がいくらか高いぶん、設備がいい傾向だ。座席がゆったりしていて、車内Wi-Fiがあることも。私営バスはガイドブックには載っていない専用ターミナルから発着することもあるので注意。

タイ北部を走るローカルバス。こういうのがバックパッカーの足となる

不安と旅情が入り混じる鉄路の旅

夕暮れのバラナシ駅に、ようやく列車の姿が見えてきた。1時間ほどの遅れだった。いかにも重そうな巨体を引きずるように、ゆったりずっしりと入線してくる。停車したとたん、待っていた乗客たちがいっせいに群がり、我先にと乗り込んでいく。窓から入っていくやつまでいる。こちらも一瞬、気持ちが急くが、心を落ちつける。焦るんじゃない。寝台は予約してあるんだ。自由席とは違う。

ホームではインド国鉄のスタッフが掲示板に予約リストを貼りだしているところだった。もう人垣ができているが、かきわけて見てみると、指定された2等寝台のリストの中に自分の名前を発見し、チケットと照らし合わせてまずはホッとする。チケットは前日、駅で買ったものだった。オンラインではすでに売り切れていて、混雑時のための「タトカル」という緊急枠のようなものが前日に売り出されると聞き、駅で行列に並んだのだ。イレギュラーな方法だったのでちょっと不安だったが、無事に取れている。

しかし列車はなかなかに長大だ。群衆に紛れて歩いても歩いても目的の車両が見つからない。早足になる。バックパックが肩に食い込む。

「あった！」

ようやく2等の寝台車を見つけたときは思わず声が出た。乗り込んでみると、車内も大混雑だった。通路と並行して2段の寝台、反対側に3段の寝台が向かい合って計6つ。予約したのは「Upper」で3段のいちばん上のはずだ。探してみるのだが、乗客だけでなく果物やチャイやモバイルバッテリーなどを売る男たちも声を上げて行き来しており身動きが取れない。それでも押し合いへし合い、ようやく自分の寝台を見つけたものの、どういうことか若い男たちがすでに占拠しているではないか。荷物までもがどっさり置かれているが、チケットを見せて主張する。「This is mine!」。正しい英語かどうかなんてどうでもよく、ただ必死だった。すると案外あっさり男たちは寝台を明け渡してくれるのだった。もう汗びっしょりだ。

狭い寝台によじ登り、片隅にバックパックを押しのけて枕代わりにする。横になってみる。なんとか眠れそうだ。貴重品の入ったバックは抱えればいい。

ようやくひと息ついた瞬間、列車はごとりと動き出した。いよいよデリーに向けて出発したのだ。やがて少しずつスピードが上がり、風が吹き込んでくるようになった。汗が引いていく。そんなときだった。

「come!」

下の寝台から声がかかった。のぞき込んでみると、先ほどの若い男たちだ。友達同士なのか、10人近くもいちばん下のふたつの寝台に座っている。どうも予約してあるのは向かい合った6つの寝台のうち5つだけで、それを仲間でシェアする気らしい。彼らは口々に「Sunset!」と車窓を指さし、僕を招く。

つられて降りてみると、列車は橋に差しかかっているところだった。ガンジス川を渡るのだ。太陽はその聖なる川に、いままさに沈まんとしている。金色の光が川面と列車を包み込む。男のひとりが胸に手を当てて目を閉じた。疲れをすべて吹き飛ばしてくれるような光だった。列車が川を渡り切るまで、男たちと車窓を眺め続けた。すぐに、夜の帳が下りてきた。

駅で乗り降りするときは要注意

異国の夜行列車ほど、豊かな旅情を感じられるものはない。予約は必ずしておこう。短距離ならともかく、夜行寝台を取るなら早めの予約は必須だ。オンラインに対応している国も多いし、インドなどでは外国人専門の予約窓口がある。

途上国の列車では車内を物売りがうろうろしていて、飲み物から軽食までなんでも買えるが、水くらいはいつもキープしておきたい。食堂車があれば車窓を眺めながら食事が楽しめる。

車内では外国人が珍しがられて話しかけられることも多い。食事やお菓子を分けてくれたりもする。感謝して、こちらもいろいろなことを伝えてみよう。こうしてまわりの乗客とコミュニケーションを取っていれば、トイレや食堂車など、ほかの車両に行くときも荷物を見ていてもらえるだろう。とくに家族連れなら安心だ。心配な人は柱などと荷物を結びつけるチェーンロックを持っていくといい（現地でも買える）。

そして駅で乗り降りするときには荷物に十分な注意を。おおぜいの人で大混雑する中、一瞬のスキをついて荷物を盗まれたという旅行者はけっこう多い。

インドの鉄道駅はかなり混みあう。勝手がわからず混乱することもあるので、早めに着いて気持ちを落ち着けておきたい

なお、鉄道とバスは距離によって使い分けるといい。長距離移動で夜行となると、鉄道のほうがずっと楽だ。寝台バスも国によっては走っているが、たいていは鉄道の寝台より狭い。逆に短い距離の移動なら、バスのほうが便が多いだろうし便利だ。

空や陸も旅の舞台だ

バックパッカーたるもの、地を這い陸路で旅すべし……という風潮がなきにしもあらず。確かにバスや鉄道で少しずつ刻むように前進していくと、あとあとの達成感は大きい。広大な大陸をできるだけ陸路で旅したいというのは。バックパッカーのロマンだろう（ぜひＰ89も見てほしい）。

しかしＬＣＣ網がバックパッカーの旅を大きく変えた。ときにバス並みの値段で飛べることもあるし、路線も増えてきた。だから鉄道の予約が取れないけれど飛行機は空いていてそこそこ安いとか、時間を稼ぐために一気に飛びたいとか、

タイは船を駆使したアイランド・ホッピングが楽しい

そういうときに空の便を気軽に利用できるようになったのだ。飛行機も組み合わせつつ旅することもあるだろう。

空だけではなく海も旅の舞台だ。フェリーで移動する場面もある。バックパッカーに人気のタイ南部は高速船で島々を渡っていく旅が人気だ。1万6000以上もの島々がある世界最大の島嶼国インドネシアでは、ペルニという国営のフェリー会社が緊密な航路を持っている。やたらに遅れることもあるが安価で、庶民の足として親しまれている。地中海なども船旅が楽しめる地域だ。

東南アジアなどではミニバンも広く活躍している。3、4時間程度の短い移動ではバスではなくミニバンに切り替える路線も増えてきた。あちこちに寄って乗客が乗り降りするバスと違って目的地直行のことが多いし、バスよりもスピードが出るので早く着く。

過酷な大地をひた走り、次なる街へ！

とりわけ陸路で旅するときに実感するのは、この世界の多様さと美しさだ。緑深いジャングルや炎熱の砂漠、サンゴ礁の海域、植物限界を超えた高山地帯、まるで海のような大河、地平の果てまで続く田畑……。そんな場所でも鉄路が貫き、バスが走る。

ときに自然の苛烈さに晒され、エアコンもない2等列車の中で苦しむこともある。ボロボロのバスで10時間も20時間も悪路に揺られることもある。いつになったら目的地に着くのかまったくわからず、きつい思いをするかもしれない。

しかし、しんどいぶんだけ「旅しているんだ」という実感もまた強くなる。旅の場面がハードになるほど、むしろ生き生きとしている自分に気がつくことがある。旅人はこうして少しずつ、たくましくなっていく。

長いこと揺られ続けたバスや列車を降りるとき、旅人は開放感と心地よい疲労感に包まれる。そして新しい場所への期待と不安もまた感じる。目の前に広がっているのは、まだ未知なる街だ。荷物を持って、さあ行こう。

ヒマラヤの奥地までもバス路線は延びる。どんな場所にも人間の生活があると感じる

Travel your way

「日本の異国」を旅する 外国人コミュニティを歩いてみよう

文・室橋裕和

いま日本各地で、外国人コミュニティが拡大してきている。留学生や会社員、あるいは技能実習生など、さまざまな形で日本で暮らす外国人が急増しているからだ。

彼らは（海外で暮らす日本人も同様だが）国や民族ごとに集まって住み、小さなコミュニティをつくっている。

たとえば東京では、西葛西にインド人が多い。ミャンマー人が集まる高田馬場は「リトル・ヤンゴン」とも呼ばれる。十条にはバングラデシュ人がたくさん暮らす。そして新大久保はいまや南アジアや東南アジア、東アジアの人たちが混じり合う多民族タウンとして知られるようになってきた。

群馬県では大泉町は古くから日系ブラジル人が集住する。近年では新大久保のような多国籍化も進む。茨城県では各所にタイ人やスリランカ人のコミュニティがあるし、インド人でもパンジャブ地方の人が多いとか、パキスタン人でもパシュトゥン人がたくさん住んでいる地域があるなど、民族ごとの色分けまであるほど多彩な県となっている。

東海地方では浜松や豊橋、名古屋近辺に日系ブラジル人やペルー人がおおぜい暮らす。大阪は八尾にベトナム人が多い。

こうした外国人コミュニティに行ってみると、彼らが利用する食材店や食堂がちらほらと点在している。現地感あふれる外観で日本の街並みからはやや浮いているような気もするが、入ってみるとそこは完全に異国。食材店ではスパイスの香りが漂い、米や調味料やお菓子や、それに向こうの石鹸や歯ブラシやお香なんかも売られていて面白い。

食堂のほうをのぞいてみればお客はみんな外国人。そのぶん、日本人に忖度していない本場のガチなやつが食べられるんである。

こうした場所に行くと、旅をしたことのある人は懐かしさを覚えるだろうし、これから旅をしたいという人にとってはちょうどいいレッスンの場でもある。店主に話しかけてみよう。基本的に外国人の利用が多いけれど、日本人も大歓迎だ。日本語はカタコトのこともあるが通じるし、中には日本暮らしが長く流暢に話せる人ともよく会う。

そして彼らの物語も聞いてみるといいだろう。どうしてこの街にあなたの国の人たちが集まってきているのか。どんな仕事をしているのか。忙しくなければ、きっといろいろと教えてくれる。近くに外国人労働者を求める工場や農家がたくさんあるからとか、日本語学校が多い地域だからとか、街に根づいた理由はさまざまだが、考えさせられる。高齢化による働き手不足、少子化による学生の減少など、日本の抱える問題を外国人に支えてもらおうという社会の動きがよく見えてくるからだ。

そして外国人コミュニティにはモスクや寺院や教会など、祈るところを持っているところも多い。こちらもマナーを守っていれば異教徒でも見学させてくれるだろう。ときにはお祈りの後の食事に招かれるかもしれない。信仰の場であると同時に、仲間同士が集まってわいわいと近況を語り合うこんな場所が異国暮らしには必要なのだと感じるだろう。

こうしたスポットを見て回れば、気分はプチ海外旅行。食事や買い物の楽しみもありつつ、社会課題を学ぶこともできる。旅の前後に訪れてみるとことさらに興味深い。忙しくてなかなか海外に行けない人にもおすすめだ。

欧米ではネットでの手配が一般的 アジアでも普及しつつある

都市間を移動する鉄道やバスも、オンライン予約の時代。とはいえ駅やバスターミナルでの直接購入も可能だ。

POINT

❶一括検索サイトは旅のイメージが膨らむ
❷各予約サイトはアプリもある
❸欧米ではセール価格もチェックしたい

長距離移動の予約も、世界的にオンライン化が進んでいる。ウェブサイトやアプリを通じてシートを押さえ、クレジットカードで決済する仕組みだ。とくに飛行機の移動はネット予約のシステムが最も整備されている(→P99)。

次にネット化が進んでいるのは列車だろうか。とくにヨーロッパのように国際列車が発達していたエリアは、国をまたいだ列車の予約サイトが整備されてきた。有名なものは、昔からバックパッカーもよく利用してきたユーレイルパスだ。これはヨーロッパ以外に住む人が利用できる期間内乗り放題パスで、ヨーロッパ33か国の鉄道が利用できる。

パスの種類はさまざまで、フレキシパスは1か月有効でそのうち4日間とか、2か月有効でそのうち10日とか15日間といった感じで列車を利用できる。連続使用パスは15日〜3か月間使える。

最も安い１か月以内4日のプランが２０８米ドル（約３万１０００円）、高いものは3か月連続使用で７６１米ドル（約11万３０００円）。公式サイト（日本語にも対応）ではセール価格で買えることもある。１か国だけのパスもある。加えて予約手数料が必要だ。

ほかに欧州エキスプレスや、ヨーロッパ鉄道チケットセンターなどの日本人旅行者向けの日本語予約サイトもある。いずれにせよ手数料がかかるので、各国の鉄道会社のサイトに直接申し込んだほうが安上がりだが、表記は現地語もしくは英語となる。

またヨーロッパは列車網が充実しているので、予約をしなくても当日に駅でチケットが手に入ることが多い。

Omioは列車のほかバスや飛行機も含めた旅行経路の一括検索サイト。出発地と目的地、日付を入力すると交通の選択肢が表示され、それぞれ予約サイトに飛ぶ仕組みになっている。

▶長距離を移動するノウハウ

アメリカの鉄道予約はアムトラックが有名。全米の鉄道路線の予約ができる。航空券検索サイトに似たつくりなので、表記は英語だがわかりやすい。カナダではVIA Rail Canadaが普及している。

アジアを見てみると、インドなら国鉄の公式サイトIRCTCから予約できるが、ややわかりにくく、また海外発行のクレカは決済できない場合がある。列車大国の中国はTrip.comの独壇場だ。

Baolauや12Go.Asiaはヨーロッパのように東南アジアの交通を一括検索できるサイトだ。日本語にも対応。国際列車はバンコク~クアラルンプールなど限られているが、今後は予約できるルートが増えていくはずだ。

長距離バスを見てみると、ヨーロッパではFlixBusが格安でバックパッカーの足となっている。北米ではGreyhoundがあるが、現地のバスターミナルではこのサイトがフォローしていないバス会社をよく見かける。大手サイトをチェックしつつ、現地でもどんな便があるのか探してみるといい。

ユーレイルパス

▶ヨーロッパ鉄道旅行の強い味方。日本語対応。33か国の鉄道乗り放題のパスが購入できる。フェリーも割引で利用可。

アムトラック

▶全米の鉄道を網羅。航空券感覚で予約できる。アプリも使いやすい。お得なプロモーションもたくさんある。

Omio

▶ヨーロッパの鉄道、バス、飛行機、フェリーのチケットを一括で検索、予約できる。思いがけない経路が見つかることも。

Baolau

▶ベトナム、カンボジア、ラオス、タイをカバーする、鉄道、バス、飛行機、フェリーの一括検索サイト。日本語対応。

FlixBus

▶ヨーロッパ40か国、3000以上の目的地を網羅した格安長距離バスの予約サイト。アプリも便利。車内wifiも完備。

12Go.Asia

▶タイ、インド、ベトナム、フィリピン、カンボジア、マレーシア、ミャンマーの鉄道、バス、飛行機、フェリーに対応した一括検索サイト。

❖ 現地の旅行会社を使う

ツアーもアクティビティも「現地発」のものが面白い

英語が通じて情報が集まりやすい旅行会社はバックパッカーの強い味方だ。また体験を提供するサービスもあるので検索してみよう。

POINT

❶ 交通のチケットはできれば自力で
❷ ひとりではできない体験なら旅行会社に頼む価値あり
❸ オンラインでもアクティビティを探そう

安宿街や外国人旅行者の多い観光地を歩いていると、よく目につくのが旅行会社だ。店の表にはたいてい英語であれこれとサービス内容が書かれている。Visa、Air Ticket、Bus&Train、Tour、exchange……実にいろんなサービスを展開していることがわかる。きっちりとしたオフィスのところもあれば、掘っ立て小屋みたいなブースでおっちゃんひとりで営業している店もあったりしてやや不安を覚えたりもするが、こうした旅行会社はバックパッカーも利用する。

よくお世話になるのはバスや鉄道のチケットだろう。オンラインでの購入が途上国でも普及しつつあるとはいえ、スムーズにいかないことはけっこうある。それならと実際に窓口に行ってみたら大混雑でどうにもならないとか、そういうときに旅行会社は重宝する。もちろん正規料金＋手数料がかかるが、確実にチケットを確保でき、かつ簡単な英語でやり取りできるのはありがたい。なお航空券は、旅行者自身がオンラインで買うことが一般的になっている。旅行会社でも手配はできるが、メリットはない。それと近年ではホテルやゲストハウスにも代理店機能があり、交通チケットが買えるところが増えている。

個性的な現地ツアーを探してみよう

面白いのは現地発のツアーだろう。外国人ひとりではなかなかできないような体験をアレンジしてくれるのだ。

たとえばモンゴルでは草原を馬で駆け、ゲルに泊まるツアー。タイなら象に乗ってジャングルを探検するとか、珊瑚礁の海域まで船で繰り出してシュノーケリングするとか。砂漠でのキャンプ、少数民族の村を訪ねるトレッキングなど、どんな地域でも自然環境や文化をアピールするツアーを出している。

安宿街に店を出している旅行会社のものなら意外に料金も安い。タイ南部のビーチリゾート地クラビーにある、日本人に人気の旅行会社を例にとってみると、沖合の4つの島を巡りシュノーケリング1回、ランチと送迎がついて1日たっぷり楽しみ800バーツ、約3300円だ。1泊分の宿代より高いと悩むか、ときにはこんな体験をと思いきるか、そこは旅行者次第だ。

ちなみに象乗りは動物保護の観点から世界的に控える流れにあり、タイあたりでは取り止めるところが増えている。

悪徳旅行会社には要注意

旅行会社では周辺国のビザを手配できるところもある。自力での手続きが難しいときは頼んでみよう。手配が終わるまでパスポートを預ける場合もあるので、臨時の身分証明として念のためパスポートの顔写真と入国スタンプ、ビザのページのコピーを持っていると安心だ。

また両替ができる店もあるし、クルマのチャーターにも対応してくれることがある。公共交通機関がない地域にアプローチするときには使える手段だ。ひとりでは予算的にきついので、旅行者を何人か集めるといい。それに、地域の情報にはとっても詳しい。ガイドブックには載っていない、SNSにもまだ情報が少ない見どころとか、地元の人がよく行く食堂とか、なんでも聞いてみよう。

旅行会社の中には外国人旅行者をだまくらかして稼いでいる悪質なところもある。インド・ニューデリー駅周辺の店が典型的だ。怪しい、怖いと思ったらすぐに店を出よう。街で声をかけられて旅行会社に連れ込まれ、高額なチケットやツアーを買わされるのは定番。まともな旅行会社なら路上で客を引くことはまずありえない。ついていかないように。

旅先でしかできない体験やボランティアを求める時代

いまいる街でどんな体験ができるのか、オンラインで探す旅行者もとくに欧米人には多い。例えばAirbnbは、ホテルや民泊だけでなく、activity（体験、活動）を提供するホストともマッチングできる。ギリシャのアクロポリスで野良猫と遊ぶ、リスボンの旧市街を自転車で回る、ハノイの屋台を食べ歩くなど個性的なものが並ぶ。土地の食文化を学べる料理教室も見つかる。料金はさまざまだが、無料だったり心づけだけでOKという場合もあってホスト次第。

ボランティア体験を提供しているサイトもいろいろある。タイ北部で捨て犬のケアをする、ネパールの学校をサポートする、アマゾンのジャングル保護を手伝う……実に無数のプロジェクトがある。数時間のものから、宿泊費などを支払い何日も滞在するプランまでさまざま。International Volunteer HQ、Workaway、worldpackersなどサービスもいろいろだ。

現代の「関所」を通過して陸づたいに次なる国へ！

島国の日本では絶対にできない体験が、陸路国境越えだ。自らの足で国をまたぎ、変わっていく文化を体感しつつ旅をしよう。

POINT

❶ 越境手続きを考え時間に余裕を持とう
❷ 両替はATMかローカル両替屋に
❸ 時差がある国境では時計の調整を

このゲートの向こう、目の前に広がっているのは別の国……それは島国で生まれ育った日本人にとって、ふしぎな感覚だ。地続きであるのに、ここから先は社会の仕組みが違う。使われているお金が違う。人々の話す言葉も、考え方も違う。クルマが走る車線が変わり、スマホを見れば通信会社が変わり、時間の流れさえも異なる。ほんの数歩で行き来できるのに、時差があるのだ。

陸の国境を持たない僕たちにとって、そのひとつひとつが物珍しく、面白い。しかし地元の人たちにとってみれば、単なる生活の場だ。買い物のために隣国へ行く人。毎日、仕事で出入りしている人。両国にまたがって親戚が暮らしている家族だっている。

それに国境というのはまた、人だけでなく物資の通り道でもある。市場が賑わっているところも多い。両国のモノがあふれ、どちらの国のお札も飛び交っていて、また驚く。

そんな様子を眺めながら、イミグレーションに赴きパスポートに出入国のハンコをいただき、旅行者は国を越えていく。これはもう、空路で移動していくよりもはるかに濃密で刺激的な体験だ。時間があるなら、ぜひ旅の中に陸路国境越えを組み込んでほしいと思う。

外国人は「国際国境」を目指そう

実際にどうやって国境を越えるのか。まず当たり前だが、陸続きになっているからといって、国境線のどこでも通過していいというわけではない。たいてい、両国を貫く道路（あるいは鉄路）があり、その国境線上に役所が置かれていて、人やモノの行き来を管理している。イミグレーションである。これはどちら側の国にも設置されているので、その両方に出頭する。まずはいまいる国で出国の許可をいただき、国境を越えて、次なる国のイミグレーションで入国の許可をいただく……こんな流れになっている。

そして、陸路国境のイミグレーションにはふたつのタイプがある。国境をまたぐ両国の国民だけが通過できる小さなローカル国境と、第3国の外国人も通過できる国際国境だ（中国の場合「一級口岸」なんて呼ばれている）。

ラオスと中国を結ぶボーテン国境。国際バスも走っている

僕たちが越境するのはもちろん国際国境のほうだ。これは地域の物流の大動脈となっているような、大きな幹線道路に設置されていることが多い。各所からバスや列車なども走っていて、アクセスもいい（ものすごく辺鄙な場所にある国際国境もあるが……）。

どこが国際国境なのか、メジャーどころはガイドブックやブログを見ればわかるし、検索すると国境越えの体験談も出てくる。ただ国際国境の中でも、相当にマニアックで小さなものは情報に乏しい。そういうところをいかに見つけて通過するかを喜びとする「国境マニア」なる人種も一部に存在する。

まずは出国し、国境線上へ

陸路国境越えの手続きも、基本的には空港と同じだ。国際国境に到着したら、イミグレーションを探そう。まずは出国。「Departure」「Passport Control」あるいは「Foreign Tourist」などと表記があれば、そこだ。間違えて入国のほうに行かないように。

行列することもあるが、外国人専用の窓口ですいすい手続きできるところもある。出国カードなどの書類が必要な場合はどこかに置かれている（名前や国籍など簡単な情報を記入する程度だ）。そして空港と同じように係官のいるブースにパスポートと必要書類を提出するが、オーバーステイ（許可された期間を越えて滞在すること）でもなければあっさり出国できるだろう。

そして向かう先のイミグレーションまでは、両国の緩衝地帯が広がっている。ここが国境線上となる。だから両国の国旗が翻っていたり、国境線の位置を示す石碑やモニュメントがあったり、立派なゲートが建っていたりと、（許可されているなら）格好の撮影ポイントだ。

この緩衝地帯は歩ける距離のこともあれば、山を挟んで両側にイミグレーションがあり間をバスなどが走っていることもある。タイとラオスはメコン川が国境線となっているが、ここは橋を渡る国際バスを利用する。

目指す国のイミグレーションを見つけたら、今度は入国だ。入国カードなど必要な書類はやはりどこかで配られている。アライバルビザを取得するなら、「Visa」などの看板を探そう。ただ顔写真とかパスポートのコピーが必要なこともある。その手の業者が店を構えている国境もあるが、そうでないところも多いので忘れないように。

入国審査も書類に不備がなければすぐに通過できる。こうして出国・入国のスタンプをパスポートに押してもらえば国境突破だ（スタンプ廃止の国境も増えてきていてちょっとさみしい）。

税関はノーチェックのところもあれば、X線のマシンで荷物を調べることもあるが空港よりおざなりな感じだ。

無事に入国したら次はお金だろう。現地通貨を入手しよう。ATMがあれば早いがローカル銀行限定で使えないことも。小さな両替ブースがあったり、あやしげな人が「チェンジマネー?」と近づいてきたりもする。利用するなら為替レートを調べておいて、損しないよう注意を。通過してきた国の通貨は、もう戻らないならすべて両替してしまおう。

続いてネット接続の確保だ。eSIMとか複数国対応のSIMならスマホの設定からすぐ切り替えられる。国際ローミングも同様だ（ただし対応している国かどうかはあらかじめチェックを）。

SIMカードを売るブースは空港に比べると少ないか、小さな国境では存在しない。ただし、そこらの雑貨屋とか食堂でSIMカードを売っている場合もあるので、人に聞いてみるといい。

スマホが無事にネットにつながったら時間を見てみよう。時差があるなら、自動的に到着した国の時間になっているはずだ。腕時計をしている人は調整を。

国境は24時間オープンのところもあれば、6～19時など夜間は閉まるところもあっていろいろだ。これはその国の時間を指していて、向こう側の国との時差は考慮されていない。

なおシェンゲン協定が結ばれたヨーロッパ諸国ではイミグレーションでの手続きなしに国境を通過できる。便利だが、旅行者としては味気なさも感じる。

国境を越えて、新しい世界へ！

国境では市場が広がっていたりして歩くのも楽しい。インドシナ半島ではカジノや歓楽街が広がっていることもある。ギャンブルや夜の商売が規制された国から、国境を越えて自由な国に遊びに行く人たちがいるのだ。国による制度の違いがそんなビジネスを生む場所でもある。

法律だけでなく言葉も民族もきっぱりと変わる国境もあれば、そうでないところもある。国境のこっちも向こうも同じ民族が暮らしている地域はざらだ。国境とはあくまで政治的なもので、文化の境界ではないことを実感する。

国境からは最寄りの街まで、バスか乗り合いタクシーかバイクタクシーか、なにか交通があるものだ。なにも見つからなければ、イミグレーションの係官でも食堂のおじさんでも、誰かに相談してみよう。きっと手はある。そして新しい国へと歩き出すのだ。

❖旅先でビザを取得する

到着した空港や国境のほか在外公館でビザを取得する方法も

日本ではなく現地でビザを取りながら旅するバックパッカーもいる。情報は流動的なことが多いので、じっくり調べておこう。

現地でビザを取得するケースとしては、まず「アライバルビザ」があるだろう。到着した空港や国境でビザを申請・取得するというものだ。カンボジアやネパールが代表的。入国する前にビザを扱うブースなどがあるので、そこに用意されている書類に記入し、パスポートや顔写真、料金と一緒に提出すると、ビザのシールやハンコとともにパスポートが返ってくる。それから入国という流れだ。申請者が多いとけっこう待つことも。

次に、現地の大使館や領事館でビザを取得するケースだ。ルートを決めていない長旅の人は日本ではなく旅先でビザを取りながらコマを進めていくだろう。また旅行中に気が変わって行きたくなった国がビザが必要ということもある。それにアフリカ諸国など日本に在外公館がなかったりして情報がつかみづらい国では、現地に行って周辺国でビザを取得する場合もある。こういう国はビザ取得要件がよく変わるのも注意だ。

手続きは日本の在外公館で行うのと同じ流れ（→P46）だが、ときには地元の銀行から代金振り込みなんてややこしいケースも。必要書類や所要日数はあらかじめ調べておこう。

「トランジットビザ」というものもある。その名の通り「通過するためのビザ」で、飛行機の乗り継ぎのために立ち寄った国の空港での滞在が長時間になる場合に求められることがある。また観光ビザが取りにくい国の場合とりあえずトランジットビザを取得して入ってしまうという手もある（トルクメニスタン、ロシアなど）。中国は2023年12月現在、144時間までの滞在の場合トランジットビザが免除される。中国経由で第3国に出国するときなどの条件があるので、事前に確認を。サウジアラビアはアライバルビザのほかトランジットビザで訪問する旅行者が増えている。（→P94）

POINT

❶アライバルビザはカンタンに取得できる
❷現地の在外公館の情報は前もって調べておく
❸トランジットビザは要件が変わりやすい

Life is a journey

だって日本人、俺の面倒を見てくれたからさ

インド・コルカタの名物男サトシに直撃

日本語ガイド&土産物販売
サトシさん

インド東部コルカタの安宿街サダル・ストリートで、日本人に愛されてきたインド人、通称サトシ。ユーモラスな関西弁で知られる彼に、サダルでの半生と、日本人との関わりを訊いた。

「家族が貧しくてお金がなくてな。俺ががんばらな生きていけないなと思ってたんや。16、17のガキの頃や。貧乏で学校も行けなくてな。そんなとき友達に聞いたんや。日本人に絵葉書が人気やて。だからバザールで買《こ》うてきてな、売り始めたんや。最初は10枚だけやった」

達者な関西弁でサトシは昔語りをする。いまから30年も前の話だ。生まれも育ちもサダル・ストリートという彼は、家計を助けるために商売の道を選んだ。当時はたくさんいた日本人バックパッカーを相手に、絵葉書などの土産物を売り始めたのだ。場所は日本人御用達、きわめつけの安宿「ホテル・パラゴン」前の路地。小さな屋台を出した。ネットがなく、国に手紙を出して消息を知らせる旅行者がたくさんいたあの時代、絵葉書は人気だったのだ。

「日本もまだ景気が良くてな。日本人がいっぱいおったんや。ヒッピーみたいなのも多かったな。そういう日本人のひとりが、なんか口車ないと売れへんでって、店の壁に書いてくれたんや」

〝10枚買ったらもれなくハワイ〟

このキャッチーな日本語のフレーズは大いにウケた。日本人バックパッカーたちは面白がってサトシの店に遊びに来て、

絵葉書を買っていく。「大ヒットやったんや」とサトシも振り返る。そして次々にやってくる日本人から、彼は日本語を学ぶようにもなった。それも、関西弁だ。

「日本語を話すインド人はサダルにも少しおったけど、関西弁はおらんやん。みんなと違ったほうがええでしょ。それに、関西弁のなまりがええなと思ったんや」

やがて〝関西弁を操る謎のインド人サトシ〟の噂話は、インド亜大陸を旅する日本人バックパッカーの間に広まっていく。ネットではなく純然たる口コミと、それから各地の日本人宿や日本食レストランに置かれていた「情報ノート」にもサトシのことが書き込まれた。絵葉書のことだけではない。いわく「カルカッタ（当時はコルカタではなくこう呼ばれていた）では、サトシ以外は信じるな」。

外国人狙いのボッタクリや詐欺師がハバを効かせる北インドである。とりわけ安宿街サダル・ストリートでは、うさん臭いインド人から声がかかるのは日常的、ていうか次々にその手の連中が近づいてくる。要注意であった。

しかし日本人とのつきあいのあるサトシだけは、信用できる人物としてバックパッカーたちに知れ渡っていた。

「だって日本人、俺の面倒を見てくれたからさ」

絵葉書を売り始めた頃、裸足だったサトシを見かねて靴を買ってきてくれたのも日本人だったそうだ。だからサトシは日本人旅行者を助けたり、旅のアドバイスを送るようにもなった。そしていまではすっかり年を経て、サダルの名物おじさんになっていったというわけだ。

▼日本人に元気になってほしい

3、4年前からはガイドも始めた。しかし、コルカタを訪れる日本人はめっきり減ってしまった。サダルに泊まる日本人も少なくなった。

「ほかに安くてきれいな宿はたくさんあるからな」

寂しそうに言う。ネットの普及で「場所」ではなく「値段や設備」で宿を選ぶ人が増え、安宿街からの分散傾向は世界的に進む。コルカタは日本からの直行便もなくなった。そして日本人から元気がなくなっているようにも感じる。

「いつもなんか考えてる、悩んでる。日本人、元気なってほしいねん。人生は遊びだもん。生きてるうちに楽しまないとな。自分が死んだらなんも持っていけへん」

そう笑って、サトシはサダルの雑踏の中に歩いていった。

サトシにガイドを頼む場合は、LINE Satishi.Kolkata786 まで日本語のボイスメッセージを送ってほしいとのこと

Explore The World

どこまでも自由になれる、タイの島旅バイク旅

バックパッカーが多いタオ島、パンガン島、サムイ島。大自然の中をバイクで爽快に駆け抜ける。

文・写真▼室橋裕和

いつの間にか舗装は途切れ、道は土くれとガレキばかりの荒れたものになっていた。左右に雑木林が迫る中、ゆるやかに登っていくガタガタ道で、僕は慎重にアクセルをふかした。バランスを取りながら、バイクを走らせていく。

やがて大きな木にくくりつけられた看板が見えてきた。

《Mango View Point ↓300m》

もう少しだ。なんともいい感じのネーミングに惹かれて、麓から看板をたどってここまで登ってきたのだ。ひと息ついて、ぬかるみや大きな石を避けながらさらに走っていくと、パッと視界が開けた。頭上を覆ってた森の緑が途切れ、濃い青空がまぶしい。

着いたのか。駐輪場らしき場所に何台かのバイクが停まっているので、僕もそれに倣う。そして奥のほうに進んでいくと、桟敷が岩場に据えつけられていて、欧米人の旅行者たちがくつろいでいた。ちょっとしたカフェになっているのだが、そこからの景色は圧巻だった。

はるか眼下に先ほどまでいたサーイリー・ビーチが見える。陽光に照らされた海がきらめく。タオ島の西半分が視界いっぱいに広がる。バイクでなければこんな絶景にはたどり着けなかっただろう。僕も欧米人旅行者たちに混じってゴザの上に座ると、店員のおっちゃんにマンゴージュースを頼んだ。

▼どこまでもフリーダムになれる

バンコクから旅してきた大陸を離れ、マレー半島のチュムポーンで船に乗って、ここタオ島に渡ってきた僕は、まず船着場のまわりに広がるメーハート・ビーチの宿に荷を下ろした。タイでもとくに透明度の高い海域にある島で、ダイビングでも知られているが、公共の交通がないんである。小さな島だがビーチごとにささやかな街があり、そこを回ろうと思っても電車はもちろんバスもない。ソンテウ（小型トラッ

ク）をチャーターするか旅行者同士でシェアするという手もあるが、けっこう高い。
　そこでアシとなっているのがバイクなんであった。メーハートのあちこちにレンタルバイクの店があるので、借りてみて島をカッ飛ばしてみたらこれがめちゃくちゃに爽快なんである。熱帯の太陽を浴びて島風を受けながら走ると、すべてから解き放たれた気分になった。

　そしてマンゴービューポイントの看板を見つけて、島の北の小高い山の中に分け入っていったというわけだ。十分に景色を楽しんだ僕は、またバイクにまたがって山を降りていったのだが、島の東側への分岐点に差しかかった。サーイリーやメーハートのある西側と違い、東側についてはガイドブックにもほとんど記述がない。どんな場所なんだろうか。

島と海とバイクは最高の組み合わせである

　興味のままに走っていくと、急カーブをいくつも曲がり降りていった先に、小さな入り江に抱かれたビーチがあった。サファイアのように深い青色を湛えているが、観光客は少なく、静かだ。ビーチを見守るように、木造の小屋がひとつ。「Freedam Bar」という看板が砂浜に立っていて、カウンターでは全身タトゥーのタイ人のアニキがぼんやりとたばこをくゆらせ、何人かの旅行者がビールの小瓶を傾けていた。いい風情だった。
　バイクはまさにフリーダムな乗り物だった。バスやソンテウを探すわずらわしさから解放され、徒歩のしんどさもなく、どこへだって行ける。そして「あの道の先はいったい、どうなっているんだろう」という旅人の好奇心を、アクセルを回すだけで満たしてくれるのだ。

▼バックパッカーアイランド・パンガン島へ

タオ島からはタイ海上交通の覇者ロンプラヤー社のフェリーに乗って、南への島旅だ。甲板に出ると、強い日差しが心地よい。透明度の高い海を航行していると、なんだか空を飛んでいるような気にもなってくる。

　1時間ほどでトンサラの船着場に入港し、パンガン島に上陸する。手近なゲストハウスにチェックインしたら、まずはやっぱりバイクだろう。宿でも貸し出しているというので値段を聞いてみれば1日250バーツ（約1000円）。ソンテウに1回乗っただけでこのくらい取られることもあるのでバイクのほうが断然安い。

「どのバイクがいいかね」

のんびりした様子で宿のおばちゃんが聞いてくるので「オートマチック」と返す。ギアのないやつだ。アクセルとブレーキだけ操作すればいいのでラクなんである。タイでは一般的な125ccのやつを用意してもらい、デポジットとしてパスポートを預ける。

運転免許証についていっさい聞かれないのが恐ろしいのだが、僕はいちおうタイで通用する国際運転免許証を持っているのである。ちなみにこれは各都道府県の免許センターとか指定の警察署などでカンタンに取得できる。日本の運転免許証、パスポート、顔写真、手数料2350円が必要だ。免許センターなら即日交付される。

「はい、じゃあこれヘルメット」

ものの10分足らずで手続きは終わった。バッグに財布とスマホ、雨が降った場合のポンチョ（タイのセブンイレブンで買ったやつだ）を入れて、エンジンをかける。アクセルを回すと、ミラーの中で手を振っているおばちゃんがどんどん小さくなっていく。これで自由になれる。

パンガン島といえばフルムーンパーティーが有名で、島の南部のハドリンはバックパッカーたちが集まる安宿が密集していて、満月の夜は大騒ぎになる。なかなか楽しそうではあるが、そういうのはバンコクのカオサン通りでもさんざん見てきた。

それよりも島に生きるタイ人のふつうの暮らしに触れたかった。だから僕はトンサラから島の中を突っ切る道をひた走った。深いジャングルから漂う濃密な木々の香りを浴び、庭先でココナッツを割っているおじさんとか小さな学校とか、こうしたリゾートアイランドだってちゃんとある立派な寺院なんかを眺めながら北に進んでいくと、チャロックルムという集落に出た。小さな港のまわりに、民家や商店や小規模なホテルが並ぶ。ハドリンの喧騒はここにはない。静かだ。

港でバイクを停めて集落を歩く。軒先に炭火を出して、魚を焼いている食堂があった。うまそうじゃないか。店員の女の子が魚をひっくり返しながら「チャンカー（どうぞ〜）」なんて言ってくるので、その笑顔にも誘われて食べていくことにした。バイクを運転していると、やたらに腹が減るのである。

ついでにバイクにも飯を食わせることにする。隣の雑貨屋では表にビン詰めのガソリンをずらりと並べているので、1本1リットルを購入、80バーツ（約330円）なり。日本ではありえないスタイルだが、タイの田舎ではこれがスタンダードなんである。店番の少年がじょうごをうまいこと使って、ガソリンをバイクの腹に流し込む。ちなみにタイ語で「満タン」は「テムタン」、ガソリンは「ナンマン」だ。こういう現地の生活に即した言葉を覚えるのも楽しい。

▼サムイ島ぐるり一周バイク旅

パンガン島からはサムイ島へと、やはりロンプラヤー・フェリーで渡る。全周およそ70キロ、タイ湾最大のリゾート地であるこの島はぜひ、バイクでぐるりと一周したかった。

いちばんの繁華街であるチャウエンビーチの安宿に荷を下ろし、さっそくバイクを借りて出発する。反時計回りで島の名所を巡っていく。ユーモラスな表情の巨大黄金仏ワット・プラヤイ、サムイ空港に着陸していく飛行機が間近に見られる大迫力のバンラック・ビーチ、おしゃれな雑貨屋やカフェが並ぶフィッシャーマンズ・ビレッジ……。

サムイ島西部のナトンをシーサイドドライブ

メナム・ビーチでは大きなローカル市場があったので寄ってみた。観光客ではなく、地元の人で賑わう場所だ。衣服や乾物や野菜やハーブなどがところ狭しと並んでいるが、その一角に食堂もあった。寸胴から湯気が上がっている。麺料理だろう。

「クイッティアオ・タレーが美味いよ！」

と店のおばちゃんに勧められた海鮮入り米麺をすする。イカと海老たっぷりで、塩っ気強めな海鮮スープがいける。また元気が湧いてくる。

さらに古い港町ナトン、まだ昔ながらの島の暮らしが垣間見られるタリンガムなどを、のんびりペースで走っていく。タイの島は交通量が少なく運転はラクだが、それでも安全がいちばんだ。そしてゆっくり走るほうが、より島の素顔や人の暮らしが見えてくるようで楽しいのだ。

さあ、もう少しでラマイビーチだ。夕方までにはチャウエンにたどり着き、島を一周できるだろう。

パンガン島のレンタルバイク屋の軒先で売っているガソリン

❖女性ひとり旅におすすめの行き先とは？

女性にこそ合うバックパッカー旅 旅先はどう選べばいい？

旅は女性にとって新しい自分を発見し、そして元気にしてくれるチャンス。初めての女性ひとり旅でも行きやすい場所を紹介したい。

POINT

❶旅で味わう達成感が女性に自信をくれる
❷はじめての旅はシティリゾートへ
❸あまり冒険しすぎず、欧米やアジアがおすすめ

なんでわざわざひとり旅？

みんなで行けばよくないですか？

女性のひとり旅を推している、というとそんな質問を受けることがある。

ごもっともである。

食事もひとり、タクシー代や宿代はワリカンできない、なにより危ないし、なにかあったら女ひとり旅なんて世間に叩かれること間違いなし。

デメリットしかないような気もするが、それでも言いたい。

ひとり旅、バックパッカー旅は女性に向いているし、女性を元気にする。

本書でも詳しく解説している通り、どこに行こうが旅でやることは決まっている。行き先を決め、大まかな計画を立て、切符を買い、宿を予約して、荷造りする。旅がスタートしてからは、日々の行動を考え、節約と健康管理を心がけつつ旅を楽しみ、洗濯をして、荷物の整理をして寝る……この繰り返しだ。

「旅」という大きなくくりだと大ごとに見えるが、アクションごとに区切ってみると意外と女性の得意科目が多いことに気づくはず。しかもあなたが好奇心旺盛で食べ歩きや新しいものを見るのが好きならば、毎日が新しいものとの出会いな旅の世界は楽しみに満ちているはずだ。

女性の場合、旅で元気になる理由はもうひとつある。達成感だ。

ひとりで食事できた。

ひとりで切符を買えた。

ひとりで外国の夜行バスに乗れた。

男性からしたら、それがどうした、ということかもしれないが、空気を読むこと、出過ぎず周りに気を遣うことがなにより大事な日本の社会で生きてきた女性にとっては、自分の意志ですべてを決めて動いていく旅の世界は新鮮だ。

ひとつひとつクリアしていくごとに小さな達成感が積み重なり、自信となっていく。そして旅を続けていくうちに、1

日くらいお風呂に入らなくても平気な自分、1円のお釣り間違いが許せない自分、勢いで英語が話せてしまう自分、風景に涙してしまう自分……知らなかった自分をたくさん発見し、自分でもわかっていなかった己の輪郭がくっきりしてくる。

　実際、長く旅を続けてだんだんと元気になっていく女性は数多い。そして旅の間に発見した自身の姿は、帰国後の日常に戻っても心の中に生き続け、それが支えとなってくれるはずだ。

旅先選びの3つのポイント

　よし、じゃあ旅に出よう！　と思ったとき、いざどこに行くか。

　このときに、やはり「女性である」というのは意識すべき。体力も筋力も男性よりは劣り、女性であるというだけで危険もある。とりあえずはじめてのバックパッカー旅では、

・冒険しすぎない（いきなりボリビアの奥地とかに行かない）
・女性の行動制限が多いところには行かない（たとえば全身を黒い布で覆うべし、など戒律が厳格なイスラム教国は、ルールを把握しないと危険なため最初は行かない、など）

　このへんを意識するといいだろう。

　女性の初めてのバックパッカー旅で行きやすいのはこんなところだ。

・公共交通機関が発達しているところ
→ひとりでも動きやすく、夜のひとり歩きや夜間のタクシー乗車を避けられる。
・やることが多いところ
→ひとり優雅にリゾートで、というのは想像するぶんにはいいが、実際行くと暇を持てあます。名所旧跡、美術館・博物館など見るところが多い場所がいい。
・日本から直行便、せめて乗り継ぎ1回で行けるところ
→飛行機の乗り継ぎは初心者にはちょっとハードルが高く、余計なプレッシャーをかけられる。航空券代が少しかかるかもしれないが、安全を優先しよう。

　このあたりを考えると、旅先としておすすめしたいのは台北、ソウル、ロンドン、ローマなどアジアやヨーロッパの大都市、バンコク、ニューヨークなどのシティリゾートだろうか。アフリカや中南米などはいったん候補から外してみよう。これらの都市ならば、次の街への移動手段も豊富で簡単だし、ひとりメシの場所にも困らない。

　ツアーで行ったことがある好きな街をひとりで再訪、というのもおすすめできるパターン。あの風景、あの美術館のあの作品をもう一度ひとりで訪ねてみると、感慨もひとしおのはず。

ロンドンは地下鉄も充実で街歩きがカンタン

旅の服装と、必要なアイテム 女性だからこそ用意したいモノとは

快適さと、動きやすさ。どちらも両立させる荷造りを考えよう。「身体はひとつ」と言い聞かせ、服も荷物も最小限に絞りたい。

POINT

❶担いで走れるサイズのバッグを選ぶ
❷日焼けと乾燥には気をつけたい
❸服は最低限だけ持って現地で買い足す

ポイントは「軽く、小さく」

大きな入れ物は、バックパックでもキャリーケースでもどちらでも構わない。本書のP122を参考にしてほしい。ただひとつ、「これを持って自分は走って逃げられるか」「駅の階段をひとりで登り降りできるか」を念頭に選びたい。

ひとり旅の場合、トイレに行っている間、大きな荷物を見ていてくれる仲間はいない。もちろん荷物を運んでくれるポーターも力持ちの同行者もいない。その荷物を担いで、あるいは引っ張ってずっと一緒に移動し続けられるか、と自分に問いながらバッグのサイズを決めよう。これに入らないものは持っていかない、くらいの覚悟が必要だ。

「お土産を買うためにちょっと大きめのバッグが必要かなと……」

という声もあるが、道中、お土産はできるだけ買わないことだ。周囲へのお土産は帰国便が出発する空港でまとめ買いすればいい。自分へのお土産は、1日考えてみてやっぱり欲しかったら買う、くらいの強い気持ちで臨みたい。

荷物が重くて移動が億劫、となってしまうと、旅は軽快に進まなくなる。

スキンケア用品と、生理用品の考え方

「軽く、小さく」するには、荷物の中身も絞り込む必要があるが、悩むのはスキンケアやコスメ、生理用品だろうか。

・スキンケア

行き先がアジアや欧米の大都市ならば、ご当地ドラッグストアもあるので現地でコスメやシートパックなどを探すのも楽しい。ただ、もともと肌が弱い人は使い慣れたものを持参するのがいちばんだ。温暖な気候に慣れた日本人の肌はデリケートにできている。

気にしたいのは日焼けと乾燥。大陸の日差しは島国の日本よりはるかにキツく、南国を除いて冬場の乾燥も厳しい。日焼け止めは日本の最強タイプでも太刀打ちできないことが多いので、肌が弱くなければ現地で買い求めるほうが効き目は確か。保湿については一概にはいえないが、日本のほうが品揃えは豊富だ。いつものアイテムに、保湿用の万能オイルやバームなどを加えておくとより安心かも。

・生理用品

世界中どこに行っても買えるので、長旅でも1回ぶんだけ持参すればＯＫ。

現地購入時は、地方に行くほど種類が減るので、大都市に行ったときにまとめ買いしよう。ＰＭＳの症状があまりに重い人は、移動が多いときに生理日が当たりそうなら医師に相談して薬で日にちをずらすことを検討してもいい。あるいは、生理日の周辺に予備日を設けることだ。

・その他

旅先では野菜不足に陥りがちなので、肌と健康のためにビタミン剤などの持参もおすすめ。好きな香りのアロマオイルや手触りのいいタオルハンカチ、小さなぬいぐるみなどを持つのもひとつの技。旅先の夜、ちょっと不安だったり寂しくなったときに、お気に入りのアイテムが気持ちをほぐしてくれるはず。

服と下着は3セット 現地の服も便利

持っていく服をどれだけ絞り込めるか。ここが荷物をコンパクトにまとめる最大のコツだ。まずは行き先の天気・平均気温・降雨量などをネットでチェックして、必要そうな服を引っ張り出してみよう。そこから、「身体はひとつ」と念仏のように唱えながらチョイスしていく。

まず下着と靴下は、着用しているものプラス3セット、移動が多い旅なら4セットで十分。毎日手洗いすべし。

トップスもボトムスも乾きやすく、しわになっても平気なアイテムが理想。暑い国ならTシャツ2、3枚に羽織りものも兼ねた長袖のブラウス、カーディガン。ボトムスはコットンのパンツ3本、またはパンツ2本に動きやすいロングスカート1着、余裕があればリラックス用ゆったりワンピース1着。寒い国ならタートルネックの薄手セーター2着、フリース、薄手のライトダウンなど、上着の下で重ね着できる服を用意。これで最低限は着回せるはずだ。

靴はミシュランレストランなどに行く予定でもなければ、スニーカー1足で大丈夫。必要に応じて現地でキラキラ系サンダルを買ってもいい。

実際に現地に行くと「思ったより寒い」「思ったより暑い」はよくあること。その場で必要なものを買い足そう。現地っぽい服も旅人感が出て気持ちが盛り上がる。タイで買えるゆったりしたタイパンツ、インドで買える上下セパレートタイプのパンジャビドレスなどは実用的で旅人の強い味方だ。

どんな気候の場所に行くにしても、大判の布は1枚あると便利。冷えすぎる冷房対策、バスや飛行機の毛布がわり、ドレスアップにと万能だ。金糸やスパンコールがあしらわれた華やかなストールを現地で購入してもいい。

❖女性ひとり旅の旅先での安全対策

「声をかけてくる男」には警戒を 服装や、現地の文化にも気をつけて

なにかとトラブルが降りかかってくる女性のひとり旅。現地で自分の身を守るために、頭に入れておきたいこととは？

POINT
❶ 気をつけるべきはナンパとセクハラ
❷「笑顔の日本語」は危険のサイン
❸ 現地の女性の習慣を真似てみる

「こんな美しい人に会ったことがない」
「あなたは私の運命の人」

女性がひとりで旅をしていると、ありえないことが起こる。マンガや映画でしか聞いたことがないような言葉を浴びせられたり、突然手にキスされたり、子どもにプロポーズされたり。

強盗やスリに注意するのはバックパッカーとして基本の行為。まして力の弱い女性は男性より警戒しないといけない上に、こんなセクハラやナンパにも注意しないといけないので、大忙しである。

ただずっと警戒しないといけないかというとそんなこともなく、世界の多くの国はレディーファースト、つまり女性には優しくすべし、という概念が行き渡っているので、扉を開けてもらったり、荷物を持ってもらったりと優しくされる機会も多いはず。が、油断してはいけない。そのままナンパに流れることもある。

いかにもなナンパ師だったら警戒しようもあるが、困るのは「いい人のはず」が、実は違っていたというパターン。警官、軍人、ときには僧侶が突然チカンに変貌した、という体験を語る女性は多い。土産物屋の店主、リクシャやタクシーのドライバーなどが唐突にセクハラしてくることもある。

最大の防御はふたりきりにならないこと

街なかのナンパなら大声で「ノー！」と言えばほぼ撃退できる。ひとり旅の女性は基本的に目立つ。ほとんどの人はなんとなく気にかけ心配してくれて、ときにはナンパ師との間に入ってくれる。

ちなみにしつこいナンパに困ったときに万国共通で頼りになるのは、物売りではないおばさんや子連れの家族、パリッとしたスーツ着用の男女。そんな人たちがいる方向にずんずんと歩いて行こう。助けてはくれなくても、そこまでしつこ

くついてくる相手はほとんどいない。

最大の防御は極力、ふたりきりにならないことだ。「奥にいいものがある」と土産物屋が言い出したら「ここに持ってきて」と店頭で言う。ガイドが「あっちに秘密の見晴台がある」と遺跡の奥に連れて行こうとしたら周囲の観光客も誘う。タクシーやリクシャに乗っている間はグーグルマップを常に確認して、妙なルートに行き始めたら注意するかそこで下車してしまおう。

一度警戒しだすと、ありとあらゆる人が怪しく見えてしまうが、旅先での人との接触をすべて遮断してしまうのももったいない。前述した通り、女性のひとり旅は現地でも目立つ存在。多くの人が別に声はかけてこなくても、あなたをちょっとだけ気にかけている。そんな中、いい人と悪い人をどう見分けるか。

ちょっと乱暴な分けかただが、向こうから話しかけてくる人には警戒心を持とう。それが「笑顔」で「日本語」だったら、あなたをなにかのターゲットにしている可能性があり、黄色信号である。逆にこちらがなにかの用事で話しかけて、とっさに笑顔、またはその用件にだけ回答が返ってくるような相手とは会話を継続してもたいてい問題はない。

ちょっと好みのタイプに「家においでよ」と言われたとしても、最初はオープンカフェなど人目のあるところでお茶、程度にとどめておくべし。

知らない人についていかない、暗いところをひとりで歩かない。小さな頃に教えられた決まりごとは、女性のひとり旅でもまた有効である。

女性の地位が低い国ではとりあえず空気を読む

残念ながら世界には女性の地位が低かったり、行動制限がある国がまだ多い。

戒律が厳格なイスラム教の国では全身すっぽり黒い布で覆わないといけないし、食事場所も分けられる地域がある。厳格でないイスラム教国でも、モスクで女性が入れるエリアは限定されている。チベット仏教でも女性は見られない秘仏はしばしば見受けられる。

女性のひとり歩きや自由な服装に厳しい目が向けられる地域はもっと多い。インドも大都市では最近の女性は自由に振る舞っているが、ひとり飲みや露出の多い服は地方ではまだレアな存在だ。

こういう国や地域で、ちょっとだけ滞在する旅人が男女平等を叫んでも無駄である。下手すると自分の身に危険が及びかねないので、まずはガイドブックなどでその国の習慣を把握して、現地の女性がやっていないことはやらない、を心がけよう。

服装も現地に従う必要はないが、露出が許されない国だったら身体の線が出ないゆるふわ系の服装を心がける、といったひと工夫は必要だ。それは、渡航先の文化を尊重する気持ちを表すことになり、結果としてあなたの身を守ることにもつながる。

ここまで述べたように警戒すべきこともあるけれど、それだけ女性の旅には関わってくる人が多く、出会いもハプニングも多い。人生の新しい扉を開いてくれる旅の世界に、ぜひ飛び込んでほしい

出発から帰国まで　チェックポイント&フローチャート

日本出発

空港から初日の宿に落ち着くまで　P146
- ▶どんな宿に泊まることになるの？　P148
- ▶ホテルの予約はどうすればいいの？　P152
- ▶どうしても予約しなきゃダメ？　P158

現地通貨の入手方法
- ▶両替　P172
- ▶現地 ATM から引き出す　P176

現地のネット回線を確保するには
- ▶SIM カードや Wi-Fi　P180
- ▶eSIM　P184
- ▶海外ローミング　P183

旅先ではなにをしたらいいの？
- ▶まずは歩こう！　P190
- ▶それから食べよう！　P202
- ▶バックパッカーは暮らすように旅をする　P210
- ▶現地の人々とのコミュニケーション　P214

次なる街へ！
- ▶長距離交通を手配する　P230、P236
- ▶現地の旅行会社を使う　P238

次なる国へ！
- ▶陸路での国境越え　P240
- ▶現地でのビザ取得　P243

トラブル & 安全対策
- ▶衛生面に気をつける　P260
- ▶盗難やサギに注意　P268、P270
- ▶危険地帯を避ける　P280
- ▶SNS の使い方を考える　P222

万が一のときには
- ▶現地の病院や警察での手続き　P264、P277
- ▶日本語の通じる病院　P266
- ▶日本大使館について P281

帰国

次なる旅へ？

4章

トラブルを乗り越えて旅するために

苦しい思いも旅のうち 問題をクリアしながら旅人は強くなる

バックパッカーはトラブルとつきあいながら旅をする。毎日のように起こるさまざまな問題を乗り越えて、前進していこう。

POINT

❶トラブルは成長のチャンスでもある
❷トラブル解決にはまず能動的な行動
❸トラブルの具体例を前もって調べる

トラブルこそが旅なのだ

旅行を意味する英語「Travel」は、フランス語の「Travailen」から派生した言葉だという説がある。14世紀頃のことでは、と考えられている。

「Travailen」とは「骨を折って働く」「苦労を伴う仕事」という意味だ。当時の旅が、それほど困難続きだったことを示しているのだろう。

時代が変わっても、旅とトラブルとは切り離すことができない。技術の発達や情報化、インフラの整備によって、確かにトラブルは減ったが、それでも困ったことはあれこれと起きる。ささいなことを含めれば、旅の間は毎日なにかトラブルが発生するといってもいい。

ボッタクリに遭った、部屋のエアコンが動かない、バスが何日も先まで埋まっていて移動できない、どのATMでもお金が下ろせず途方に暮れる、飛行機が遅れた、インドで牛のウンコを踏んだ……そんなことの連続なんである。なにごともなく平和に過ぎる日のほうが、むしろ少ないかもしれない。ひとりで異国を旅しているのだから、当然といえば当然なのだ。トラブルは絶対に起きる。

旅は等身大ロールプレイングゲーム？

ひとつ確実に言えるのは「たいていのトラブルは解決する」ということだ。その場ではアセるかもしれないが、結局は片づくもの。なんとかなるのだ。

しかし、受け身のままではどうにもならない。ひとり旅なのだ。誰も助けてはくれない。旅行者自身の「行動力」が必要だ。足を使って動き、現地の人たちに話を聞き、ときに交渉をする。そうやって右往左往しているうちに、どうにかうまくいく。道を切り開くのは常に、積極

トラブルを越えて、どこまでも旅しよう。こちらはウランバートル〜北京を走る国際列車

的な行動なのである。

動いて、話して、聞いて、考える。これはバックパッカー旅行の基本だ。どんな状況でもこれができるなら、世界のどこに行っても大丈夫だろう。

そしてトラブルをひとつひとつクリアし、旅を進めていくうちに、自分自身のことを「もしかして、ちょっとだけ強くなった?」と感じることだろう。外国人相手でもしっかり主張できるようになっていたり、少々のことではへこたれなくなっていたり、いくらかポジティブに物ごとを考えられるようになっていたり。あるいは単純に体力がついたと実感するかもしれない。

困難と戦い、打ち勝って経験値を上げ、レベルアップしていく……それを身体全体で感じられることから、バックパッカー旅行は「等身大ロールプレイングゲーム」なんて呼ばれ方をされることもある。旅の中でトラブルと立ち向かうことが、人を成長させてくれる。

事前の情報収集で防げるトラブルは多い

日々の小さなトラブルは「行動力」によって乗り越えられる。問題は、病気や盗難といった、旅が止まってしまいかねない大きなトラブルだ。できれば遭遇したくないものだが、これは前もって情報を仕入れておくことで回避できる可能性が大きく高まる。自分がこれから向かう地域では、どういった犯罪が起きているのか。それはどんな手口なのか。具体的にどのエリアが危険なのか。また、どんな感染症が流行しているのか。

こうした情報はオフィシャルなところだと外務省の海外安全ホームページ、それに厚生労働省の検疫所サイトに、かなり詳細に紹介されている。ガイドブックでもトラブルについてはかなりのページを割いている。とくにボッタクリやサギといった外国人旅行者狙いの手口については被害者の声と合わせてレポートされていて、けっこう生々しい。

加えてSNSでも調べられるだろう。旅行中にトラブルに遭遇した人の体験談はたくさん転がっている。また旅先で旅行者たちと話すことも大切だ。どこそこの宿のドミトリーでは盗難が多発しているとか、あの街のあのあたりで声をかけてくるやつに気をつけたほうがいいとか、SNSにも出ていないこういう口コミは現地で人と話さないとわからない。

そしてふだんから、国際ニュースに目を通しておくことだろうか。テロや紛争、自然災害といった出来事をチェックしておけば危険地帯に入り込むこともないだろう。合わせて、その国の政治や経済、文化といったニュースを見ておけば、実際に旅したときの理解も深まる。

誰でも一度くらいは下痢、風邪、熱中症に悩まされる

異文化や、日本と違う自然環境に驚くのは心だけではない。身体もまたびっくりして、体調不良を引き起こすことがある。

POINT

❶ 現地に胃腸が馴染んでから本当の旅が始まる
❷ 手洗いとうがいは旅行者の基本と知るべし
❸ なにより大事なのはよく食ってよく寝ること

〝下痢は通過儀礼〟

そんな言葉がバックパッカーたちの間では語られている。それほど多くの旅行者が、たいていは現地について数日以内に下痢になるのだ。おもに途上国で起きやすい。

原因はいろいろだ。不衛生な環境で繁殖している病原菌に感染するケースが最も多いといわれる。

またスパイスや油の多さなど、日本とは違う食文化に胃腸がびっくりして消化不良を起こすこともある。よく言われるのは水質の違いで、海外は日本よりミネラル分が高い国が多い。これも胃腸への負担となる。

それから慣れない海外、不安なひとり旅という環境にまだ適応できていないストレスや疲れも、下痢の一因だ。異文化の地に足を踏み入れたから起こるため「旅行者下痢」ともいわれる。

症状は人それぞれで、ごく軽いこともあれば、数日はお腹の具合に悩むかもしれない。それでも、ほとんどの人は自然に治癒するはず。日本消化器学会によれば、旅行者下痢の患者は1週間以内に9割が治るという。すぐに胃腸が現地仕様にカスタマイズされ、慣れてくる。だからこそ「通過儀礼」なんて呼ばれている。

「通過儀礼」を越えたからといっても、衛生的な注意をしていないと、また下痢やさらに危険な感染症にかかってしまう可能性もある。

下痢の予防と対策は?

そんな事態を防ぐために、まず気をつけたいのが生水だ。細菌や微生物が混入している可能性がある。どんな国でもミネラルウォーターは手に入るのでこちらを飲もう。それに氷も避けたほうがいい。

熱帯の国ではよくカットフルーツの屋台を見かけるが、これも注意。フルーツ

そのものより扱う人の手が雑菌だらけということがある。フルーツを買うなら皮を剥いていない状態のものが安全だ。

料理の付け合わせに出てくる生野菜も慣れないうちは食べないほうがいいだろう。料理はしっかり火の通ったものを。

食事といえば旅行者たちはよく「人気のある店なら、ある程度は安心」と話す。お客が多ければ食材の回転もいいはずで、古くなって傷んだ食材を使われることはないだろう……なんて推察だ。

そして基本的なことだが、ひんぱんな手洗いを。宿に戻ってきたらせっけんでしっかり手を洗おう。インドなど手で食べる文化圏には食堂にも手洗い場がある。念のためにと除菌用のウェットティッシュを日本から持っていく人もいる。

下痢が続くようならなるべく胃腸に優しいものを食べよう。どこでも手に入る療養食は果物（もちろん皮を剥いていないもの）とヨーグルトだ。

それに水分補給をしっかりと。水でもいいが、ＯＲＳ（経口補水液）は下痢のときの脱水症に効果がある。これは途上国の薬局でも手に入る。

風邪と熱中症も、旅の大敵

風邪をひく旅行者も多い。やはり疲れや慣れない環境のストレス、衛生状態の違いが原因となる。それに暑い国では、外気とエアコンの効いた室内の気温差で体調を崩すこともある。フンパツして乗り込んだＶＩＰバスや1等列車がときに強烈なエアコンでむしろ寒いなんてこともあるので、長距離移動のときは羽織れるものがあるといい。そして手洗い・うがいはやっぱり大事だ。

熱中症にも注意を。炎天下に歩くことの多いバックパッカーには身近な病気だ。酷暑期のインドなど、摂氏40度どころか50度に迫るような地域・季節もある。石造りの遺跡やビーチではさらに直射日光が厳しく感じる。立ちくらみ程度で済めばいいが、ひどくすると頭痛から吐き気、意識障害につながることもある。

街歩きのときはなるべく日陰を選び、こまめに休みを挟んで、水分補給をしっかりと。塩分も摂ろう。ＯＲＳも効果的だ。熱がこもらない通気性のいい服や帽子もおすすめ。

そして土地の人を見習って、日々をゆったりと過ごすことだ。「南の国はのんびり気質」というが、そこにはちゃんと理由がある。慌ただしい旅程は組まず、スローペースでいこう。日中のいちばん暑い時間帯は宿で寝てたっていい。

自分の身体と体力を信じよう

旅の基本はなによりもまず体力。無理のない日程で、疲れたら休み、よく食ってよく寝る。これができているなら、たいていの病は免疫がどうにかしてくれるし、屋台などを警戒しすぎなくても大丈夫だ。最低限の注意はするべきだが、あとは自分の身体を信じ、興味のままにあちこち食べ歩き、いろいろな文化に触れてほしいと思う。

ほとんどのバックパッカーは下痢や風邪くらいにはかかっても、結果的には無事に旅を終えて帰ってくるものだ。

❖注意したい危険な感染症

アジアではデング熱が増加 細菌による病にも気をつけたい

ごく一部ではあるが、ハードな感染症にかかる旅行者もいる。万が一のために、病気についての知識は持っておきたい。

POINT

❶ 途上国の雨季は蚊に刺されないように
❷ 生水、生野菜を避け手洗いを心がける
❸ 動物は可愛くてもむやみに触らない

猛威を振るっているデング熱

近年、蚊を媒介とする感染症が急激な広がりを見せている。代表的な病気がデング熱だろう。これはデングウイルスを持っている蚊に刺されることで発症し、38〜40度の高熱、激しい頭痛と関節痛、それに筋肉痛などに見舞われる。かなりきついが、特効薬やワクチンはいまのところない。解熱や鎮痛のためアセトアミノフェン系の薬（海外ではパラセタモールと呼ばれていることが多い）を投与して経過をみるくらいだが、通常は1週間ほどで回復する。まれに重症化すると命に関わることもある。

このデング熱は熱帯・亜熱帯地域を中心に年間4億人が感染するといわれるが、とくにアジアの都市部で広がりを見せている。バングラデシュのダッカ、ネパールのカトマンズでも流行した。日本人在住者や旅行者も感染している。

注意したいのは蚊が繁殖する雨季だ。水回りが不衛生な宿は避けたい。デング熱を媒介する蚊は、空き缶や植木鉢の受け皿にたまった水など、わずかな水たまりでも繁殖する。また蚊に刺されないようにするため、暑くても長袖や長ズボンなど肌を露出しない服装をするのも対策のひとつ。防虫スプレーも使おう。

蚊による感染症ではマラリアもある。発熱や頭痛、嘔吐などの症状が起こり、やはり重症化すると危険だ。こちらは都市部よりも熱帯のジャングルや湿地帯に生息している蚊が媒介する。山間部でのトレッキングやサファリ、登山などを考えているなら、予防薬があるので現地訪問前に服用しておこう。

さらにチクングニア熱も東南アジアやアメリカ大陸で流行が広がっている。命に関わることはまれだが、激しい関節痛などが起こる。

細菌による感染症にかかる人も多い

衛生状態の良くない途上国では、病原性の大腸菌や赤痢菌、カンピロバクター、サルモネラ菌などが広く存在している。こうした細菌が、食べ物や飲み物を介して身体の中に入ってくることがある。そのときに胃腸が弱っていたり、疲れていて抵抗力が落ちていたりすると、体内で細菌が増殖し、激しい症状を引き起こす。下痢、嘔吐、発熱といったものだが、いずれもきわめて強烈だ。本能的に「これはフツウの食あたりではない……」と感じるだろう。

とはいえ、死に至るようなことはほとんどない。まずは病院に行こう。日本語が通じたり通訳がいるような大病院が最も安心だが（→Ｐ２６６）、こうした病気が蔓延している途上国では地方の小さなクリニックでもそれなりに処置はしてくれる。抗生物質を飲むか点滴し、脱水症状を防ぐために水分やミネラルを補給し、安静にしていれば数日から1週間ほどで回復するだろう。この間、なるべく移動は避け、ドミではなく個室に泊まり、少しでも快適な環境で体力が戻ってくるのを待ちたい。

感染を防ぐにはＰ２６０でも触れた通り、生水・生野菜に注意し、手洗いを心がけることだ。

旅行者に身近な狂犬病や高山病

途上国では動物にも気をつけたい。とくに野良犬だ。もはや住民の一員といった顔でそこら中をうろうろしていて人懐っこいやつもいるのだが、狂犬病を持っていることがある。これは発症すれば死亡率１００％という恐ろしい病気だ。犬だけでなく、コウモリや猿、猫などもウイルスの宿主になることがある。

なので犬にかまれたらすべての旅程を中止して即病院へ。野良犬が徘徊しているような国では処置に慣れているので、ワクチンを接種してもらおう。これはその後も日を開けて5回前後、接種しなくてはならない。当然、帰国後もだ。心配なら出発前に予防接種を。

ヒマラヤ山脈やアンデス山脈など標高の高いところへ行くなら、高山病にかかることは考えておこう。空気が薄く酸素濃度が低いことが、さまざまな体調不良を引き起こすのだ。最も多い症状は頭痛や不眠。めまいや吐き気なども現れ、ひどくすると肺水腫を起こし死ぬこともある。標高２５００メートルを超えると発症する可能性がある。

予防薬や治療薬もあるが確実に効くものではなく、酸素吸入や、高度を下げて下界に下りることが最も効果的だ。

それとトレッキングの場合は一気に登るのではなく、少しずつ標高を上げていき高度順応すると、発症する可能性を抑えられる。

❖ 現地の病院や海外旅行保険の使い方

日本語サポートデスクやキャッシュレスサービスを活用

いきなりの事故や病気でも慌てないように、海外旅行保険の詳細については頭に入れておきたい。

POINT

❶ まずは保険会社のサポートデスクへ
❷ キャッシュレスの病院を当たろう
❸ クレカ付帯保険は内容を前もって把握

大都市や首都の病院が安心

病気やケガなどのアクシデントに見舞われて、自分ではどうにもならないと感じたら、現地の病院に行こう。

途上国では医療レベルが心配ではあるが、ちょっとしたケガや風邪くらいならとくに問題はないだろう。地方の小さな診療所でも、消毒とか抗生剤の処方、点滴くらいは普通に対処してくれる。医者であれば英語も通じる可能性が高い。それに治療費も安いだろう。

とはいえ、やはり外国人の診察に慣れている病院であれば安心だ。それぞれの国の首都や、外国人の多い観光地なら、少なくとも英語対応のできる病院は見つかるだろう。日本人在住者の多い都市であれば日本語が通じる病院もある。こちらはP266を。

また安宿街などでは外国人を専門に診る私立のクリニックもある。英語で看板を出していたりする。海外旅行保険の扱いにも慣れているが、ローカルな町医者に比べて治療費はかなり高い。

それと、多少の体調不良くらいなら、とりあえず薬局に行ってみるのもいいだろう。医療があまり整っていない国でも、薬局くらいはある。夜遅くまで営業しているところもあってありがたい。薬剤師なら簡単な英語がわかることが多い。症状を伝えれば、それに合った薬を処方してくれるだろう。日本だと医師の処方箋が必要な抗生剤などを出してくれる場合もある。日本の薬より効きがだいぶ強かったりもするが、値段は安い。

病気の症状やケガの程度にもよるが、まずは現地の薬局や近くの診療所で様子を見て、それでもしんどかったら都市部の大きな病院に行く。緊急を要する場合は首都や近隣国の日本語が通じる大病院に直行という感じだろうか。

キャッシュレス対応の病院が便利

治療をする際には、どうしてもお金のことが気になるだろう。病院にかかると同時に、海外旅行保険の緊急窓口に連絡をしよう（これは盗難や紛失などのときも同様だ）。保険会社にもよるが、24時間対応の日本語サポートデスクを設けているのでまずは電話を。通話料も無料のところが多い。チャットやＬＩＮＥで対応してくれる会社もある。

こうした連絡先は各保険会社の公式サイトや保険申し込み後に送られてくるガイドなどに記載されている。いざというときに慌てないよう、メモするなりスクショを撮っておくなりしよう。

サポートデスクでは状況に応じて対応策を講じてくれるだろう。そして現在地から最寄りの、提携している病院を案内してくれるはずだ。日本語の通じる病院や、キャッシュレス医療サービスが使える病院であればありがたい。これはパスポートと保険の契約書があれば無料で診察と治療が受けられるというもの。かかった費用はすべて、病院から直接、保険会社に請求される。旅行者はいっさいお金を払う必要がないのだ。

このサービスが受けられる病院は世界中にあるが、とくに欧米とアジアに多い。某保険会社を例に取ると、アジアだけで16か国２５０病院と提携していてキャッシュレス対応が可能だ。自分の旅先と合わせて調べておくといいだろう。また保険会社によっては、日本語通訳の派遣ができる場合もある。

どんな保険なのか出発前には要チェック

保険の内容や会社によっては、キャッシュレス医療サービスが用意されていない。バックパッカーの多くが加入する、クレジットカードの付帯保険の場合はとりわけそういう傾向だ。まずは自分の保険内容を見てみよう。

もしキャッシュレス対応していないならば、治療費は実費での立て替えとなる。多額の現金の持ち合わせがないならクレジットカードを使う、現地ＡＴＭでキャッシング（↓Ｐ１７９）する、日本から海外送金（↓Ｐ１７８）してもらうなどして支払うことになる。

そして医師の診断書や、治療費用の明細書、領収書などをしっかりもらっておこう。これらの書類を持って帰国し、その後に保険会社とやり取りして保険金が支払われるという流れだ。

こうしたさまざまな条件にあまり目を通していない旅行者はけっこう多い。アクシデントが起きてから困らないように、出発前にはチェックを。

日本語が通じ、キャッシュレス医療サービスにも対応しているタイ・バンコクのサミティベート病院

在住日本人の多い都市なら日本人向け医療も充実している

海外でケガをしたり病気に罹ったときに心強い、日本語対応してくれる病院。万が一のときにはまず、こうした医療施設が近くにあるか調べてみよう。

POINT

❶各国の日本大使館のサイトをチェック
❷地方にいるなら首都へ移動を
❸海外旅行保険はキャッシュレスが便利

どこに日本語の通じる医療機関があるのか。まず在外日本大使館の公式サイトにあたるといいだろう。「医療情報」などの項目に日本語対応のできる病院があれば記載されているし、そうでなくても外国人が受診しやすい医療施設が紹介されている。

各国の日本大使館はコロナ禍を経て情報が充実した。その国に暮らす日本人がコロナ感染したときの情報発信が、大使館の邦人保護セクションの大切な業務になったからだ。医療情報はより詳しく、正確になっている。いまの時点では最も頼りになるサイトだと思って間違いないだろう。

そのほか、海外旅行保険を扱う会社のサイト、それに在住日本人が多い国や都市なら、日本人向けの生活情報を発信するサイトでも、医療情報が掲載されていることがある。「都市名＋病院＋日本語」で検索するといろいろ出てくる。

現地の病院で日本語が通じるありがたさ

日本語対応の医療施設にはさまざまなタイプがある。

①日本人医師、あるいは日本語ができる医師が常駐している

まずこの医療施設を探したいが、こうした医師はすべての診療科にいるわけではない。おもに内科医や小児科医が多い。外科系は手薄だと思っていい。日本人医師が海外で医療行為を行うためにはその国の医療資格を取る必要があるため、病院もそう多くの日本人医師を確保できないからだ。

バングラデシュのダッカにある病院の外科では、日本語ができる内科の医師が援軍兼通訳で来てくれたこともあるという。メキシコは国内にいる日本人医師が、ネットワークをつくって対応してくれるシステムをつくっている。

②通訳ができる看護師、または通訳がいる病院

通訳が常駐する医療施設もいろいろだ。おもに通訳本人が医師の横に立って訳してくれるタイプと、電話やネットを介して通訳してくれるタイプだ。

ドイツでは捻挫をして病院を訪ねると、ほかの病院から通訳がやってきてくれたことがあったそうだ。熱が出てロサンゼルスのクリニックを訪ねると、通訳センターのようなところにつないでくれたという旅行者もいる。韓国でも同じようなケースがある。

ただ通訳にも人数に限りがある。患者が多く忙しくて出払っているときは英語での診療になることもある。

③オンラインドクター

コロナ禍の間に日本国内ではシステムの整備が進んだが、海外の医療機関でも普及しつつある。現地の病院が契約した日本のオンラインドクターの診察を日本語で受け、その指示で現地の医師が治療を行うというものだ。将来、このスタイルが増えていく可能性が高い。

首都にある病院を目指そう

日本語対応できる病院があり、かつ医療レベルが高く検査機器も充実しているのはその国の首都だ。とくに、進出している日系企業が多く、たくさんの日本人が暮らしている国の首都なら、日本とあまり変わらない環境で医療が受けられる。アメリカ、中国、オーストラリア、タイ、カナダ、シンガポールなどだ。

地方の街で大きなアクシデントに見舞われた場合、とりあえずは手近な病院に行って英語かスマホの翻訳などで応急治療を受け、それから首都や日本人が多く暮らす街に移動して本格的な治療を受けることを勧めたい。

医療施設が脆弱な国の中には、医療用ヘリコプターや医療用ジェットを使い、近隣国の設備が整った病院に搬送するシステムを持っていることがある。アジアではバングラデシュやパキスタン、ブータンなど。アフリカにもこのシステムがある国が多い。重篤な病気にかかったときなどは、搬送手段を大使館と相談しながら進めることもある。

また、海外の病院は一般的に公立病院より私立病院のほうが外国人対応に慣れている傾向がある。設備も良く、医療レベルも高い。しかしそのぶん医療費も高くなるが、日本人医師や通訳看護師が常駐するような病院なら海外旅行保険が使える。クレジットカードなどでいったん支払いを済ませ、日本に帰ってから医療費の領収書を保険会社に送って清算するスタイルもあるが、キャッシュレスで診療を受けられるところも多い。また一定の期間を越えて入院した場合は、帰国用の航空券を保険会社が負担してくれることもある。保険加入時にそのあたりをチェックしておくといい。

海外の私立病院には、高級ホテルのような設備を備えているところもある。入院する場合も安心できる。医療だけでなく食事なども充実している。日本人が多く住む都市の一部病院では日本食も出るし、国にもよるが医師の許可が出れば、日本食を宅配することも可能だ。

❖ 置き引きや強盗について

犯罪被害の大半が「窃盗」だが注意しておけば十分に防げる

海外旅行といえばやっぱり気になるのが治安。外務省のデータをもとに、犯罪被害の傾向と対策を考えよう。

POINT

❶ 警戒しているというアピールが大事
❷ 世界的に急増しているスマホ盗難に注意
❸ 強盗に遭遇したら逆らわないこと

少しの注意で防げるスリ・置き引き

外務省による「海外邦人援護統計」というデータがある。海外にある日本大使館や領事館に、なんらかのトラブルを抱えて駆け込んできた日本人について取りまとめたものだ。2020年から22年まではコロナ禍によって日本人の海外渡航者数そのものが少ないのであまり参考にならないから、パンデミック前年の2019年の統計を紐解いてみよう。

まず海外渡航した日本人の総数は、その年およそ2008万人。そのうち援護件数は全世界で合わせて2万1725人。1000人にひとりという計算だ。病気、事故、災害や紛争に巻き込まれた、あるいは不法滞在や麻薬など犯罪を犯してしまったなど実にさまざまだが、「日本人が犯罪の被害に遭ったケース」では「窃盗」が圧倒的に多い。援護件数全体の約2割、4260人を占める。

このうち7割が「スリ」と「置き引き」だ。これは注意を払っていれば、かなり防ぐことができる犯罪でもある。市場や混んでいる電車など人ごみの中では荷物に気を使う。前に抱きかかえるスタイルでもいいだろう。レストランなどで日本と同じノリで荷物を席に置いたままトイレに行くのはもう盗んでくださいと言っているのと同じだ。背もたれに荷物をかけておくのもダメ。目が届かない。写真を撮るときに荷物を足元に置きっぱなしにするのも危険。長距離列車とか夜行バスの乗り降りなど、人が多い場所でバタつく時間帯も気をつけたい。ドロボウが紛れ込んでいることがある。

大切なのは「盗難に気をつけている」という姿勢を周囲に示すこと。具体的には「荷物を常に身体と接触させておく」ことだろう。これは旅を続けていくうちに自然にできるようになっていくはず。

犯罪者も相手を選ぶ。警戒している人間をターゲットにはしない。油断している人間を狙うのだ。

窃盗被害が多い地域はヨーロッパで、2597人。フランス、イタリア、スペイン、イギリスなど、有名観光地でのスリには要注意だ。また「ケチャップスリ」という手口もある。見知らぬ人から「ケチャップがついてますよ」なんて声をかけられ、服を見てみれば確かに赤い汚れ。「これはたいへんだ」と一緒になって汚れを拭き取ってくれるのだが、そのスキに財布などを抜き取っていく。もちろんケチャップをかけた人間もグルだし、ケチャップではなくアイスクリームやマスタードということもある。

全世界的に増えているのがスマホの盗難。とくにiphoneの最新機種は高く売れるので狙われやすい。日本と同じノリでスマホをズボンの後ろポケットに挿して街を歩くのは論外だ。地図などを見るときも、人ごみから少し離れて目につきにくいところで。ストラップなどを使うのもいいだろう。紛失したスマホの現在地を別の端末から捜索する、利用を制限したり、防犯アラームを鳴らすアプリなどもあるが、盗まれてしまったあとではあまり意味がない。

それと悲しいことだがドミトリーでの盗難もある。個人用の鍵つきロッカーが完備されているドミを選ぼう。

中南米では強盗被害が目立つ

銃や刃物などで脅され強引にお金や荷物を奪われる、いわゆる強盗被害に遭った日本人は、2019年の場合241人。旅行者が少ない割に中南米での事件が多い。遭遇した場合はとにかく抵抗をしないい、反撃しないこと。それは異国を旅する人間の鉄則といえる。下手に刺激をすると命の危険がある。

その前に、治安の悪い街では宿などで情報を仕入れておき、危険とされるエリアに近づかない、夜間の外出は控えるといった対策も必要だろう。中南米を旅するバックパッカーの中には強盗リスクを考え、海外旅行保険のうち「携行品損害」を厚くしておくという人もいる。

アジアでは睡眠薬強盗も注意。歓楽街で話しかけてきた美女と遊びにいった先で飲み物にクスリを混入されて……といった手口。また2人乗りバイクに後ろから荷物を引ったくられるというケースも。バッグをたすきがけにする、車道側の手で荷物を持たないなどの対策で防げる可能性は上がる。

被害に遭うことを想定してお金やカードを分散しておくことも大事だ。貴重品入れ、サイフ、ホテルに置いた荷物の中、あるいは隠しポケットなどで分けておくと、どれかが盗まれてもなんとか旅は続けられるだろう。

なお2019年に海外で犯罪によって殺害された日本人は8人。性犯罪の被害者は23人、暴行・傷害の被害者は66人。2000万人の海外渡航者のうちほんのわずかな人数ではある。こうした被害に遭う確率はきわめて低い。しかし現実に、犯罪に巻き込まれた人がいるのだ。次は自分かもしれないと思って、しっかり対策をしておこう。

❖ わずかな注意で防げるサギ被害

何十年も変わらない手口だが騙される日本人は多い

タイやインド、トルコなどではお金をだまし取るサギ師が非常に多い。怪しい連中の相手はせず、いっさい無視をすることだ。

POINT
❶ この世の中にうまい儲け話はない
❷ 話しかけてくる人を簡単に信じない
❸ ひと息ついて状況を考えてみる

アジアでは外国人旅行者を狙ったサギ事件が実に多い。

とくに多いのはタイだ。有名観光地の王宮だとか安宿街カオサン通りあたりにたむろしているトゥクトゥクやタクシーが、まずきっかけをつくる。

お寺やショッピングモールなどに行こうと頼むと、「そこは今日、閉まってるよ」なんて答え。代わりにいい店があるんだが……なんて連れていかれるのが宝石屋だ。着いてみると「ちょうど特別セールをやっていてお得ですよ、日本で転売したらきっと何十倍、何百倍の値段になりますよ」とか囁かれて、旅行者は大金を投じてしまうのだ。もちろんクズ同然の宝石で、日本に持ち帰ったところで売れるわけもない。

ほかにもスーツ屋に連れていかれ、高級だというふれこみのスーツを仕立ててみたものの、単なる粗悪品を押しつけられたりというのも定番だ。

支払いでカードを使えばゼロをひとつ加えて決済されていたとか、カード情報を盗み出されてその後にスキミング被害に遭ったという人もいる。

これがトルコやエジプトでは商品が絨毯に、インドあたりだとカシミアに変わるが、被害の内容は似たようなもの。

手口は古典的かつテンプレ的

トランプサギもタイをはじめアジア各地の「定番」だ。やはり観光地や繁華街で声をかけられたところから話は始まる。会ったばかりなのにどういうわけか一緒に観光することになり、なぜか食事に行くことになって全部おごってくれて、そして気がつくと彼あるいは彼女の友人と称する人々がたむろす家に連れていかれて、トランプで遊ぶことになる。やがてお金を賭ける流れになる。

当初は旅行者がばんばん勝ちまくるの

だがもちろんシナリオ通りで、やがて賭け金が釣り上がったところで大負けさせられる。彼らのフレンドリーな態度は一変し、負けたんだから金を払えと脅されて、ATMに連行される……。

「こんなしょうもないサギ、だまされるわけないだろ！」と思うかもしれないが、実際に日本人旅行者が騙されまくっているのである。いずれの手口もきわめて単純・稚拙かつ古典的で、昔からガイドブックではページを割いて警告し、外務省の海外安全ホームページなどで詳しく解説され、またSNSやブログなどでも体験談が山のように出てくるのだが、それでも被害者は一向に減らない。

その理由はおもに3つだ。まず前もって情報を調べていないので無防備だということ。「情報弱者」の日本人旅行者は多い。加えてなんとなく、怪しいな、サギかもな、と思っていながら押し切られてしまう人が多いこと。そして「もしかしたら儲かるかも」という欲もあって流されていく。はっきり言うが、これは騙される旅行者にも責任がある。

冷静になってみればおかしいと気づくはず

ほかにもサギはいろいろだ。「これから日本に旅行に行くので日本のお金を見せてほしい」なんて話しかけてきて財布を取り出させ、お金を抜き取る。歓楽街で「安くするから一杯だけ飲んでって」と言われて店に入ってみるとボッタクリバーだった、なんてのも定番。

ヨーロッパでは慈善団体を装った人間が話しかけてきて募金を強要するとか、強引にミサンガを腕に巻きつけたりバラを押しつけたりして代金を請求するとか、ニセ警官が話しかけてきて身分確認のためなどと言いくるめ、財布を出させてお金を抜き取るなんてケースも。

この手のサギは「観光地で向こうから英語や日本語で話しかけてくる人間を相手にしない」「怪しいと感じたらハッキリ〝NO〟の意思を示す」ことでほぼ防ぐことができる。そしてひと息ついて冷静に考えてみれば「警官が財布見せろとかヘンだよな」「会ったばっかの外国人となんでトランプやるんだよ」と疑問を感じるはずだ。

旅をしていると、本当に親切な人や日本に興味を持っているだけの人も話しかけてくる。だがそういう人たちはお金の話はしないし、強引にどこかに連れていこうともしないだろう。出会いを大切にするためにも、人を見る目を旅の中で養っていきたい。

P268で引用した海外邦人援護統計を再び見てみよう。2019年にサギ被害に遭った日本人は258人となっている。きわめて少ないと思うかもしれない。しかし実数はその何十倍にも及ぶと考えられている。海外邦人援護統計はあくまで「在外公館に助けを求めた」事例をカウントしたものだ。サギの場合、自分自身にも落ち度があるから被害を訴えづらい。それに被害額も数万円とかせいぜいカードの限度額、どうにか旅は続けられるかもしれないし、命に関わるものではない。だから大使館に駆け込むこともなく泣き寝入りする。犯行グループもこのサジ加減が巧いのだろう。

Explore
The World

危険地帯を知り尽くした男が実践する、海外を安全に旅する方法とは？

スラム街など治安の悪い場所を旅してきたジャーナリストが、数々の経験と、独自の視点から安全確保の技術を解説する。

文・写真▼丸山ゴンザレス

▼裏社会の取材で世界各地の危地を訪問

本気で「海外は危ない！」と思っている人もいることだろう。かつて安全と水は無料と謳われた日本の治安もいまや最上級に良いとは言えないので、単純に海外と比べられないところもあるが、それでも諸外国に比べたらまだまだ安全と言えるレベルかもしれない。そのため海外を旅する際、とくに旅の初心者にはそれなりのセキュリティ意識が求められる。

筆者はこれまで海外の危険とされる場所を繰り返し訪れてきた。目的はさまざまだが、メインとなるのは裏社会の取材である。おそらく皆さんがイメージする危険そのものに接してきた。そこで僭越ながら、取材者としての視点から海外旅行での危険回避方法をお伝えしていこうと思う。

▼命運をわけるのは最低限の「情報収集」である！

海外旅行は楽しい反面、場所によってはリスクを伴う。だからといって過度に恐れる必要はない。あくまで危険を回避しながら、旅を楽しまなければ海外に行く意味がなくなってしまうからだ。そのために必要なのは、まずは事前準備としての情報収集である。

情報といってもいまどきは巷にあふれる量が多すぎるので、収集しようと思うと際限がない。私の視点で絞り込むとしたら、現地で起きがちな軽犯罪の事例を集めるようにする。直面する確率が高いのはスリ、強盗、盗難、詐欺である。殺人やテロなどは想定するのはいいが、これは巻き込まれるときは巻き込まれるし、正直、巻き込まれたところで抗いようもない。よほど気になる場合でなければ、軽犯罪を優先したほうがいいだろう。

長く危険地帯を歩いてきたからこそのノウハウは、一般的な旅行にも応用できる

身近に潜む犯罪の事例を集めておくというのは、いわゆる体験談を収集することだ。X（Twitter）でも個人ブログでも外務省の海外安全情報でもいい。その中でも体験談を読んでおくことがメインの準備となる。これは体験談から「誰が、どこで、いつ、どのように」犯罪に巻き込まれたのかのストーリーを知ることで、自分がもし危機に直面した際に「似た状況」にあるかどうかを感じるためである。

こうした事例は、実際に遭遇したときとは細部が違うこともあるのだが、そもそも犯罪に限らず、人のやることでまったく同じことなど起きるはずがない。むしろ情報収集したストーリーと「似てる」と感じたら一気に警戒するべきなのだ。そうした力を養うには、データの羅列よりもストーリーを知ることが近道。人間の想像力というのは、それほどによくできているのだ。

それ以外では、実際に巻き込まれたときのために旅行保険に加入し、渡航先の大使館の連絡先などを控えておくといった基本的なことはしておくべきだろう。

私はクラウド上に保存したPDFデータをスマホなどで閲覧できるようにしておくだけでなく、電話番号をメモ帳に書き写したり、IDなどのコピーを紙に出力して保管することもある。

手間を惜しまず、できることをやっておく。それが本当の意味で保険になることもあるからだ。

▼「海外＝日本」と考える思考を身につける

もうひとつ、危機回避に必要なことは「渡航先が外国であるという先入観の排除」である。

海外に行くのに、外国ではないとはどういうことかと「?」が浮かんだ方も多いことだろう。目的地となる初めての国に到着してからのことを想像してほしい。

まず、空港に着いたらどうするだろうか。自分の都合に合う交通機関を選択してホテルに向かうだろう。その道中でいきなり、現地の人に話しかけられたとする。まだその国になじめていない。ペースが掴めていないあなたを尻目に、その現地人はあなたの宿泊先のホテルを聞いてきて、そこに行くには電車やバスは危ないと熱心に話す。最終的に「私が送ってあげましょう！」となる。なんなら「ホテルはキャンセルして私の知っているホテルか、私の自宅に泊まりなさい！」と詰めてくるのだ。

さて、これを親切な人（もしくはありがた迷惑な人）との出会いと取るかどうかだ。実際に海外で似たような経験をした人もいるだろうが、ほとんどが詐欺師だったりする。ホテルには現地人の友達が待っていて、何かしらのゲームに参加させられたり、よくわからないお店に連れて行かれた人なんかもいるのではないだろうか。そこで支払った無駄な出費や経験自体を勉強だと思って片づけることもできるが、そもそも最初の段階で断ってしまえばよかったのだ。

だからどうやって断ればいいのかわからないという話かもしれないが、ここで大事なのは先ほどの「渡航先が外国であるという先入観の排除」なのだ。

逆の立場をイメージしてほしい。

成田空港に到着した外国人。その人は日本が初めて。どうやって上野のホテルに行けばいいのかわからない。空港か東京駅、日暮里あたりでスマホを握ってキョロキョロしている。小声で「Ueno?　Keisei Ueno?」などと口走っていたら完璧だ。その人に近寄っていって「あなたの探している上野はここから遠いです。道中、めっちゃ危ない。近くにアメ横というやばい場所があるんで、私が知り合いのホテルに連れて行きましょう」と言っているのと同じことなのである。いかに異常なことをされているのかわかるだろう。

そこまで想像できれば、いかに断り下手な人でも「行きません！」と自信を持って断れるはずである。到着してすぐのタイミングだから戸惑うことも、あとから冷静に考えてみればわかる。そんな海外初日の〝マジックタイム〟を狙ってくるのも犯罪者なのである。

とにかく「いまの状況が日本で起きていたら異常かどうか」。それだけを考えてみることだ。

ちなみに、途中で相手の悪だくみに気がついたとしても、そこまでに巧みな話術で丸め込まれていたことで自己嫌悪に陥ったり、自信を喪失する必要はない。相手がプロの詐欺師というだけだからだ。実際、似たような経験をした人の中には詐欺の被害にあった自覚すらない人も多いはずだ。それは被害者が極端に鈍いか、詐欺師がプロだったかに過ぎない。詐欺師にもレベルの差がある。人生を破壊するほどの詐欺に嵌めるやつもいれば、小銭稼ぎの詐欺師もいる。引っかかったのがどんな詐欺師だったのかで運命は別れていくのだ。

▼危険を回避できる「歩き方」とは？

私が見つけ出した海外でのトラブル回避に効果的な実践ノウハウがある。こういうと期待値を上げてしまうかもしれないが、極めて単純で「普段より早く歩くこと」である。アメリカやヨーロッパ、アフリカなどの大都市で有効なことは確認しているが、おそらく多くの都市部で有効だと思う。

初めて気がついたのはギリシャのアテネを旅していたときのことだ。当時、経済情勢の悪化から、中心部は観光地を除いてスラム化しつつあった。当然ながらそんな場所に観光客が訪れることは少ない。私の場合はむしろスラムを取材することが生業であるため積極的に歩くことにしていた。そうすることで何か変化はないか、発見はないかと思うからだ。

とはいえいつも何か面白いことに出会うわけでもなく、二度三度と同じエリアを歩くだけのことも多い。次第に

「トラブルに巻き込まれやすい人は、日常的に何かしら判断がずれている」と語る丸山ゴンザレス氏

飽きてくるとテンションは落ちて足取りも重く、立ち止まってタバコを吸ったり、カフェでコーヒーを買ってゆっくり歩いたりしていた。その際に、話しかけられるときとそうでないときがあることに気がついたのだ。

いったい何が違うのかと考えてみて、たどり着いた結論が「歩く速度」だったのである。

早く歩いている時は声をかけられにくく、ゆっくりノロノロしていると声をかけられやすい。もちろん声をかけてくるやつがすべて悪人とは言わないが、スラムのようなところで声をかけてくるのは何かしら目的がある。

どんな目的があるのかを想定するために、相手の気持ちになってみる。迷いない様子で早歩きで動いているやつがいる。あいつに声をかけても止まらなさそうだ。そもそも目的地があるから急いでいるのだ。少なくともそのあたりの地理を知っているはず。見た目が外国人だが、もしかしたら在住者かもしれない……。

とまで想像してくれるかわからないが、似たような理由から声をかけないのだろうと思う。一方で、ウロウロしてスマホを触りながらキョロキョロしている外国人ならば、それまで狙う気がなかった連中だったとしても「獲物」と思って食指が動くかもしれない。その場所を知らないのであれば、高確率でよそものだからだ。

少なくともこの気づきに到達して早く歩くことを実践するようになってから、トラブルに巻き込まれることは格段に減った。

実際に試した結果から導き出したポイントをまとめておくと、早く歩くときには東西南北やスマホの地図で現在地を把握するのではなく、周辺の大きな目印を把握しておくことだ。遠くにあるが視界に入る大きなビルとか、山や海などの方向とか、そのぐらいざっくりしたものでいい。

あとはとにかくスマホを見過ぎないこと。目線が下を向くのは目隠しされているのと同じぐらいリスクがある。どうしても確認したいときは店舗や背中に壁があるようなところで、できるだけ人目が多い場所にしてほしい。

これ以外に回避する方法やノウハウなどは細かいことを挙げればキリがないのだが、旅というのは人間としての総合力が問われる。危機回避も旅を楽しめるかも、その人がどんな人生を積み重ねてきたのかが重要なのだ。

日本にいてトラブルに巻き込まれやすい人は、日常的に何かしら判断がずれている可能性がある。旅に出る前に、なぜ自分はトラブルに遭いやすいのか、そんなことを想定しておくことで、海外旅行中に大きなトラブルを回避するヒントを見つけられるかもしれない。

海外と日本は地続きである。もちろん地理的なことではなく心持ちの意味である。そのことを忘れないでいただければと思う。

❖日々のさまざまなトラブルをリカバリーする

貴重品の紛失、飛行機の遅延など起こりがちな問題の解決法とは？

病気や犯罪だけでなく、旅行者を襲うさまざまなトラブルを、どう乗り越えて旅を続けていけばいいのだろうか。

POINT

❶ 盗難や紛失はまずポリスレポート
❷ 僻地の宿では外国人OKか下調べを
❸ フライトスケジュールはたっぷり余裕をもって

パスポート・スマホ・クレカをなくしたときの対処法

貴重品をなくした場合はすぐに対処しよう。まずパスポートだが、最寄りの警察署に行ってポリスレポート（紛失・盗難の届出証明書）をつくってもらう必要がある。パスポートをなくしたり盗まれたときの状況を説明するのだが、ひどく時間がかかることもある。この書類を持って、日本大使館または総領事館でパスポートの失効手続きを行う。その上で、パスポートを再発行してもらうか、あるいは帰国のための渡航書（帰国時1回限り有効のパスポートのようなもの）を発行してもらうことになる。

引き続き旅をするなら再発行だが、戸籍謄本の原本が必要だ。これは日本から郵送してもらうことになるが、メールやFAXでも対処してくれる場合がある。帰国のための渡航書は、戸籍謄本ではなく日本国籍であることを確認できる書類でも発行してくれる。運転免許証、保険証、マイナンバーカードなどだ。どちらもほかに顔写真と手数料が必要だ。申請から受領まで1週間～10日間はかかる。

ちなみに、現在では一般的になっているICチップ入りのパスポートだが、この作成機が設置されていないアフリカや東欧などの在外公館では、パスポート再発給まで1か月ほどかかる。

スマホをなくしたなら、まずはPCなど別の端末からデバイスをロックして悪用を防ごう。iPhoneはiCloud、AndroidはFind My Deviceにアクセスして手続きを行う。次に契約しているキャリアのサイトから回線を停止させよう。仮にPCがない場合は、ネットカフェに行くなり宿などで借りることになる。スマホにクレジットカードを紐づけているならこちらも止めたほうがいい。

そして警察署でポリスレポートをつく

ってもらう。それから帰国後に海外旅行保険の損害補償手続きをする。なお紛失や置き忘れなどでは携行品の補償はされない。あくまで盗難が対象だ。万が一のためにも、スマホのデータはこまめにクラウドにバックアップしておこう。

　クレジットカードの紛失も同じ流れだ。どの会社も24時間３６５日対応のコールセンターがあるので、こちらに連絡をしてカードを止めてもらおう。それからポリスレポートだ。これがあれば不正利用されたときも補償が受けられる。

　しかしクレカがないと旅できないという人もいるはずだ。カード会社によっては、渡航中のみ有効の臨時カードを発行してくれたり、現地通貨の緊急キャッシングサービスを受けられるので。問い合わせてみよう。

途上国では荒っぽい交通に注意

　意外な盲点ともいえるトラブルが交通事故だ。途上国の大都市では交通ルールなんてものはほとんど守られていない。クルマ、バス、バイク、自転車、ところによっては馬車や牛車までがごっちゃになって、それぞれ好き勝手にクラクションを鳴らしながら怒涛のような勢いで走っていく。まるで激流だ。当然、事故もやたらと多い。

　信号も横断歩道もろくになく、その中を突っ切って渡らなくてはならないこともある。こういうときは現地の人についていくのがなによりだ。

　それと東南アジアを中心にバイクタクシーも普及しているが、運転はだいたい荒い。これも事故の多い乗り物だ。利用するときはバランスの悪い大きな荷物を持たない、自分もしっかり前を見る、後部のリアスポイラーなどしっかりつかんでおくなど安全対策を。

　もし事故に巻き込まれてケガをしたら、Ｐ２６４を参考に病院へ行こう。

外国人が泊まれない宿がある

　ここ数年で増えているのが「予約したはずの宿に泊まれない」というもの。ホテル予約サイトでは予約完了となっているのに、現地に行ってみたら「外国人は泊まれない」と断られてしまう。インドや中国など外国人の宿泊に許可が必要な国の、とくに外国人があまり訪れない地方で起きる。こうした宿でも予約サイトから取れてしまうのが問題なのだが、心配な場合は予約前に宿のレビューをチェックして外国人が泊まった形跡を確かめるとか、電話やメールなどで外国人を受け入れているのか聞いてみよう。

　そしてもし宿泊拒否されたら、近くの別の宿を教えてもらうか自力で探すことになる。予約サイトで決済をしていたなら、カスタマーサービスに連絡して返金をしてもらおう。

飛行機を逃してしまう人もいる

　飛行機に乗り遅れてしまいそうなら、まずはいち早く航空会社に連絡を。フルサービスキャリアなら無料で空いている別のフライトに切り替えてもらえる可能性がある。しかしＬＣＣでは原則として

▶バックパッカーを待ち受ける困難の数々

トラブル解決には地元の人たちに頼ることも多い。こちらはモンゴルの列車にて

不可能だ。ただギリギリまで待ってくれるなどなにか対応してくれるかもしれないので、とりあえずは連絡を。

　乗り継ぎ便に間に合わないということもあるかもしれない。前の便が遅延したり悪天候や災害といった不可抗力の場合で、ふたつの便を同じ航空会社や同じアライアンスで通し予約してあるなら、しっかり対処してくれる。遅れた前の便を降りたところにいる地上スタッフに声をかけてみよう。ただし買い物をしていたとかボケっとしていたとか自己都合の乗り遅れについてはこの限りではない。

　巨大空港の場合、迷ったりして思いのほか時間がかかることがある。各空港にはＭＣＴ(Minimum Connecting Time、最低乗り継ぎ時間)という数字が設定されているので、空港や航空会社のサイトでチェックして、余裕を持った乗り継ぎ便を手配しよう。

　いずれにせよフルサービスキャリアでもＬＣＣでも、まずはスタッフと話し合ってみることだ。なお航空会社都合のディレイ（遅延）はよくあるが、このときも航空会社によっては食事を提供してくれたり、出発が翌日になるならホテルを手配してくれたりもする。

ネットが不調なときは？

　いまや旅に欠かせなくなったインターネットだが、つながらなくなることはけっこう多い。安宿では回線がショボイとか停電とかでWi-Fiが止まることは珍しくない。ＳＩＭのアクティベートがうまくいかないとか、開通しているはずなのになぜかつながらないとか、いろいろとナゾの現象で快適なネット環境を保てないときも、とりわけ途上国ではある。

　こういうときは、あきらめよう。そのうちつながる。しばらくネットがなくたって、旅に支障はない。

　ただし緊急の用事で日本に連絡をしなければならないとか、どうしてもいま航空券を取らなければ、といった場合は、宿のスタッフか誰か現地の人に相談してみよう。自分のスマホが不調であれば、お願いして使わせてもらうとか、手近なネット屋を教えてもらう、通信会社のオフィスに行くなどしてみるといい。

❖紛争やテロなど国際情勢について

世界のニュースに通じておくのは旅行者の義務でもある

いまどこで、どんな紛争が起きているのか。常にアンテナを張り、危険地帯を避けて旅しよう。

POINT

❶役立つ情報満載の海外安全ホームページ
❷旅行中も滞在国のニュースをチェック
❸最悪の場合は日本の在外公館へ

「世界から戦争が絶えたことはない」というが、2023年12月現在でもっとも人々の関心を集めているのはイスラエルとパレスチナの戦争だろう。ウクライナとロシアの戦争も続いている。シリアやイラク、アフガニスタン、イエメンなどは、もう長いこと戦乱の時代から抜け出せていない。

アフリカではリビアやスーダン、南スーダン、ソマリア、中央アフリカ、ニジェール、マリ……実に多くの国が内戦や紛争を抱えている。

アジアでは軍が強引に政権を奪ったミャンマーで、少数民族による武装闘争が激化している。平和に見えるタイやフィリピンでも、一部の地域ではテロが相次いでいる。中南米ではベネズエラやコロンビア、ホンジュラスなどが政情不安から治安が悪化している。

こうした地域には、うかつに立ち入るべきではない。どういった場所が危険なのか、いま世界のどこでどんな武力紛争が起きているのか、外務省の海外安全ホームページに詳しくまとめられている。紛争の内容によって危険度が1〜4まで分類されており、わかりやすい。

●レベル1＝「十分注意してください」
渡航や滞在にあたり危険を避けるため特別な注意が必要な地域。

●レベル2＝「不要不急の渡航は止めてください」
渡航の是非を検討すべきで、それでも渡航する場合には十分な安全対策を取ることが必要な地域。

●レベル3＝「渡航は止めてください（渡航中止勧告）」
どんな目的であれ、渡航を避けるか延期すべき地域。

●レベル4＝「退避してください。渡航は止めてください（退避勧告）」
当該地域に滞在中のすべての邦人に、いち早く安全な地域への退避を呼びかけるもの。

　この「レベル」をどう考えるか。パックツアーを主催する旅行会社の場合、「レベル1」は原則として通常通りに催行している。「レベル2」からは旅行会社によって判断が分かれる。原則中止だが安全措置が取れると判断したら催行するという会社が多いようだ。「レベル3」以上はツアー中止。

　これをバックパッカー旅行にそのまま当てはめることはできないが、参考にはなるだろう。旅する予定の場所は大丈夫なのか、チェックしておきたい。

　なお海外安全ホームページから登録できる「たびレジ」では、渡航先の重大な事故・事件といった最新の安全情報や、注意が必要なデモなどの主催情報といったメールを受け取れる。

　こうしたサービスも含め、旅行中は国際ニュースに敏感でありたい。いま自分のいる地域になにか問題が起きていないか、近隣国は大丈夫なのか。紛争やテロが発生して国境が閉まることだってあるのだ。そこまで深刻な事態でなくても、ストライキやデモなどが起きれば交通がストップし、ルートを変更しなくてはならないかもしれない。

　こうした点に気を配りつつ、危険を回避して旅をつくっていくのがバックパッカーなのである。

最後の逃げ場所は日本大使館

　旅先で紛争やテロ、災害など大きな騒乱が起き、身の危険を感じたら、大使館や領事館といった日本の在外公館に駆け込もう。各国の首都には大使館が、それ以外の地域で在住日本人が多い街には領事館が置かれている。

　日本の在外公館の敷地内は、その国ではなく日本の法律が適用される。日本の領土のような場所なのだ。そして在外公館の主要な業務は、外交のほか、現地にいる日本人の保護。きっと安全を確保してくれるだろう。情勢不安定な国では、日本の在外公館がどこにあるのかは把握しておきたい。

　なお在外公館が未設置の国や地域も40以上ある。ブータン、コソボ、モンテネグロ、マルタ、モナコなどの国や、カリブ海の島嶼国、アフリカ中西部の国々だ。こうした場所でなにか起きた場合は、近隣地域にある在外公館に頼ることになる。つまり在外公館未設置国でパスポートをなくした場合は、近隣地域所在の在外公館と連絡を取り合いケアを受けつつ遠隔で再発行手続きをするため、とっても日数がかかる。

カブールの破壊された街並み。アフガニスタンが平和になる日は来るのか

Traveller's Opinion

旅行中、どんなトラブルに遭遇しましたか？

旅にハプニングはつきもの……とはいえ、できるだけ避けたいもの。
先人たちがどんなトラブルに巻き込まれたのかを知り、
同じような目に遭わないための教訓としたい。

香港からマニラに行くとき、空港のカウンターで「片道航空券ではフィリピンに入国できない」とチェックインを断られ、泣きそうになりました。でも思いついて、マニラから出国する航空券をその場で予約。無事にチェックインできましたが、予定が決められてしまったのがなんか悔しい。（33歳・会社員・男性）

カトマンズでデング熱に罹りました。病院に通って薬を飲み、1週間くらいで回復しましたが、旅行中は寝ていた思い出しかない。世界的に増えているそうなので蚊には注意してください。（かんた・男性）

ニカラグアでは４人組にホールドアップされてお金を奪われました。その後、外務省の海外安全情報に載ったらしいです。「地球の歩き方」にも、事件に遭ったエリアは危ないと記載されるようになりました。ナミビアのウインドフックでは２人組にタックルではね飛ばされて荷物を盗られ、日本大使館に駆け込みました。ニカラグアではクレジットカードが無事だったし、ナミビアでは海外送金してもらってなんとか帰国はできましたが、凹みました。（岡井稔）

ベトナムのハノイでターボメーター装備のタクシーに遭遇。降りるときに相場分のお金だけ叩きつけて逃げてきました。（40代・自営業・男性）

▶Traveller's Opinion❽

メキシコで流しのタクシーをつかまえたら相場の３倍くらいを要求されて怖かったです。仕方なくお金を払って、お釣りでもらったお札３枚を別の店で使おうとしたら断られました。全部同じ番号のお札でした。やはり配車アプリを使うべきだと思いました。（ぱんスキュ）

インドの農村地域で招かれた家で男性とふたりきりにさせられて、行為を迫られた。女性のひとり旅は、トラベルを避けるため結婚をしていることにしておいたほうがいい。それでもしつこく迫られたなら、ハッキリNOと言うこと。日本語でもいいので怒ること。ここでNOを言えないと、日本人女性は全員受け入れてくれると思われる。（ミサ・30代・女性）

ヨーロッパでは、背筋を伸ばして、アジアの女って舐められないようにしようと思いながら旅していました。（きょうこ）

インドでBooking.comで予約した宿に行ったら民家があるだけ。近所の人に聞き回っても見つからず別の宿に飛び込みで泊まった。Booking.comにクレームを入れて返金はされたけれど、詐欺目的のこういうゴースト宿がインドだけでなく世界各地にあるそうな。（40代・自営業・男性）

アフリカや中南米では「チーノ（中国人の意だが侮蔑的に使う人も）」とからかわれることが多いですが、サッカー日本代表のユニフォームを着ていくとまず言われない。乾きやすいのも旅にはちょうどいい。（森田聡）

トルコでキリム詐欺（安物の絨毯を高額売りつける）に遭ったことがあります。20万円、カードで買ってしまいました。とても払えないので、学生ローンで借りて返済していました。でも、セールストーク巧かったですね。日本語ペラペラで。（三矢英人）

あとがき

前ページまで解説してきた「旅のトラブル」には、実は続きがある。

もうひとつ、旅行者が罹りやすい病気があるのだ。それは「旅そのもの」。旅とはそれ自体が、中毒性を持った病のようなものだということだ。

初めて挑戦するひとり旅から帰ってきて、日本の日常に戻っても、どこか手につかない。異国の熱が身体に染みついてしまっているのだ。きついことだって何度もあったはずなのに、また旅の空を見上げたい。糸の切れた凧のような、自由と不安と寂しさが恋しい。そんな気持ちでいっぱいになり、気がつけば航空券を取って、二度目の旅に出る。そして帰国が差し迫ってきた頃に、きっとこんなことと思うだろう。

「帰りたくない」

このまま旅をし続けたい。さすらいたい。だからその旅をまだ終えていないうちから、次の旅のプランを考えるようになる。次はこの国をこう回ってみようとか、地図を開いて妄想する。こうしてまたひとり、旅の沼にはまりこんでいく……。

旅は麻薬だ、とも言われる。それだけの中毒性がある。

知らない国に行き、知らない街を歩き、知らないものだらけの中で、ふるまい方を身体で覚え、少しずつ自分の領域を広げていくような、あの感覚。旅の知識やノウハウが積み重なるほどに、目に見えるように、手に取ってわかるかのように自分が強くなっていくのがわかる、あの感覚。それがあまりに面白くて、旅を止められなくなってしまう。

そして思うのだ。こんなに面白いものがあるんだって、人に伝えなくちゃならないと。

だから旅人はＳＮＳやブログやＺＩＮＥで自らの旅を発信する。それは僕も同様だ。25年以上前、重度の旅中毒患者だった僕は、もっとたくさんの人に旅の世界を知ってほしい、ひとり旅の自由さと楽しさを体感してほしいと、異常な熱意を込めて個人旅行のノウハウを一冊の書籍にまとめた。それが初代『バックパッカーズ読本』だ。以降リニューアルを重ねてきた本書を読んで、きっとたくさんの人たちが旅に出たことと思う。旅の魔力に取り憑かれた人は僕のように伝える側になり、感染者をさらに増やしていく。旅はまた、うつる病でもあるのだと思う。

コロナ禍というはるかに深刻な病が世界を覆う中で、いっとき旅人たちは道を見失ったし、技術の発達によって旅の仕方は大きく変わった。昔のようにストイックな長旅をする人も、ハードな貧乏旅行をする人も、いまでは少ないだろう。だから本書もかつてのバックパッカー像にとらわれず、もっと幅広い「自由なひとり旅」をテーマに構成を変えてきた。

それでも、旅の本質というものはなにも変わってはいない。未知のものに触れたい、あの向こうになにがあるのか見てみたいという欲望、好奇心は、人の原動力だ。日本人は円安や不景気やそのほかさまざまな理由によっていま少しだけ内向きになっているかもしれないが、奥底には未知への探求心がきっと燃えている。

その衝動を、もしかけらでも自分の中に見つけてしまったなら、旅に出てほしいと思う。人に話したくて伝えたくてたまらなくなるような体験ができることを、僕は約束する。

気をつけて、良い旅を。

2023年12月　室橋裕和

LA」や「AKB48 九つの窓」で夢だった映画監督デビュー。夢がかなったので、趣味であった世界の料理の食べ歩きをベースに、移民たちのポジティブな面を紹介していくYouTube「Ethnic Neighborhoods」(https://www.youtube.com/@EthnicNeighborhoods) を2017年に立ち上げる。また移民と食についてnoteにも執筆 (https://note.com/ethnicneighbor/)「Where we call home」という日本の移民についてのNHK WORLD向けの番組にも携わっている。

布家敬貴 Fuke Yoshitaka

1972年、福島県会津若松市出身。学生時代の豪州競馬メルボルンカップ観戦がバックパッカーデビュー。就職後も転職の合間に中長期の一人旅を重ねる。コロナ禍の影響で勤務先のホテルを解雇されるも、それを奇貨とし退職金でタイ・モンゴル・ロシアへ。現在は世を忍ぶ仮の姿で背広姿のサラリーマンをしている。通算旅行回数は出国ベースで64回、旅行日数は1500日余り。ジャパンバックパッカーズリンクの故向井通浩氏が発行していたメルマガ「バックパッカー新聞」に中国旅レポや、北朝鮮レストランレポを寄稿。第2回エブリスタ x yom yom短編小説コンテスト入賞。シーランド公国の男爵でもある。

松岡宏大(KAILAS) Matsuoka Kodai

編集者・写真家など。『地球の歩き方インド』編集担当。長年にわたり南アジアやアフリカを中心に辺境エリアの取材・編集に携わる。KAILAS名義で著作やイベントも行っている。共著に『持ち帰りたいインド』(誠文堂新光社)、『タラブックス〜インドのちいさな出版社、まっすぐに本をつくる』(玄光社) などがある。インドのタラブックスより『Origins of Art〜The Gond Village of Patangarh』を上梓。2025年1月『ひとりみんぱく』(国書刊行会) を出版予定。

丸山ゴンザレス Maruyama Gonzaresu

1977年、宮城県仙台市生まれ。國學院大學大学院を修了後、無職期間などを経て出版社に勤務。現在はジャーナリストとして独立。世界各地の裏社会やスラム街などを取材する傍らメディア出演も積極的にこなす。YouTube「裏社会ジャーニー」は登録者数100万人を突破する人気コンテンツとなっている。また、漫画原作やノンフィクション作家として執筆活動にも精力的である。

三矢英人 Mitsuya Hideto

1986年神奈川県生まれ。「行きたいところに行き、見たいものを見て、食べたい物を食べ、飲みたい酒を飲む」をモットーに、4年半勤めた証券会社を退職し、2013年11月に境港から船で世界一周の旅へ。ユーラシア大陸横断、サンティアゴ巡礼900km、キリマンジャロ登頂、アフリカ大陸縦断などを経た後、なぜか大西洋も太平洋も渡らぬまま2019年4月に上海から船で帰国。三度の飯より酒が好き。X (Twitter) @hideto328

御堂筋あかり Midousuji Akari

スポーツ新聞記者、出版社勤務、アジア放浪などを経て現在は中国にて編集・ライティングおよび翻訳業を営む。趣味は中国の戦跡巡りと中華の大地に生きる人民(おもに中年男性)ウォッチング。将来の夢はステキ女子になること。X (Twitter) @kanom1949

宮城英二 Miyagi Eiji

元メディア業界人。大手メディアの組織に馴染まず海外に脱出し、アジア各地の日本語メディアで記者。中国、香港、台湾、タイ、シンガポール、マレーシア、ベトナムに在住経験。現在はフリーライター兼翻訳家。タイ・バンコクを拠点とし、アジアをフィールドに旅するノマドライターとして活動している。中国語、韓国語、タイ語など現地言語を駆使し、各国のディープな今を雑誌やネットメディアに寄稿。これまでにアジアを中心に75か国・地域を訪問。旅のスタイルは快適さを追求しながらのバジェット派。マイナーな陸路国境を越えることに至上の喜びを感じている。宮城県出身。

山城麻理子 Yamashiro Mariko

バンコク在住。オーストラリアでのワーキングホリデーを終え、日本への帰り道、東南アジアを60日間かけて縦断したことがきっかけでバックパッカー旅の魅力にハマる。これまで世界6大陸中、南極大陸をのぞく5大陸へ60か国以上訪問。ウズベキスタン、アイスランド、メキシコがお気に入り。現在はバンコクを拠点にアフリカ、ヨーロッパ方面へ暇さえあれば出かける日々。最近は週末にほんの少し休暇をプラスし、どこまで遠くへ行けるか挑戦する「週末バックパッカー」がメイン。いつかは南極への旅行を夢見る、OLバックパッカー。

山本高樹 Yamamoto Takaki

著述家・編集者・写真家。2007年から約1年半の間、インド北部の山岳地帯、ラダックとザンスカールに長期滞在して取材を敢行。以来、この地域での取材をライフワークとしながら、世界各地を飛び回る日々を送っている。主な著書に『ラダックの風息 空の果てで暮らした日々[新装版]』『ラダック旅遊大全』(雷鳥社)『インドの奥のヒマラヤへ ラダックを旅した十年間』『旅は旨くて、時々苦い』(産業編集センター) など。『冬の旅 ザンスカール、最果ての谷へ』(雷鳥社) で第6回「斎藤茂太賞」を受賞。

リュウサイ Ryusai

27年ほどバックパッカー旅を続行中。とくにインドに魅了され、毎年各地を放浪。最近では2020年3月、コロナ禍のインドでロックダウンに巻き込まれ、2023年までインド、ネパールに滞在。その後マレーシアで中古の自転車を購入し、インドネシアのスマトラ島へ船で渡り、約3000kmほどかけて自宅のあったバリ島に帰還。いまはスリランカを折り畳み自転車で縦断中。旅が好きすぎて現在118か国放浪済み。
https://youtube.com/ryusaiogushi
https://twitter.com/ryusaiogushi
https://www.instagram.com/ryusaiogushi

SPECIAL thanks
アンケートにお答えいただいた
たくさんの旅行者の皆さん

※本文中のデータは、特に記載のあるもの以外、2023年11月末時点のものです。最新情報は、各公共機関や事業者のHP等をご確認ください。

スタッフ紹介

本文執筆・編集

室橋裕和 Murohashi Hirokazu

1974年生まれ。週刊誌記者を経てタイに移住。現地発の日本語情報誌に在籍し、10年に渡りタイ及び周辺国を取材する。帰国後はアジア専門のジャーナリスト、編集者として活動。「アジアに生きる日本人」「日本に生きるアジア人」をテーマとしている。おもな著書は『エスニック国道354号線』（新潮社）、『ルポ新大久保』（辰巳出版）、『日本の異国』（晶文社）、『バンコクドリーム G ダイアリー編集部青春記』（イーストプレス）など。高校生の頃に読んだ『深夜特急』に影響されて旅にのめりこみいまに至るのだが、著者の沢木耕太郎さんに会った際「あなたのおかげで人生が狂ってしまいました！」と最大級の賛辞と感謝を伝えることができたのが自慢。

（署名ページ以外では2章P32-56、P62-64、P90-92、P106-108、P112-113、P116-117、P123-127、P130-131、P134-135、P140-143、3章P146-151、P156-159、P164-170、P176、P178、P184-193、P196、P198-199、P202-205、P208-219、P226-227、P230-234、P238-245、4章P258-265、P268-271、P277-283、および本書全体の編集を担当）

下川裕治 Shimokawa Yuji

1954年長野県生まれ。旅行作家。慶應義塾大学を卒業後、新聞社勤務を経て独立。90年、『12万円で世界を歩く』でデビュー。以後、おもにアジア・沖縄をフィールドに、バックパッカースタイルでの旅を書き続けている。著書に、『週末バンコクでちょっと脱力』、『世界最悪の鉄道旅行　ユーラシア大陸横断２万キロ』（共に朝日文庫）、『アジアのある場所』（光文社）、『「おくのほそ道」をたどる旅 』（平凡社新書）など。最新刊は『旅する桃源郷』（産業編集センター）。

（署名ページ以外では2章P96-98、P118-119、P128-129、P132-133、3章P152-155、P172-175、P179、P180-182、P200-201、P236-237、P266-267を担当）

山田静 Yamada Shizuka

大学時代にバックパッカーデビュー。秘境系旅行会社、旅の編集プロダクション勤務を経てフリーの旅編集・ライターに。現在は京都の町家旅館「京町家 楽遊 堀川五条」のマネージャーも務めながら半年に1度、1か月の旅に出ている。『旅の賢人たちがつくった 女子ひとり海外旅行最強ナビ』（辰巳出版）など旅に関する編著書多数。

（署名ページ以外では2章P86-87、P114-115、3章P220-223、P250-255を担当）

エッセイ、コラム、本文一部寄稿（50音順）

稲村航平 Inamura Kouhei

1992年4月7日生まれ（31歳）。東京都出身。小さな頃は電車とバスが好きで、ひとりで路線図を眺めてはルートを作って一日乗車券で日帰り旅行をする小学生だった。中学生になってからは野球好きが高じて、地方に野球観戦をしに行っていた。高校になると野球目的から旅目的になって、国内をメインに旅をしていた。高校2年生のシンガポールへの修学旅行で海外に目覚めて、以降足掛け13年で109か国を訪れた。現在は旅行代理店の法人部隊で働く傍ら、隙あらば海外旅行を実行している。旅ブログ『El Mundo』https://kouhei-elmundo.com/

小山のぶよ Koyama Nobuyo

自称「居座り系旅人」。カナダ、フランス、ポルトガルでの海外生活後、ポルトガルから日本へ向けてユーラシア大陸を陸路で旅する「世界半周」を2019年に開始。東欧やバルカン半島、トルコを計1年間旅した後にコーカサス地域に到達し、あまりの居心地の良さにそのまま滞在すること4年目。ジョージアに長く居座ってはいるものの、いちおう日本への旅路の途中。コーカサス三国のディープな旅行ガイドブックと、旅先で食した各国料理のレシピ本を出すのが夢。好きな料理はアルバニア料理。好きな言語はポルトガル語。好きな国はアルメニア。

白石あづさ Shiraishi Azusa

ライター＆フォトグラファー。日本大学藝術学部美術学科卒業後、地域紙の記者を経て、3年に渡る世界放浪後フリーに。これまでに訪ねた国は100以上にのぼる。著書にインド仏教の頂点に立つ日本人に密着した『世界が驚くニッポンのお坊さん　佐々井秀嶺、インドに笑う』（文藝春秋）やスーパーボランティアの男性を取材した『お天道様は見ている　尾畠春夫のことば』（文藝春秋）などのノンフィクションのほか、旅行中に食べた動物の肉エッセイ『世界のへんな肉』（新潮文庫）など。辰巳出版から中央アジアの旅行記を2024年に出版予定。「CREA WEB」にて「白石あづさのパラレル紀行」を連載中。X（Twitter）@Azusa_Shiraishi

高野秀行 Takano Hideyuki

1966年、東京都生まれ。ノンフィクション作家。 早稲田大学探検部在籍時に書いた『幻獣ムベンベを追え』（集英社文庫）をきっかけに文筆活動を開始。「誰も行かないところへ行き、誰もやらないことをやり、それを面白おかしく書く」がモットー。『ワセダ三畳青春記』で第1回酒飲み書店大賞を、『謎の独立国家ソマリランド』で第35回講談社ノンフィクション賞、第3回梅棹忠夫・山と探検文学賞を受賞。主な著書に『アヘン王国潜入記』『幻のアフリカ納豆を追え！』『語学の天才まで１億光年』『イラク水滸伝』などがある。

橋賀秀紀 Hashiga Hideki

トラベルジャーナリスト。東京都生まれ。早稲田大学卒業。 著書に『エアライン戦争』（宝島社・共著）など。『週刊東洋経済』で「サラリーマン弾丸紀行」を連載したほか、東洋経済オンライン、文春オンラインなどに寄稿している。 訪問国数は127か国。コロナ禍の期間をのぞくと、ほぼ月に1回のペースで渡航している。行き先にこだわりはなく、安い航空券を見つければそこに行くのが流儀。飛行機もシンガポール航空のスイートからライアンエアーまでまんべんなく利用する。

比呂啓 Hiro Kay

1972年生まれ。映画監督になるのを夢見て、1996年にニューヨーク大学映画学科卒業。その後7年、ニューヨークで映像の仕事に従事。この時期、移民が作る世界120か国以上の国や地域の料理を食べ歩く。2003年に帰国。フリーランスのディレクターとして主にNHKの番組を手がけ続けている。2015年には「口裂け女in

全面改訂版《ぜんめんかいていばん》 バックパッカーズ読本《どくほん》

2024年1月20日　第1刷発行

●編著者――――――旅行情報研究会《りょこうじょうほうけんきゅうかい》+『格安航空券《かくやすこうくうけん》ガイド』編集部《へんしゅうぶ》
●発行者――――――島野浩二
●発行所――――――株式会社 双葉社
〒162-8540 東京都新宿区東五軒町 3-28
[電話] 03-5261-4818 (営業)　03-5261-4869 (編集)
http://www.futabasha.co.jp/ (双葉社の書籍・コミックが買えます)

●ブックデザイン―――山田英春
●カバーイラスト―――野崎一人
●地図――――――――小堺賢吾
●印刷――――――――三晃印刷 株式会社
●製本所―――――――株式会社 若林製本工場

落丁・乱丁の場合は、送料小社負担にてお取り替えいたします。「製作部」宛にお送りください。ただし、古書店で購入したものについてはお取り替えできません。[電話] 03-5261-4822 (製作部)
定価はカバーに表示してあります。

Printed in Japan
ISBN978-4-575-31853-1 C0076